汽车发动机系统综合检修

主　编　赵文博
副主编　侯晓利　杨　斌
参　编　李　昂　杨金玉　郝大伟　马占奎

东北师范大学出版社

长　春

图书在版编目（CIP）数据

汽车发动机系统综合检修/赵文博主编.—长春：
东北师范大学出版社，2024.1
ISBN 978 - 7 - 5771 - 0765 - 3

Ⅰ.①汽…　Ⅱ.①赵…　Ⅲ.①汽车－发动机－机械系
统－车辆检修　Ⅳ.①U472.43

中国国家版本馆 CIP 数据核字（2024）第034261号

□责任编辑：肖　丹　□封面设计：创智时代
□责任校对：尹　珺　□责任印制：许　冰

东北师范大学出版社出版发行
长春净月经济开发区金宝街 118 号（邮政编码：130117）
电话：010—82893125
传真：010—82896571
网址：http：//www.nenup.com
东北师范大学音像出版社制版
长春惠天印刷有限责任公司印装
长春市绿园区城西镇红民村桑家窝堡屯（邮政编码：130062）
2024 年 1 月第 1 版　2024 年 1 月第 1 次印刷
幅面尺寸：185 mm×260 mm　印张：14.5　字数：348 千
定价：36.00 元

前　言

党的二十大报告明确指出，要加快建设国家战略人才力量，努力培养造就更多大国工匠、高技能人才。本教材以党的二十大精神为引领，在教材编写过程中注重培养学生素质不断提高，筑牢高质量发展的技能根基。遵循认知层次由易到难，逐层深入；任务设计循序渐进，环环相扣，推动从低阶思维向高阶思维的有序发展。

本书内容对接汽车企业职业岗位标准，融合汽车运用与维修 1＋X 职业技能等级证书标准和国家职业技能大赛标准，引入典型生产案例，按照基础、巩固、运用、拓展打造系统性的知识架构，共 3 个模块，12 个学习情境，形成行业企业深度参与、校企双元开发建设、"岗课赛证"深度融合的教材。

本书由内蒙古交通职业技术学院汽车工程系教师团队和企业专家共同编写，其中第一模块由杨斌编写，第二模块由侯晓利编写，第三模块由赵文博编写。同时编者在充分总结前人成果的基础上，结合目前汽车发展的前沿技术，编写了本书。教材内容符合汽车专业教学改革精神，适应汽车行业对技能型紧缺人才的要求，具有以下特点：

1. 教材注重实用性，体现先进性，保证科学性，突出实践性，贯穿可操作性，反映了汽车工业的新知识、新技术、新工艺和新标准，其工艺过程尽可能与当前生产情景一致。

2. 教材文字简洁、通俗易懂、以图代文、图文并茂、形象直观、形式生动，容易培养学生的学习兴趣，提高学习效率。

3. 全书以迈腾车系为主要车型，结合讲解汽车的结构、组成、维护、修理等工艺，摒弃了过去教材中的陈旧知识。

4. 教材充分体现了以学生为主的教学理念，注重理论与实践相结合，更注重汽车维修传统经验与现代维修技术的有机结合。

《汽车发动机系统综合检修》从现代汽车发展的角度出发，以迈腾汽车为基础进行分析，紧扣汽车的发展方向，阐述了当前主流车型上运用的最新技术，对其结构进行剖析，帮助学生掌握现代汽车知识，掌握其工作原理，熟悉其结构组成。本书是职业院校的汽车专业教材，也可作为汽车维修人员、检测人员的参考资料。

由于编者水平有限，书中难免存在不当之处，敬请广大读者批评指正。在编写过程中，参考了大量国内外相关著作和文献资料，尤其是广泛运用了迈腾汽车技术手册，在此一并向有关作者表示真诚的感谢。

目　录

模块一

学习情境一　汽车发动机维修安全及维修基础

任务导向

学习任务一　紧固件及螺纹的修理措施

图 1-1-1　钻头

1.用钻头在旧螺纹上钻出钻孔，注意钻头要垂直于工作面。
2.使用丝锥在原孔上攻出新螺纹，注意攻丝时应加切削油润滑。
3.使用安装工具将钢套旋入螺孔中。
4a.使用切断工具切断钢套底销的安装导柄。
4b.裁下一段时，可配合使用偏口钳切断。

图 1-1-2　修复损坏的螺纹

要用专用螺纹修复组件修复已经损坏的螺纹。如图 1-1-2 所示，修复损坏的螺纹。

警告：参见"有关安全眼镜的警告"。

注意：有关要使用的钻头和丝锥尺寸，参见螺纹修复组件制造商的说明书。

要避免出现任何积屑。每转几圈，退出丝锥并清除切屑。

1.确定受损螺纹的尺寸、螺距和深度。如有必要，将切削工具和丝攻上的限位环调整到需要的深度。

2.钻掉受损的螺纹。清除钻屑。

3.用轻质发动机机油润滑丝锥。攻螺孔时，需清理螺纹。如图 1-1-3 所示，清理螺纹坏的螺纹。

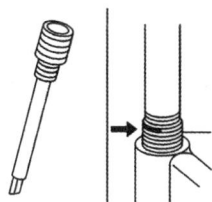

图 1-1-3　清理螺纹

4.将螺套拧到安装工具的心轴上，使螺套尾柄嵌在心轴末端，注意螺套应低于表面一圈。

5.用轻质发动机机油润滑螺套（安装在铝质材料中除外），并安装螺套。

6.如果退出安装工具时螺套尾柄未折断，则用冲子将尾柄冲断。

7.修复完成后，可安装新螺栓进行检查。

学习任务二　动力总成的拆装流程和安全措施

拆卸发动机时所需要的工具有发动机和变速箱举升装置（V.A.G 1383A）、发动机支架（T10359 A）、销子（T10359/2）、转接头（T10359/3）、变速箱支架（3282）防松件。

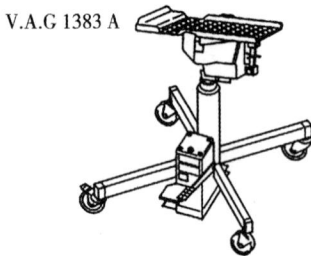

图 1 - 1 - 4　发动机和变速箱
举升装置 V.A.G 1383A

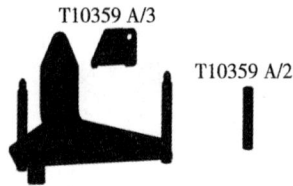

图 1 - 1 - 5　发动机支架 T10359 A、
销子 T10359/2、转接头 T10359/3

图 1 - 1 - 6　变速箱支架 3282 防松件

拆卸动力总成之前先将发动机燃油压力进行泄压，拔下油泵保险丝，启动车辆 3—5 次，直到自然熄火，防止拆卸油管时燃油压力过高，发生危险事故，将蓄电池断开，取出蓄电池，拔下与发动机连接线路。

打开冷却液膨胀罐的密封盖

在发动机处于暖机状态时，冷却系统中存在过高压力，有被高温蒸汽和高温冷却液烫伤的危险。应戴上防护手套和防护眼罩，将冷却液膨胀罐的密封盖用抹布盖住并小心地打开，将冷却液从排水口全部放出，如图 1 - 1 - 7 所示。

图 1-1-7 打开冷却液盖

图 1-1-8 拆下冷却液管

拆卸左前和右前轮罩内板，拔下电气连接插头 1，在下面放置车间起重机收集盘，拔出固定夹 3，从散热器上拆下右下冷却液软管，排出冷却液，如图 1-1-8 所示。拆卸发动机罩，拆卸空气滤清器壳体。

拧出左右螺栓，松开并取下空气导管的下部件 1，如图 1-1-9 所示，取下空气导管。

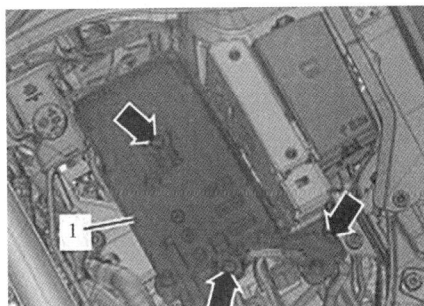

图 1-1-9 取下空气导管

图 1-1-10 拆卸蓄电池支架

断开发动机舱内的蓄电池连接线，拆卸蓄电池支架 1，如图 1-1-10。

脱开真空软管 2，按压真空软管 1 上的解锁按钮，将软管从真空泵上拆下，如图 1-1-11 所示。

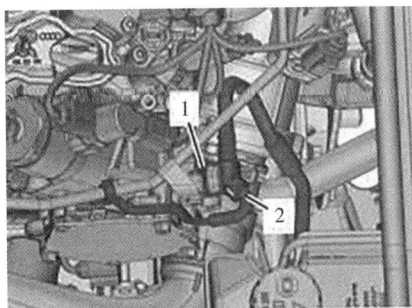

图 1-1-11 拆卸真空软管

图 1-1-12 拆卸热交换器冷却液软管

拔出固定夹，将冷却液软管从加热装置热交换器上拆下。向下固定住冷却液软管，排出冷却液，如图 1-1-12 所示。

将电气连接插头1、2从支架中取出并脱开，脱开电线，如图1-1-13所示。

图1-1-13 拆卸、脱开电线插头

图1-1-14 脱开氧传感器的线束固定卡和排气管卡子

脱开氧传感器的线束固定卡。拆下带尾气催化转化器的排气前管，拧下螺栓2，取下螺纹卡箍，拧下螺母1和3，如图1-1-14所示。

拆卸中部底板饰板，旋出螺栓，如图1-1-15所示，取下前部隧道或桥形架1，旋出螺栓。

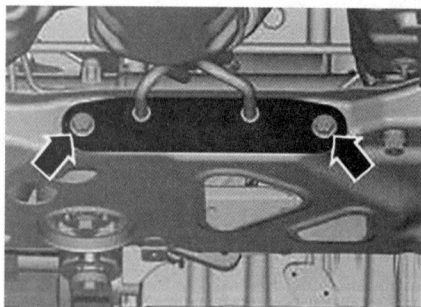

图1-1-15 取下前部隧道或桥形架1

松开夹紧套，并将夹紧套后移，将前排气管与尾气催化转化器分离，以合适角度取出前排气管。

脱开软管接头1和2，分离插入式接头。脱开卡子，将管路1和2置于发动机上，如图1-1-16所示。

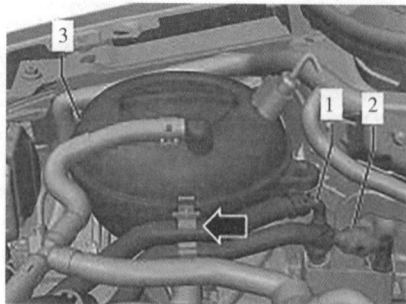

图1-1-16 脱开软管接头

二、燃油系统有压力拆卸

注意事项：喷出的燃油有造成人身伤害的危险，应戴上防护眼镜、防护手套。

释放燃油系统中的高压，降低压力：用干净的抹布围住连接处，并小心地松开连接处。

松开软管卡箍 1、2，拆下冷却液软管，松开固定夹，将冷却液软管置于车身上，如图 1-1-17 所示。

图 1-1-17 松开软管固定夹

图 1-1-18 拆下冷却液软管

脱开固定夹，将左上侧冷却液软管从散热器上拆下，如图 1-1-18 所示。

以下工作步骤中会使用到撬杆 80-200，如图 1-1-19 所示。

80-200

图 1-1-19 撬杆脱开螺旋夹 80-200

图 1-1-20 断开电气连接插头

断开发动机控制单元 J623 上的电气连接插头 1，将电气连接插头 2、3 从支架中取出并断开，脱开电线，如图 1-1-20 所示。

脱开线束固定卡，如图 1-1-21 所示。

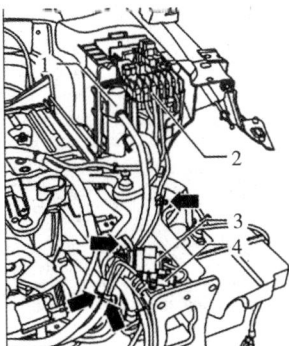

图 1-1-21 脱开线束固定卡

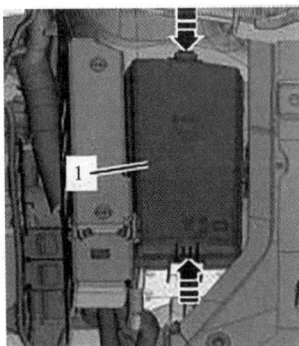

图 1-1-22 取下发动机舱电控箱盖板

松开卡子，取下发动机舱电控箱盖板1，如图1-1-22所示。

用螺丝刀松开卡子，将发动机舱电控箱盖板1向上拉，如图1-1-23所示。

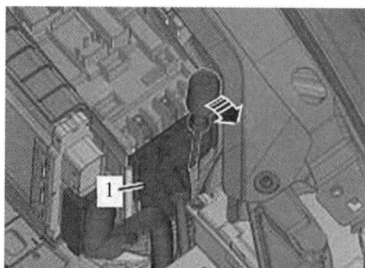

图1-1-23 向上拉发动机舱电控箱盖板

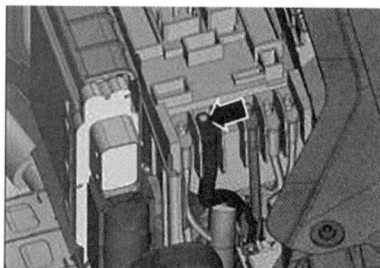

图1-1-24 取下电线

拧下螺母，取下电线并脱开，如图1-1-24所示。

对于双离合器变速箱的汽车，应脱开电气连接插头1，将B+电极保护套3压回，并从启动电机电磁开关上拆下B+电线，松开螺母，取下接地线，如图1-1-25所示。

提示：应视制造状态将接地线固定在启动机螺栓上。

为了消除身体上的静电，应用手（不戴手套）接触接地点。请勿用手接触变速箱插接触点。

断开双离合器变速器机电装置J743的电气连接插头，朝逆时针方向转动转锁。从变速箱上拆下换挡杆拉索，并从拉索支座中拔出双离合器变速箱，如图1-1-26所示。

图1-1-25 脱开电气连接插头

图1-1-26 断开双离合器变速器机电装置

将变速箱支座的螺栓拧松约两圈，如图1-1-27所示。

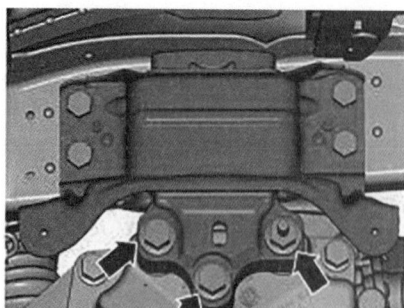

图1-1-27 将变速箱支座的螺栓拧松

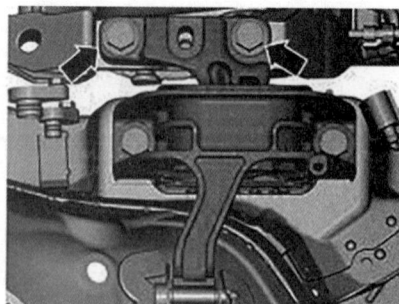

图1-1-28 将发动机支座的螺栓拧松

将发动机支座的螺栓拧松约两圈，如图1-1-28所示。

松开软管卡箍，并拆下左侧增压空气软管 A，如图 1-1-29 所示。

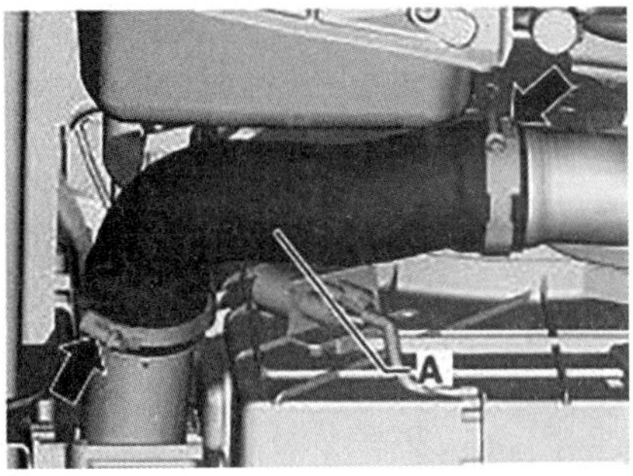

图 1-1-29　松开软管卡箍

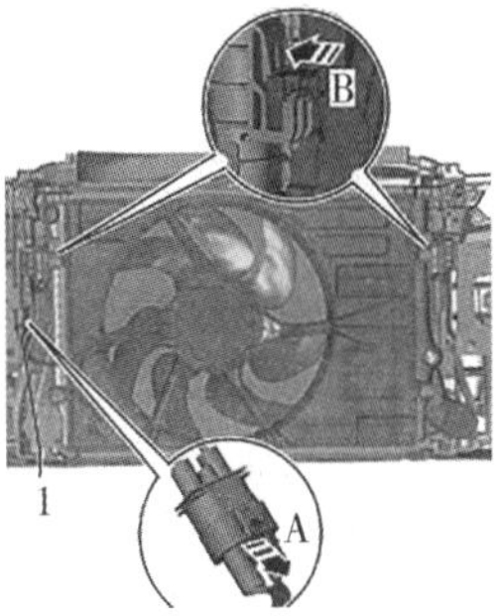

图 1-1-30　拔下散热器风扇连接插头

沿 A 方向拔出锁止卡，拔下散热器风扇连接插头 1，沿 B 箭头方向按压卡子，然后向上拔出散热器风扇并将其拆下，如图 1-1-30。

松开软管卡箍 1 和 2，拆下右侧增压空气软管，用发动机密封塞套件 VAS 6122 中的干净密封塞封闭敞开的管路和接口，如图 1-1-31 所示。

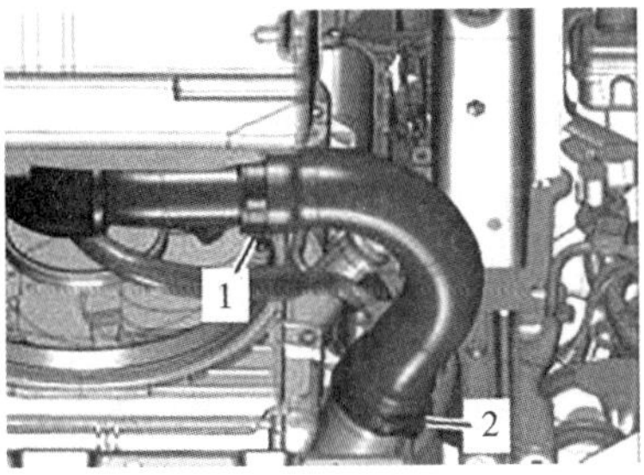

图 1-1-31　松开软管卡箍

图 1-1-32　用散热器保护垫盖住散热器

用散热器保护垫 VAS 531003 盖住散热器，如图 1-1-32 所示。

脱开卡子 3，取下冷却液软管并置于一旁。拧出螺栓，松开软管卡箍 2，将电气连接插头 1 从增压压力传感器 G31 上脱开，取下空气导管，如图 1-1-33 所示。

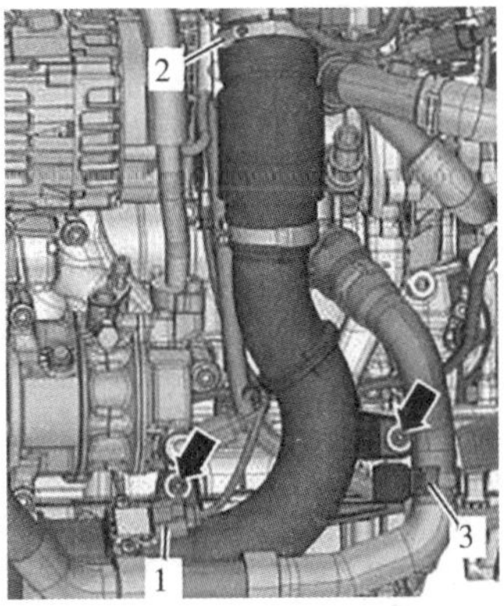

图 1-1-33　取下空气导管

三、拆卸空调压缩机

在拆卸多楔皮带之前用粉笔或记号笔标记转动方向，以便重新安装。松开多楔皮带时，顺时针转动张紧装置。将多楔皮带从空调压缩机的多楔皮带轮上取下，然后松开张紧装置。必要时取下定位芯棒 T10060 A，如图 1-1-34 所示。

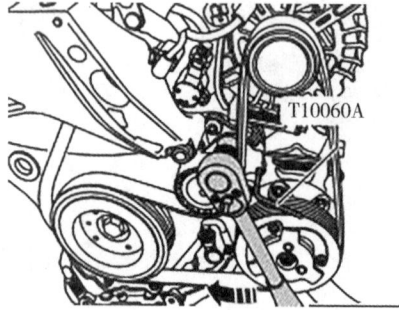

图 1-1-34　拆卸多楔皮带

制冷剂可能导致人员冻伤。不要打开空调的制冷剂回路，脱开空调压缩机调节阀 N280 上的电气连接插头 1，拧出螺栓。将空调压缩机连同连接的制冷剂软管从支架上取下，然后绑在右侧高处。不得过度拉伸、弯折或弯曲制冷剂管路和软管。如图 1-1-35 所示。

图 1-1-35　拆卸空调压缩机

图 1-1-36　拆卸机油油位和机油温度传感器

注意不要损坏传动轴表面。拆卸机油油位和机油温度传感器 G266 的插头 1，如图 1-1-36 所示。

旋出螺母，将冷却液补给泵 V51 置于一旁，如图 1-1-37 所示。

图 1-1-37　拆卸冷却液补给泵

图 1-1-38　取下支架

旋出螺栓，取下支架 1。将锁支架置于维修位置，如图 1-1-38 所示。

如图 1 - 1 - 39 所示，将转接头 T10359/3 拧紧到发动机支架 T10359 上。用变速箱支架 3282 中的防松件 A 将销子 T10359/2 拧紧到发动机支架上。将发动机支架 T10359 插入发动机和变速箱举升装置 V. A. G 1383A 内。

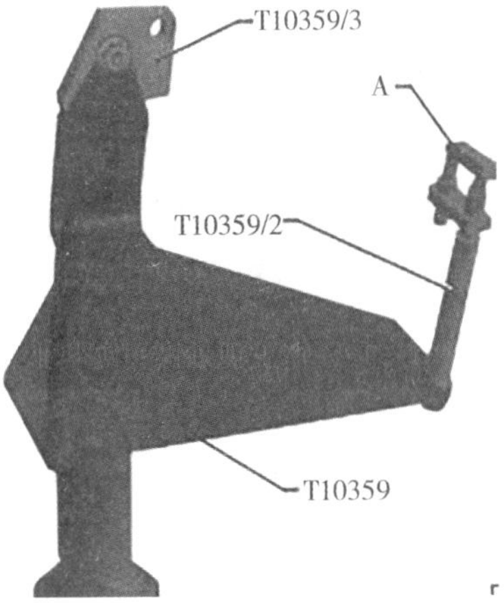

图 1 - 1 - 39　转接头 T10359

用间隔套将螺栓 A 装到气缸体上，如图 1 - 1 - 40 所示。

拧紧力矩 20 N・m。用防松件 B 固定发动机并略微抬高发动机和变速箱。

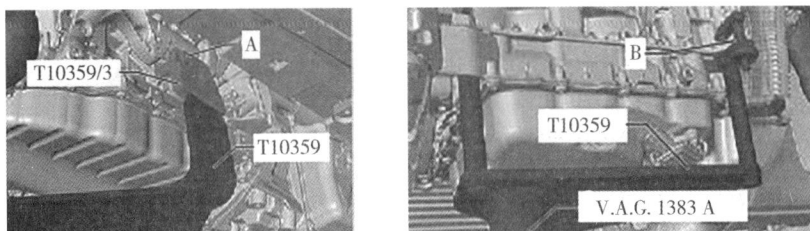

图 1 - 1 - 40　将发动机支架 T10359 装到气缸体上

完全拧出发动机支座螺栓和变速箱支座螺栓，如图 1 - 1 - 41 所示。

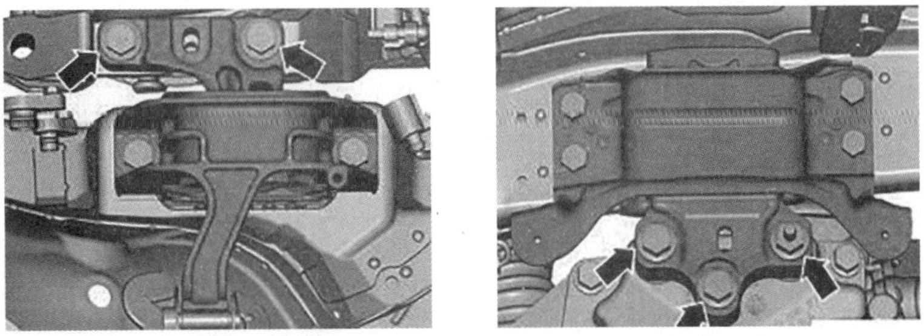

图 1 - 1 - 41　拧出发动机和变速器支座螺栓

小心地降下发动机/变速箱总成，同时检查发动机、变速箱和车身之间的所有真空管路或电线是否松动，如图 1 - 1 - 42 所示。

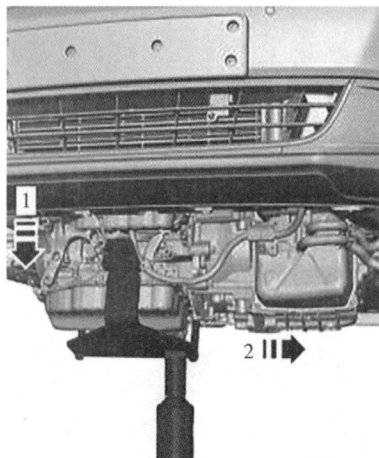

图 1-1-42 取下发动机和变速箱总成

任务延伸

现代汽车除了大众迈腾 B8 需要从车底盘取出发动机外，还有部分 SUV 车型也只能从汽车底盘取出发动机。

学习情境二 电控发动机一般性检查保养

任务导向

学习任务一 各种警告灯的检查

一、仪表盘上所有警告灯的检查

当点火开关置于 ON 挡时，检查仪表盘上所有警告灯是否亮起，各系统进行自检。几秒钟以后，如系统无故障，则各警告灯熄灭。然后将挡位挂入"P"挡，检查挡位指示是否在"P"。如图 1-2-1 所示，检查仪表盘上所有警告灯。

（一）SRS 警告灯的检查

将点火开关置于 ON 挡时，所有警告灯都会亮起。如系统无故障，SRS 警告灯在亮起几秒钟后就

图 1-2-1 检查仪表盘上所有警告灯

会自动熄灭。如果 SRS 警告灯在点火开关置于 ON 挡时或启动发动机时不亮，或者亮起后不熄灭，则说明系统有故障，应进行维修。如图 1-2-2 所示，SRS 警告灯的检查。

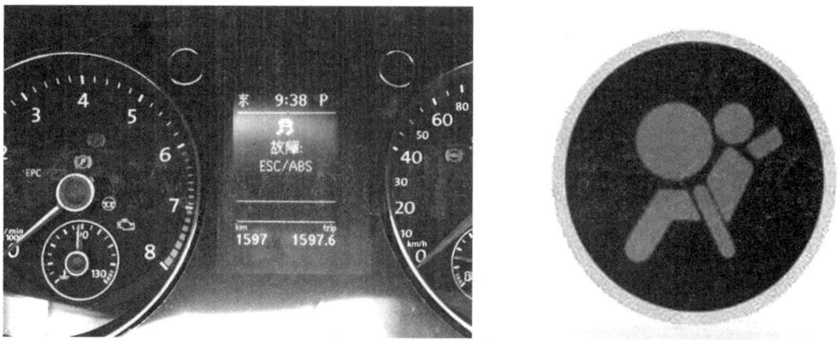

图 1-2-2　SRS 警告灯的检查

（二）安全带警告灯的检查

如果点火开关置于 ON 挡驾驶员没有佩戴驾驶席安全带，或者点火开关在 ON 挡时分离驾驶席安全带，安全带警告灯根据车速来描述亮或闪烁，直到佩戴好安全带。没有佩戴安全带车速低于 6 km/h 时，灯亮；当高于 9 km/h 的速度时，警告灯闪烁；当高于 20 km/h 的速度时，警告灯闪烁，并且蜂鸣器响约 100 s，如图 1-2-3 所示，安全带警告灯的检查。

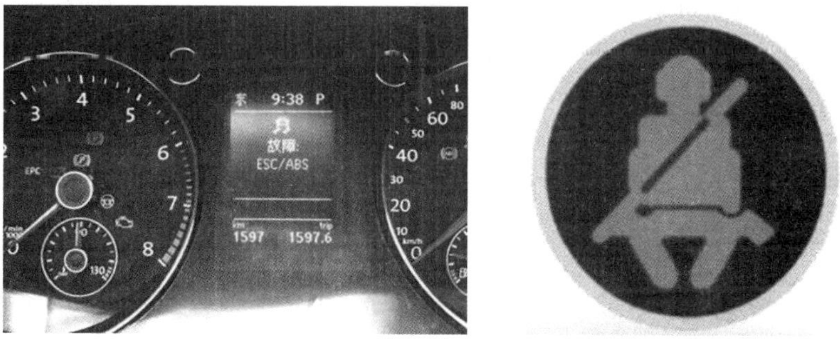

图 1-2-3　安全带警告灯的检查

（三）车门未关闭警告灯的检查

无论点火开关在何位置，车门没有完全关闭时，警告灯都会亮。如图 1-2-4 所示，车门未关闭警告灯的检查。

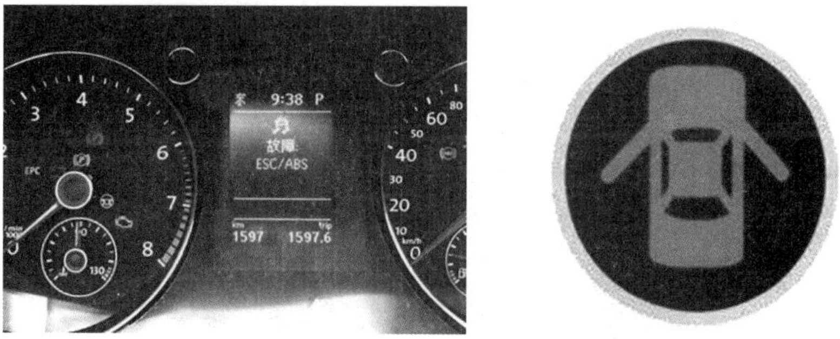

图 1-2-4　车门未关闭警告灯的检查

（四）发动机机油压力警告灯的检查

警告灯亮起表示机油压力低，如图 1-2-5 所示。当点火开关在 ON 挡时，检查该警告灯是否常亮，如果常亮说明机油压力过低，应及时加注机油。如果不缺少机油，该警告灯会自行熄灭。

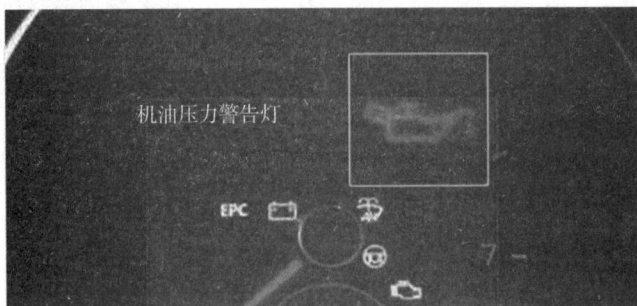

图 1-2-5　发动机机油压力警告灯的检查

（五）发动机故障警告灯的检查

正常时，点火开关置于 ON 挡时灯亮，并在发动机启动后几秒内熄灭，如图 1-2-6 所示。如果点火开关置于 ON 挡时警告灯不亮或者在行驶过程中警告灯亮，说明系统存在故障。

图 1-2-6　发动机故障警告灯的检查

（六）ABS 警告灯的检查

该警告灯在点火开关置于 ON 挡时亮，如果系统正常，3 秒后熄灭，如图 1-2-7 所示。如果警告灯持续亮、在行驶中亮或在点火开关转至 ON 挡不亮，表明 ABS 有故障。

图 1-2-7　ABS 警告灯的检查

（七）充电指示灯的检查

当点火开关在 ON 挡时，充电指示灯亮，当启动发动机以后，系统无故障时指示灯熄灭。如果充电系统在某处存在故障时，指示灯变亮。如图 1-2-8 所示，充电指示灯的检查。

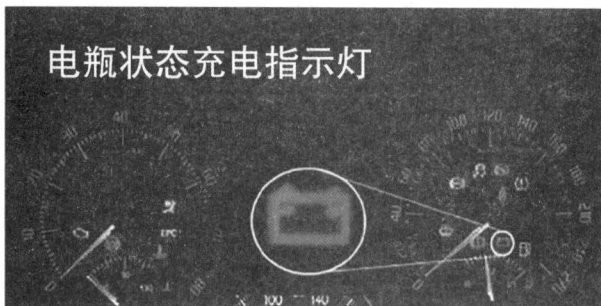

图 1-2-8　充电指示灯的检查

（八）发动机温度警告灯的检查

此警告灯指示点火开关位于 ON 挡时的发动机冷却液温度。当冷却液温度正常时，启动发动机后，该警告灯熄灭。如果发动机冷却液温度很高，超出正常范围，警告灯亮起，如图 1-2-9 所示。

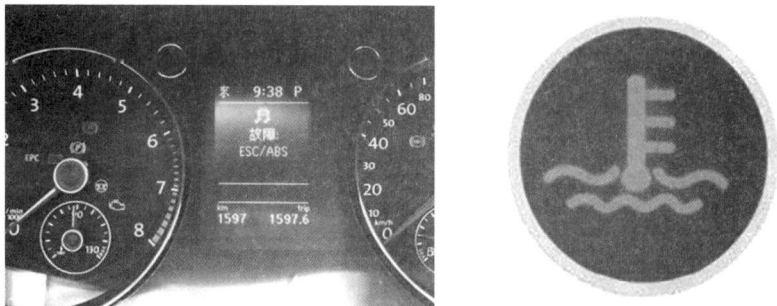

图 1-2-9　发动机温度警告灯的检查

（九）转向助力报警灯

转向助力报警灯在车辆转向出现问题甚至是转向助力故障时才会出现，转向助力对汽车来说特别重要，对行驶的安全有着严重影响，应立刻停车等待维修。如图 1-2-10 所示。

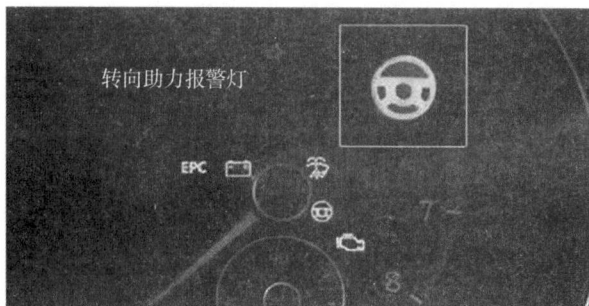

图 1-2-10　转向助力报警灯的检查

（十）刹车系统故障灯

刹车系统故障灯一般在手刹拉上的时候会亮，所以第一时间检查手刹是否松开，如果松开了说明有故障，要及时维修。如图 1 - 2 - 11 所示。

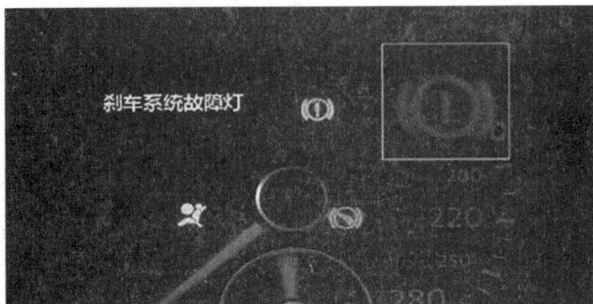

图 1 - 2 - 11 刹车系统故障灯的检查

任务延伸

现代汽车仪表有分装式仪表、电子组合仪表、智能组合仪表和综合信息系统等。分装式仪表具有各自独立的电路，有良好的磁屏蔽和热隔离，相互之间影响较小，便于维修，缺点是所有仪表加在一起所占据的空间太大，且互相拥挤，安装不方便。有些汽车采用电子组合仪表，其结构紧凑，便于安装和接线，缺点是各仪表间磁效应和热效应相互影响，易引起附加误差，因此要采取一定的磁屏蔽和热隔离措施，还要进行相应的补偿。电子组合仪表电路额定电压为 12 V，负极搭铁，用插接器连接。

学习任务二　保养提醒设定流程

1. 大众迈腾需要使用专用检测电脑进行匹配更改保养间隔里程。

2. 也可以参考使用迈腾说明书中的方法，手动复位保养提示（但此种方法不能更改保养间隔里程）。

3. 如果是老款的迈腾，就要按住仪表上右边的扳手图形的按钮，同时打开钥匙，处于通电状态，然后松开扳手图形的按钮，去按左边的 min 按钮，保养提醒就会自动开始计算。

4. 如果是新迈腾，将多功能方向盘切换到菜单界面，下拉后有一个保养选项，直接选择复位。

5. 打开点火开关时显示器显示保养提示信息。

6. 无文本信息显示的轿车，组合仪表显示器显示一扳手符号及字母—km。

7. 显示的公里数相当于距下次规定保养可行驶的最长距离。

8. 数秒钟后显示器切换显示内容，显示一时钟符号及距下次规定保养的天数。

9. 有文本信息显示的轿车，其组合仪表显示器显示字符 Service in—km or—days（距离下次保养—km 或—天）。

（1）首先按动一键启动将车辆启动，否则无法消除，车辆启动键如图 1 - 2 - 12 所示。

图 1 - 2 - 12　车辆启动键

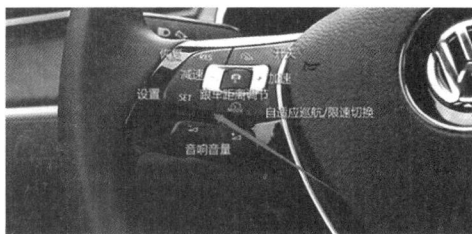

图 1 - 2 - 13　车辆 SET 键

（2）之后点击多功能方向盘左侧的 SET 按钮，车辆 SET 键如图 1 - 2 - 13 所示。

（3）之后仪表盘上显示菜单设置信息。如图 1 - 2 - 14 所示，仪表显示菜单设置。

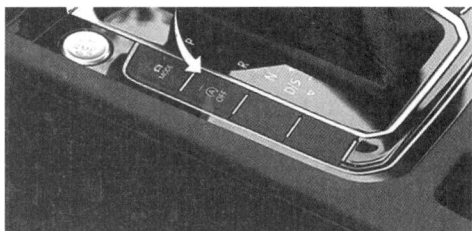

图 1 - 2 - 14　仪表显示菜单设置

图 1 - 2 - 15　中控的 OFF 按钮

（4）之后点击中控的 OFF 按钮，关闭保养提示，中控的 OFF 按钮如图 1 - 2 - 15 所示。

（5）之后点击多功能方向盘右侧的 OK 按钮，保养提示就清除了。方向盘 OK 按钮如图 1 - 2 - 16 所示。

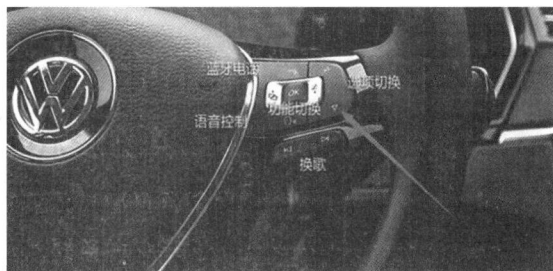

图 1　2　16　方向盘 OK 按钮

学习任务三　空调滤清器的检查、清洁和更换的方法

1. 空调滤清器的作用

用于过滤汽车车厢内的空气及促进车厢内外的空气循环。空调滤清器可以除去车厢内空气中的灰尘、杂质、烟臭味、花粉等，以保证乘客的身体健康。同时空调滤清器还具有使挡风玻璃不易雾化的作用。空调滤清器一般要求 10000 公里更换一次，才能达到最佳效果。

2. 空调滤清器的拆卸和部件名称如图 1 - 2 - 17。

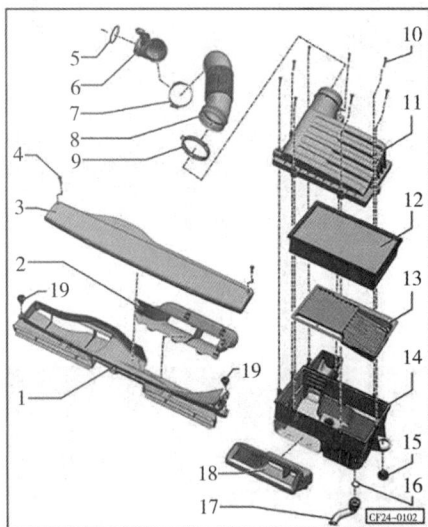

1—空气导管下部件　2—空气导管上部件　3—盖板　4—螺栓　5—密封环　6—通风软管　7—螺旋卡箍　8—通风软管　9—弹簧卡箍　10—螺栓　11—空调滤清器上部　12—空调滤清器滤芯　13—嵌入件　14—空调滤清器下部件　15—橡胶缓冲块　16—O形圈　17—排水软管　18—空气导管　19—螺栓

图 1 - 2 - 17　空调滤清器的拆卸和部件名称

　　汽车发动机是非常精密的机件，极小的杂质都会使其受损，而空调滤清器是保证进入发动机中的空气清洁的重要部件。如果在使用过程中，长期不进行维护保养，空调滤清器的滤芯就会粘满空气中的灰尘，这不但会使过滤能力降低，还会妨碍空气的流通，导致混合气过浓而使发动机工作不正常。因此，定期维护保养空调滤清器是至关重要的。

　　现代汽车一般采用纸质空调滤清器，其保养方法如下：

　　(1) 定期检查，正确保洁。清除纸滤芯上的灰尘时，应用软毛刷沿缝方向刷去滤芯表面灰尘土，并轻轻敲击端面使尘土脱落。进行上述操作时，应用干净的棉布或橡皮塞堵住滤芯两端，用压缩空气机（气压不得超过 0.2—0.5MPa，以防损坏滤纸）从滤芯内向外吹气，以吹去黏附在滤芯外表面的灰尘。

　　(2) 不要用水或柴油、汽油清洗纸质滤芯，否则滤芯孔隙可能被堵塞，增加空气阻力。

　　(3) 当发现滤芯破损，或滤芯上、下端面翘曲不平，或橡胶密封圈老化变形、破损，均应更换新件。

　　(4) 安装时，要注意各结合部位的垫片或密封不得漏装或错装，以免阻塞空气。滤芯翼型螺母不要拧得过紧，以防压坏滤芯。

　　3. 更换空调滤清器的检查

　　(1) 拧下空调滤清器盖上部的固定螺栓。

　　(2) 拆下滤清器盖夹子。

　　(3) 用抹布或压缩空气清除空调滤清器盖内部灰尘，并确保进气壳中没有水分残留。

　　(4) 检查或更换空调滤清器滤芯，安装时需要注意其方向。

（5）按拆卸的相反顺序安装。

学习任务四 发动机燃油、机油泄漏检查及更换

图1-2-18展示了车辆防护设备的安装，如翼子板布、方向盘、驾驶员座椅护套和脚踏垫纸。

图1-2-18 车辆防护

一、拆卸和安装上部发动机护罩

拆卸发动机护罩时，从支撑销上小心地拔下发动机护罩（不要大力或单侧拉扯下发动机护罩）。如图1-2-19所示，拔下发动机护罩。

安装发动机护罩时，为避免损伤，不要用拳头或工具敲击发动机护罩；对发动机盖板进行定位时，要注意机油加注接管和机油尺；将发动机盖板先在左侧压入橡胶套管中，然后在右侧压入橡胶套管中。

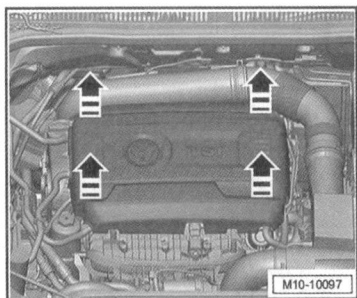

图1-2-19 拔下发动机护罩

二、检查发动机燃油管路有无泄漏，确认维修项目

在燃油供给系统上进行检查作业时的安全措施：燃油供给系统处于压力下，燃油有造成人身伤害的危险。在打开燃油系统前，应戴上防护眼镜和防护手套。同时应降低压力，拔下油泵保险丝，启动车辆直到自然熄火，启动3—5次后，用干净的抹布围住连接处并小心地松开连接处。燃油溢出可能导致失火，所以在打开燃油系统前，应中断燃油泵的供电。

三、检查底盘燃油管路

燃油箱和汽油滤清器及各燃油管路应装配到位，不与其他部件摩擦；各管路接头应无

渗（漏）油现象。燃油箱管路如图 1-2-20 所示。

1—封盖　2—加注管接头　3—螺栓　4—橡胶缓冲块　5—导向管　6—橡胶支架　7—螺栓　8—燃油箱　9—隔热板　10—螺母　11—张紧带　12—张紧带　13—通气管　14—燃油管路　15—燃油泵控制单元　16—燃油供给单元/燃油存量传感器　17—通气管　18—接地连接

图 1-2-20　燃油箱管路

松开并拔出连接法兰上的电气插头，检查附近有无燃油箱泄漏。如图 1-2-21 所示，检查燃油泵管路。

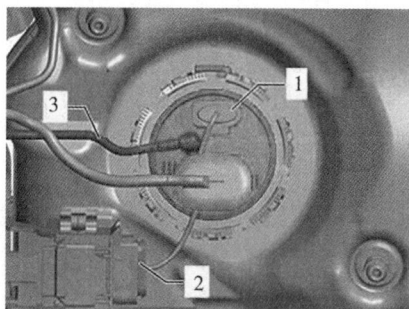

图 1-2-21　检查燃油泵管路

检查和通气管之间连接处有无燃油泄漏，如图 1-2-22 所示。

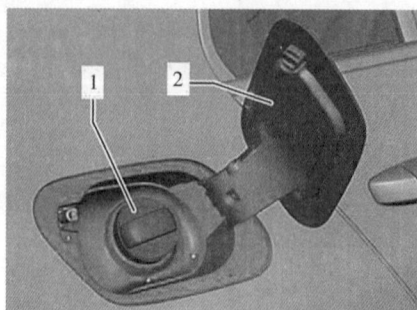

图 1-2-22　检查燃油盖

检查燃油管路有无泄漏，如图 1-2-23 所示。

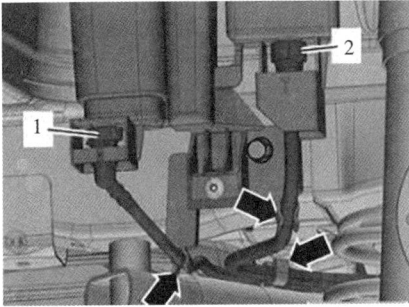

图 1-2-23　检查燃油管路

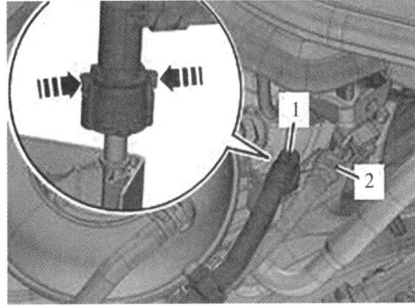

图 1-2-24　检查油管接口

脱开活性炭罐上的排气管 1 和 2，检查分离插入式接头处有无燃油泄漏。喷出的燃油有造成人身伤害的危险，应戴上防护眼镜、防护手套。如图 1-2-24 所示，检查油管接口。

检查活性炭罐装置有无燃油泄漏。如图 1-2-25 所示，检查活性炭罐。

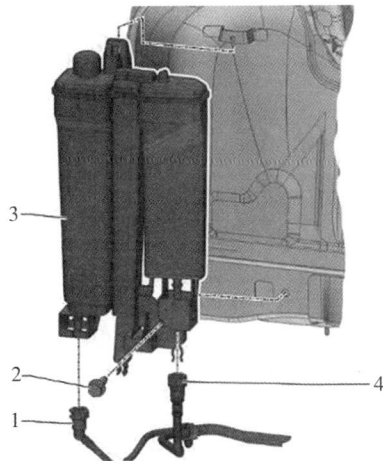

1—排气管路　2—螺栓　3—活性炭罐　4—排气管路

图 1-2-25　检查活性炭罐

如有泄露应更换相应的管路，最后加满油，排出油路中的空气，再次检查燃油供给系统是否还有漏油点。

四、检查发动机润滑系统管路有无泄漏，确认维修项目

发动机机油有无泄露

行车中，若发现机油量不足造成发动机机油压力过低，应停车检查是否有机油泄漏现象及泄漏原因。发动机机油报警灯如图 1-2-26 所示。

图 1-2-26　发动机机油报警灯

检查机油加注口有无溢出机油，如有溢出应更换机油盖，如图 1-2-27 所示。

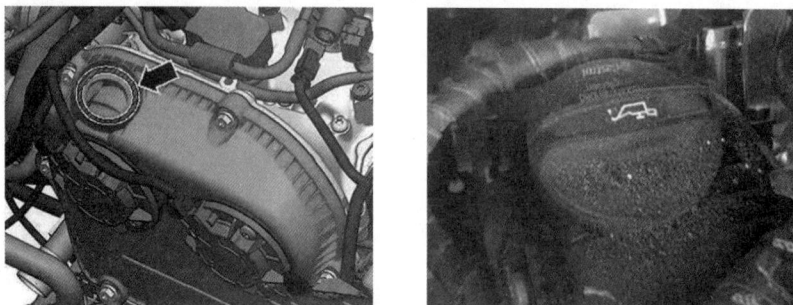

图 1-2-27　发动机油盖及报警灯

检查油底壳（上和下）区域是否有机油泄漏；检查油底壳放油螺塞是否有渗漏。发动机油底壳如图 1-2-28 所示。

图 1-2-28　发动机油底壳

检查曲轴后密封凸缘是否有漏油。轴后密封凸缘如图 1-2-29 所示。

灰色铸铁气缸体　　　　　　　　　　　　　　　粗粒机油分离器

3 mm 气缸壁厚度

密封凸缘

图 1-2-29　轴后密封凸缘

检查辅助机组支承或机油散热器密封件处有无机油泄漏，如有泄漏进行更换或维修。机油散热器如图 1 - 2 - 30 所示。

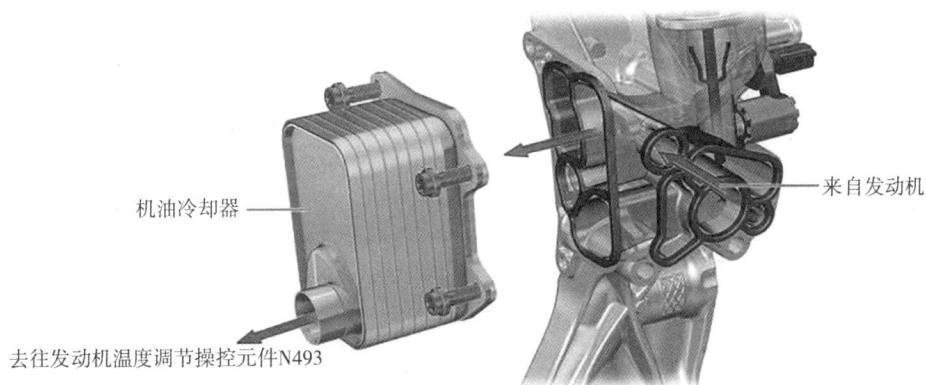

机油冷却器

来自发动机

去往发动机温度调节操控元件N493

图 1 - 2 - 30　机油散热器

检查油底壳是否有机油泄漏，如有泄漏更换密封垫。

检查机油压力调节器是否有漏油现象。机油压力调节器如图 1 - 2 - 31 所示。

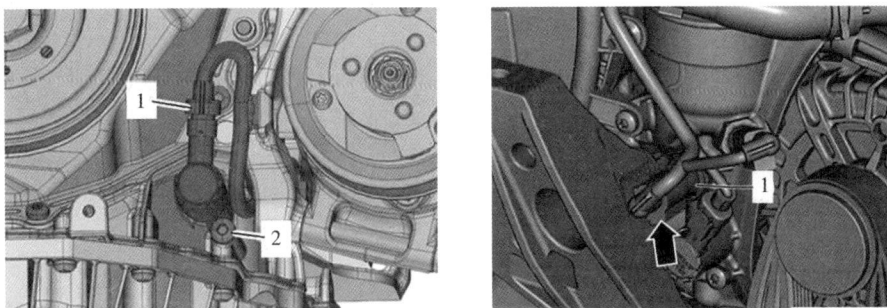

图 1 - 2 - 31　机油压力调节器

如果以上部位出现漏油现象，更换密封圈，重新加注机油到 B 刻度位置。机油加注位置如图 1 - 2 - 32 所示。

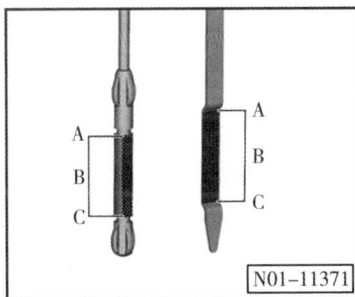

N01-11371

图 1 - 2 - 32　机油加注位置

学习任务五　发动机冷却系统泄漏检查及更换

检查发动机冷却系统管路有无泄漏，确认维修项目

冷却系统的主要作用是将热量散发到空气中防止发动机过热。另一重要作用是使发动机尽快升温，并使其保持恒温。

手动变速器和自动变速器的区别在于自动变速器需要给变速器油进行散热，而手动变速器则不需要。图1-2-33为手动变速器的简易结构，图1-2-34为自动变速器的简易结构。

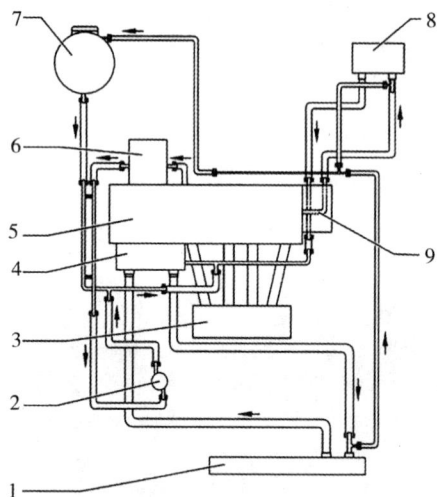

1—散热器　2—冷却液继续循环泵 V51　3—进气歧管　4—冷却液泵　5—气缸盖和气缸体　6—废气涡轮增压器　7—冷却液补偿罐　8—暖风装置热交换器　9—冷却液接管

图1-2-33　手动变速器简易图

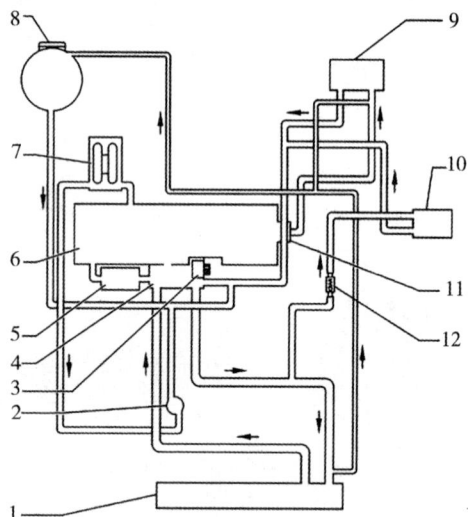

1—散热器　2—冷却液继续循环泵　3—冷却液泵　4—冷却液节温器　5—机油冷却器　6—气缸盖和气缸体　7—废气涡轮增压器　8—冷却液补偿罐　9—暖风装置热交换器　10—变速箱油冷却器　11—冷却液管接头　12—变速箱油冷却器的节温器

图1-2-34　自动变速器简易图

有些汽车的冷却液节温器位于变速箱油冷却器的出口侧。

检查冷却液液位，必要时添加冷却液，在发动机冷态时检查在冷却液膨胀罐中的冷却液液位。

交车检查：冷却液液位在"最低标记"与"最高标记"之间。

常规保养：冷却液液位在"最低标记"与"最高标记"之间，冷却液液位如图 1-2-35 所示。

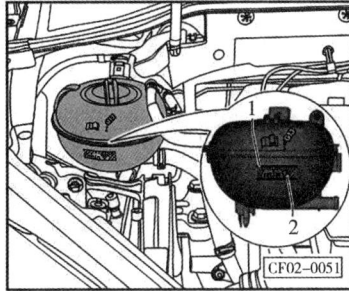

图 1-2-35　冷却液液位

将冷却系统检测设备 FVN V.A.G 1274 连同冷却系统检测设备的适配接头 FVN V.A.G 1274/8 安装在冷却液补偿罐上。用检测设备的手动泵产生一个约 1.0 bar 的过压。如果压力下降，请查找泄漏点并将故障排除。

检查补偿罐盖中的安全阀：将冷却系统检测设备 FVN V.A.G 1274 连同冷却系统检测设备的适配接头 FVN V.A.G 1274/9 安装在补偿罐盖上。按动冷却系统检测设备 FVN V.A.G 1274，当过压达到 1.4—1.6 bar 时，安全阀必须打开。防冻液检测设备如图 1-2-36 所示。

FVN V.A.G 1274/9　　　　　　　FVN V.A.G 1274　　　　　　　FVN V.A.G 1274/8

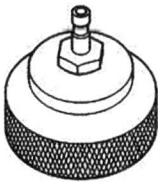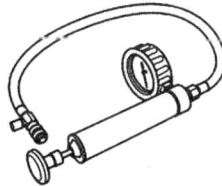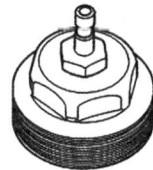

图 1-2-36　防冻液检测设备

将冷却系统检测仪 V.A.G 1274 B 和转接头 V.A.G 1274/8 安装到冷却液膨胀罐上，用冷却系统检测仪的手动泵产生约 1.5 bar 的过压。不允许压力在 10 分钟内下降 0.2 bar 以上。如果压力下降 0.2 bar 以上，则查明泄漏部位并排除故障。发动机越冷，压降幅度越小。如有必要，在发动机冷态下重复检查。防冻液管路密封检测如图 1-2-37 所示。

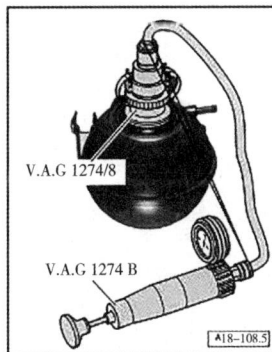

图 1-2-37　防冻液管路密封检测

检查密封盖中的安全阀：将冷却系统检测仪 V. A. G 1274 B 用转接头 V. A. G 1274/9 安装到封盖上。用冷却系统检测仪的手动泵产生超压。当过压达到 1.6—1.8 bar 时，安全阀必须打开。如果安全阀没有打开，则更换密封盖。防冻液盖检测如图 1-2-38 所示，可检查散热器接口有无冷却液泄漏；冷却系统管路检查如图 1-2-39 所示。

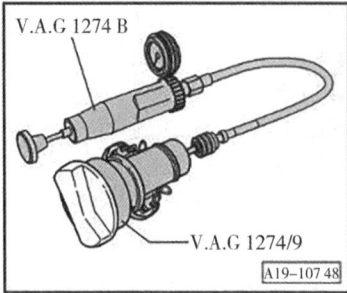

图 1-2-38　防冻液盖检测

图 1-2-39　冷却系统管路检查

检查冷却液泵驱动装置的轴密封环有无泄漏。

检查冷却液管路是否有泄露，如有泄露更换管路或密封卡口。冷却系统管路检查如图 1-2-40 所示。

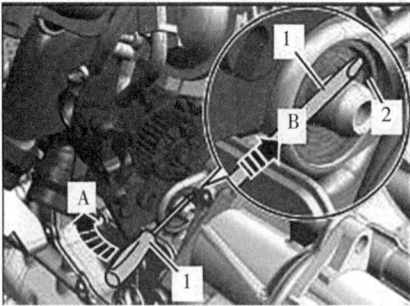

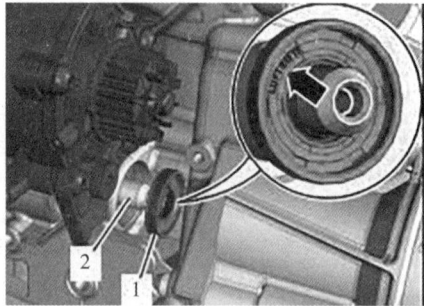

图 1-2-40　冷却系统管路检查

检查发动机冷却系统和管路有无渗漏。

更换大众迈腾防冻液时，大众迈腾水箱放水阀门（白色防水阀）位于水箱正下方，直接拧开螺栓即可放出原有的发动机冷却液。冷却系统管路放水口如图 1-2-41 所示。

图 1-2-41　冷却系统管路放水口

大众迈腾应每两年或三万公里更换冷却液，更换步骤及注意事项如下：

放出冷却液：首先将贮液的盖开启（注意此时散热器盖应密封严密），旋开气缸体和散热器放液开关，应该在发动机低速热状情况下进行。

直到冷却液全部流出

1. 关闭水箱防水阀；

2. 加入同型号新的冷却液，冷却液水位如图1-2-42所示；

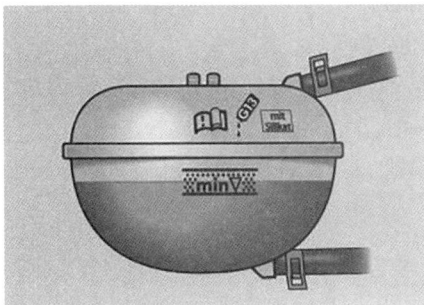

图1-2-42 防冻液水位

图1-2-43 冷却液膨胀罐盖

3. 将轿车停驻在水平坚实的地面上；

4. 使发动机充分冷却；

5. 打开发动机舱盖；

6. 冷却液膨胀罐盖上印有符号，冷却液膨胀罐盖如图1-2-43所示。

如紧急情况下无符合要求的冷却液，也不得使用任何其他类型的冷却液或添加剂，应立即联系维修厂进行处理，并尽快加注符合当地温度要求的原装冷却液，防止冬季发动机机体冻裂。更换其他品牌防冻液时一定要进行清洗。发动机使用一定时间后，水箱和散热器内会沉积水垢而影响散热或防冻液变质，所以应定期进行清洗。清洗方法是在冷却系统放出全部冷却液后加入清水，然后加入足够的清洗液，浸泡一段时间后，启动发动机以低中速运转一定时间后，趁热放出清洗液，然后用清水冲净。

冬季保养汽车时，一定不能忽视汽车冷却系统的保养。应在水箱中加入汽车防冻液，而且应是优质汽车防冻液，因为好的汽车防冻液不仅能防止结冰，而且能防止生锈和结垢，抑制泡沫产生，消除气阻，抑制铝制部件的点蚀和气蚀，保障水泵正常工作。在冬季保养时还应对汽车冷却系统进行清洗，因为在水箱和水道内的铁锈和水垢会限制防冻液在系统中流动，从而降低散热效果，导致发动机过热，甚至造成发动机损坏。清洗汽车冷却系统时用质量好的冷却系统强力清洗剂，能有效地把整个冷却系统内的铁锈、水垢和酸性物质完全清除干净，清洗下来的水垢不是大片脱落，而是呈现粉末状悬浮在冷却液中，不会堵塞发动机内的小水道。而一般的汽车清洗剂，无法清除水道内的水垢和酸性物质，有时甚至会堵塞水道，甚至要拆下水箱进行清洗。

注意事项：

1. 待冷却液放尽后，旋紧散热器放液开关。

2. 从散热器加液口加注规定冷却液，直到贮液罐中的冷却液液面高度达到规定要求。

3. 盖好散热器盖，让发动机运转到正常工作温度后，停机熄火待冷却到室温。

4. 再观察贮液罐液面高度，视情况添加，直到发动机怠速运转时，贮液罐内没有空气出现为好。

5. 排放的发动机冷却液属于有毒物质。排出的发动机冷却液必须装在密封原装容器内，并存放于安全场所。

6. 切不可将排出的发动机冷却液装在空的食品容器或其他非原装容器内，以免他人混淆，误饮中毒。

7. 排出的发动机冷却液必须存放在儿童无法接触的安全场所。

8. 必须按轿车使用地区的当前最低环境温度配制冷却液。

9. 严寒气候条件下冷却液可能冻结，导致轿车抛锚，此时，轿车采暖系统无法工作，致使车内无足够冬衣的人员处于严寒之中，甚至冻死。

10. 如看见蒸汽或冷却液自发动机舱内溢出，切勿打开发动机舱盖。待无蒸汽或冷却液溢出时，方可打开发动机舱盖。

11. 发动机完全冷却后方可小心打开发动机舱盖。接触炙热部件会烫伤皮肤。

12. 加注车用油液时注意勿将油液洒到发动机部件或排气系统上，否则可能引发火灾。发动机冷却液里的乙二醇在一定条件下也可能燃烧。

学习任务六 火花塞的检查和更换流程

火花塞的作用是让高压导线送来的脉冲高压电放电，击穿火花塞两电极间空气，产生电火花以此引燃气缸内的混合气体。

火花塞主要类型：准型火花塞、缘体突出型火花塞、电极型火花塞、座型火花塞、极型火花塞、面跳火型火花塞等。

火花塞的功用是将上万伏的高压电引入燃烧室，并产生电火花点燃混合气，与点火系统和供油系统配合使发动机做功，在很大程度上共同决定着发动机的性能。

火花塞的检查：拆下查看其状态，比如电极侧是不是变成了黑色，是否有积炭，是否有龟裂纹、是否有不正常疤痕或者电极是否融化。另外车主也可以根据行驶状态进行检查，比如车辆一次启动不了或者在行驶中出现不明抖动和顿挫感。

燃烧型火花塞：散热慢，与燃烧气体接触面积大容易点燃，用这种火花塞的发动机转速平缓，温度压力也不高。燃烧型火花塞容易保存温度，更易点燃混合气工作，让车辆行驶更平稳。

冷却型火花塞：散热快，动力爆炸专用，一般配套在压力大、热量大的涡轮发动机上，要求耐高温性能和散热性能更强，避免电极被烧毁。

一、注意事项

发动机运转时点火装置处于高电压之下，这时作业可能造成人身伤害。因此在发动机运转时或启动时，不得接触或拔出点火线圈，连接和断开电线前关闭点火开关，清洗发动机前也需关闭点火开关。

二、火花塞的更换

火花塞的安装位置在发动机汽缸盖上面，火花塞的前端有点火线圈，需要把点火线圈提前拆除，用压缩空气吹干净火花塞周围尘土，再使用专用工具进行火花塞拆卸工作。火花塞安装位置如图1-2-44所示。

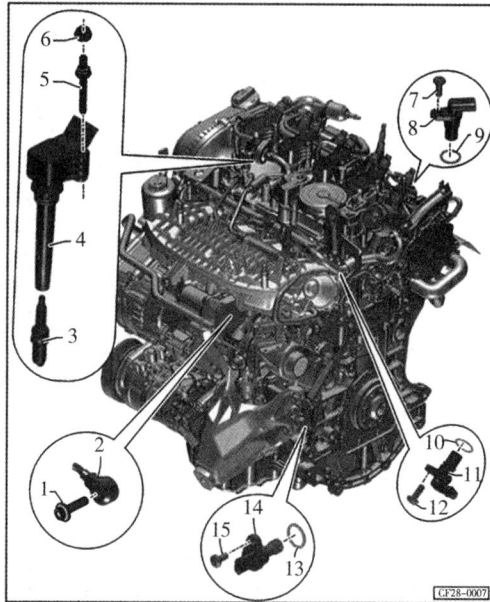

1—螺栓 2—爆震传感器 3—火花塞30 Nm 4—带有功率输出级的点火线圈 5—螺栓8 Nm
6—螺栓8 Nm 7—螺栓 8—霍尔传感器 9—O形圈 10—O形圈 11—霍尔传感器 12—螺栓
13—O形圈 14—发动机转速传感器 15—螺栓

图1-2-44 火花塞安装位置

火花塞检查：如图1-2-45所示左侧寿命将尽，右侧正常稳定。

图1-2-45 火花塞检查

普通火花塞：铜芯或镍合金，过去老车原厂配套，理论寿命2万到3万公里，点火电极粗，点火集中程度一般。

铂金火花塞：即首饰上常见的铂金，厂商用P来代表，理论寿命5万到6万公里。中心点火电极细，0.6—0.8 mm，点火集中，熔点1772 ℃，寿命是普通的一倍，价格也是普通的一倍。

三、拆卸和安装带有功率输出级的点火线圈

所需要的专用工具和维修设备有扭矩扳手 V. A. G 1410 和起拔器 FT10530。（如图 1 -
2 - 46 所示）

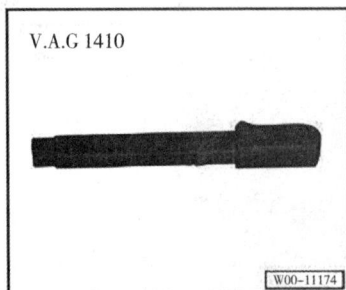

图 1 - 2 - 46　扭矩扳手 V. A. G 1410 和起拔器 FT10530

拧下点火线圈螺母，拧下螺栓，如图 1 - 2 - 47 所示。
松开插头，将所有插头同时从点火线圈上拔下，如图 1 - 2 - 48 所示。

图 1 - 2 - 47　拧下点火线圈螺母和螺栓

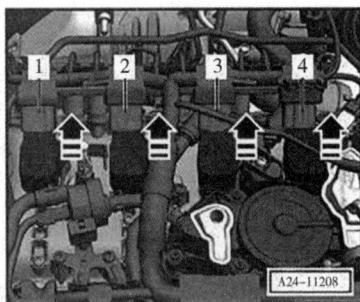

图 1 - 2 - 48　拆下插头

将拔出器 T10530 插入点火线圈的开孔 1 中，顺时针旋转滚花螺母 2，直至拔出器固
定住，如图 1 - 2 - 49 所示。

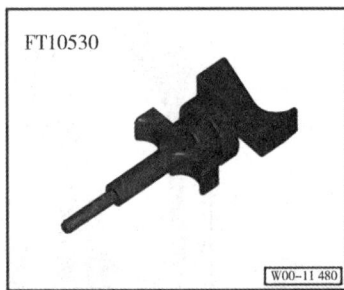

图 1 - 2 - 49　拔下固定器

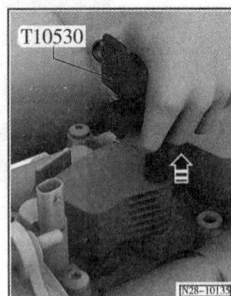

图 1 - 2 - 50　点火线圈向上垂直拉出

用拔出器 T10530 小心地将点火线圈向上垂直拉出，如图 1 - 2 - 50 所示。
用手将火花塞插头从点火线圈上拔下，组装带有功率输出级的点火线圈和火花塞插
头，将火花塞插头插到点火线圈上至极限位置。此时排气道必须相对插头壳处于居中

位置。

首先需要准备 16 mm 套筒、8 mm 套筒（这次更换的发动机为 10 mm 套筒）、接杆、扭力扳手。

接下来就可以动手为发动机更换火花塞了。首先用压缩空气吹干净火花塞周围杂质和尘土，用套筒拆下点火线圈，接着 16 mm 套筒、接杆、扭力扳手（棘轮）连接上后进入缸内逆时针拆下火花塞，用磁力棒或点火线圈取出火花塞，更换新火花塞后顺时针以 30 N·m 力矩拧紧。

对于带有功率输出级的点火线圈和火花塞插头，安装新火花塞前必须再次润滑点火线圈，这样可避免点火线圈的密封软管"紧贴"在火花塞上。在点火线圈的密封软管四周涂敷一层薄薄的润滑膏，其厚度必须为 1—2 mm（如图 1-2-51 所示）。将所有点火线圈插入火花塞孔内，用手将点火线圈均匀地压到火花塞上（绝不能使用敲击工具），以 10 N·m 的力矩拧紧点火线圈。

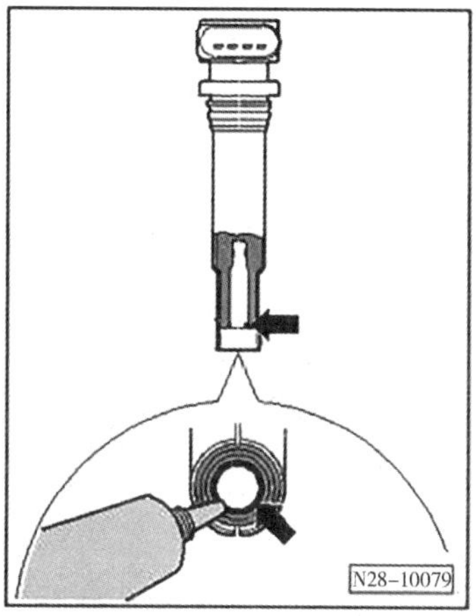

图 1-2-51　涂敷润滑膏

清洗火花塞

1. 白醋清洗

将火花塞放入玻璃容器中，倒入普通白醋浸过火花塞。应选择白醋，一般积炭不严重的话，泡 2—3 小时，严重的泡 4—5 小时。

泡后使用硬毛牙刷轻轻刷几下，顽固的积炭全部刷卜后，甩干白醋，放置，让火花塞自然风干，切记不可用水冲洗。

2. 用化油器清洗液

把火花塞头朝下放在玻璃瓶中，把化油器清洗液喷进瓶子，注意角度，不要溅出来，浸过火花塞就可以了。然后盖上盖子。清洗液是易燃物质，注意防火。等待半个小时左右，会看到瓶子里的化油器清洗液越来越黑，然后从瓶子中拿出，边用化油器清洗液喷边用牙刷刷，之后晾干或用电吹风吹干。

学习情境三　电控系统一般性检测维修

任务导向

学习任务一　发动机故障的读取方法

大众 EA888 电控发动机运行过程中发动机故障诊断灯亮起时，应该通过 6150D 诊断仪读取发动机故障代码，检测发动机故障，从而进一步进行维修。6150D 诊断仪检测流程如下：

先启动发动机，假如发动机无法启动，启动机也必须运转一次，让发动机电脑读取一次发动机各个传感器或执行器数据，并记录在发动机电脑中。

将 6150D 诊断接头插在驾驶员侧方向盘仪表下面的诊断接头上，注意诊断接头为梯形接口，千万不要安装错误。如图 1-3-1 所示。

图 1-3-1　6150D 诊断接头

此时打开 6150D 诊断仪，双击黄色发动机图标，6150D 诊断界面如图 1-3-2 所示。

图 1-3-2　6150D 诊断界面

图 1-3-3　仪表状态

打开点火开关让电脑处于工作状态，发动机仪表灯亮起，仪表状态如图 1-3-3 所示。

维修人员查看 6150D 诊断仪，查看电脑信息。带有钥匙的标志上有个红色的×，说明车辆点火开关没有打开或者诊断插座接头连接不实，需要检查诊断插座或打开点火开关。6150D 工作界面如图 1-3-4 所示。

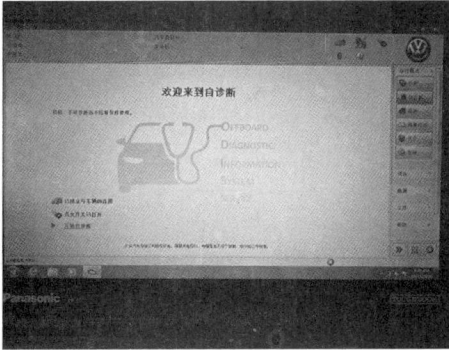

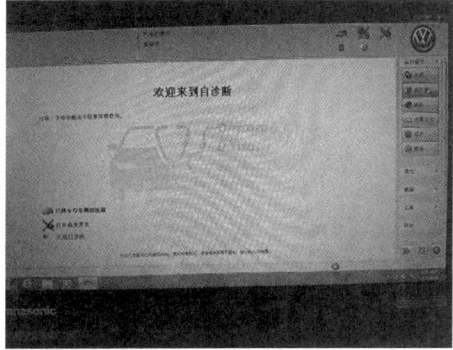

图 1-3-4　6150D 工作界面

进入下一步时，会弹出窗口界面要求登录 DMS-B8，点击取消。

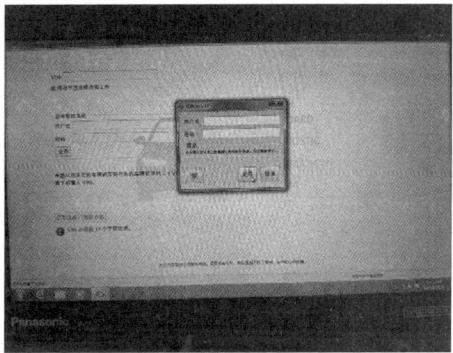

图 1-3-5　6150D 工作界面

诊断仪会提醒一些安全注意事项，将右侧的进度条下拉到底，确定按钮由浅色变成深黑色后，点击确定。

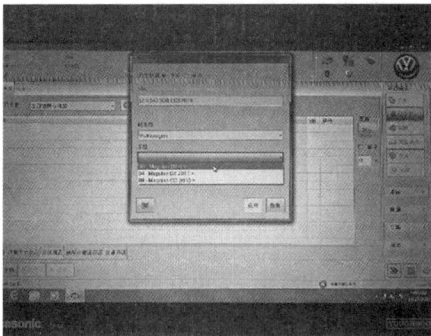

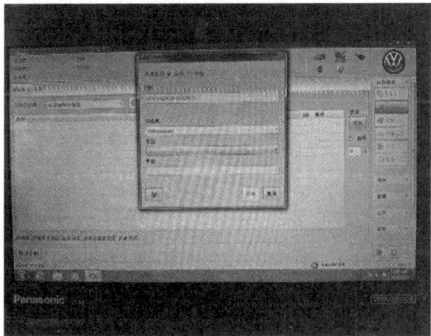

图 1-3-6　6150D 工作界面

发动机诊断仪 6150D 可提示车辆基本特性，这时应查看车辆铭牌，将车辆上的铭牌基本信息填入诊断仪内。

维修人员需要检查当前的发动机数据，点击0001－发动机电控系统。

维修人员通过鼠标右键点击0001－发动机电控系统，可以查看故障存储器显示的故障代码，也可以查看相关动态和静态数据流来进行故障分析。

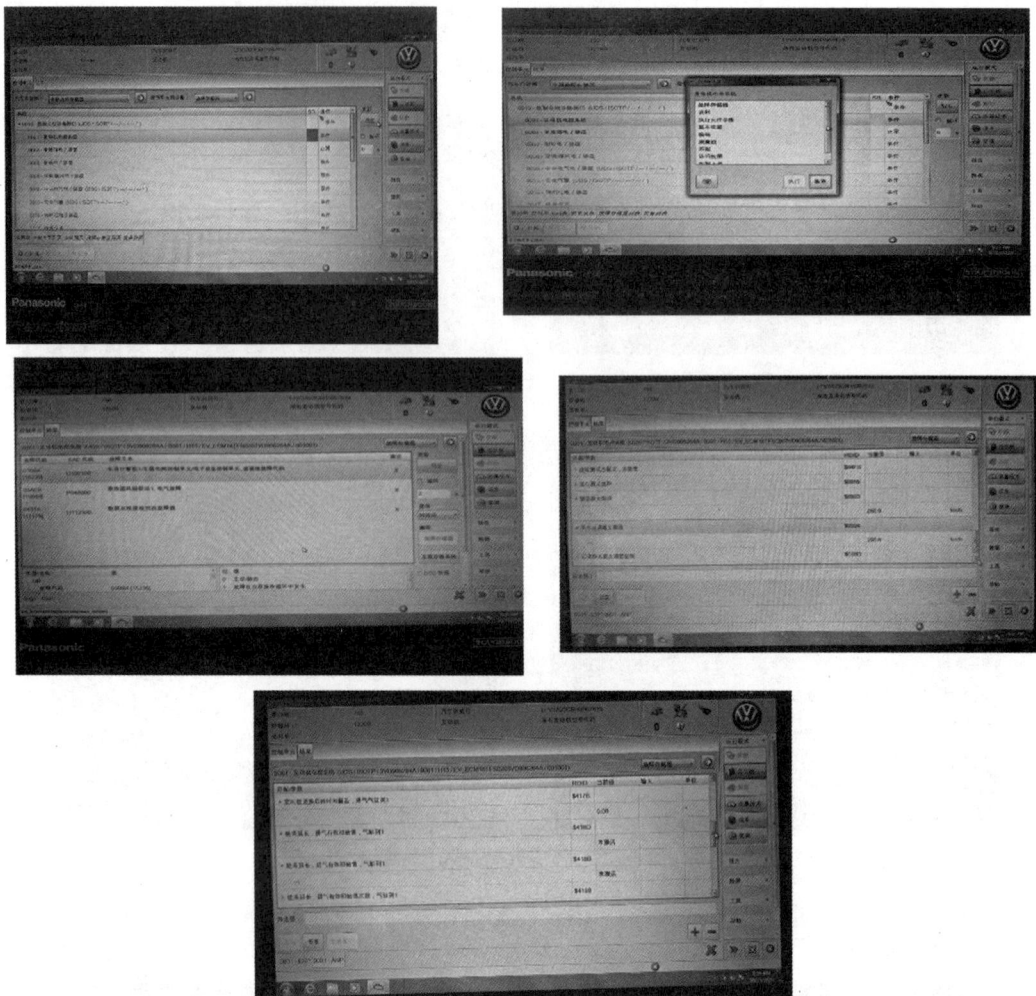

图1-3-7　6150D工作界面

注意：

维修人员读取故障码，并排除故障后，一定要通过诊断仪清除故障码，如不清除故障码，发动机控制单元会按照有故障的程序工作。有些车辆维修后，例如更换电子节气门后，必须进行匹配实验，否则发动机不能很好地进行工作。

学习任务二　发动机机械正时的判读方法

图1-3-8为截取的大众EA888发动机示波器数据流，其中91组和93组数据分别为正常车的数据流和故障车的数据流，P0011和P0016等故障可以通过数据流来进行分析。

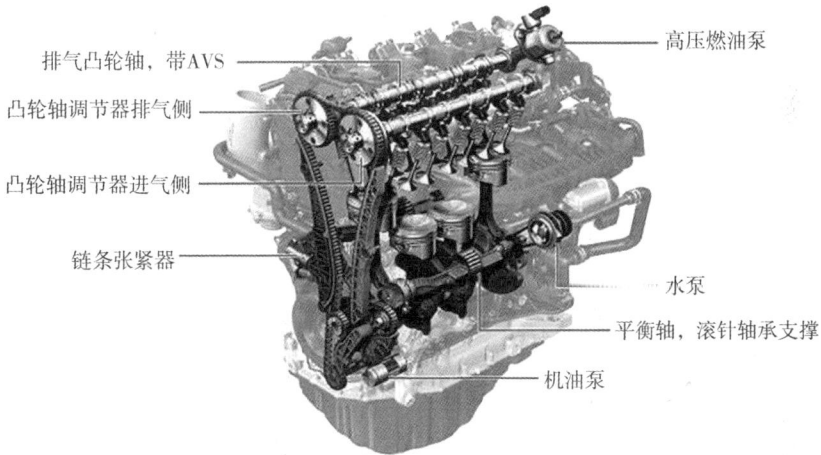

怠速转速				
91组数据	1区	2区	3区	4区
正常车	720	6.3%	28.0	27.5
故障车	720	6.27%	38.0	38.0
2000转速				
91组数据	1区	2区	3区	4区
正常车	2080	41.20%	-11	-11.5
故障车	2040	6.27%	38.0	38.0
4000转速				
91组数据	1区	2区	3区	4区
正常车	3760	42.40%	-4.5	-4.0
故障车	3800	6.27%	38.0	38.0

怠速转速				
93组数据	1区	2区	3区	4区
正常车	760	18.80%	-0.39	
故障车	720	16.54%	9.00	

图 1-3-8 数据流故障分析

发动机剖面图如图 1-3-9 所示。

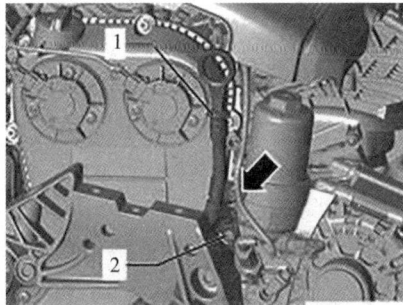

图 1-3-9 发动机剖面图

拆卸发动机机油尺时，应先拆下右前轮罩内板、发动机支撑件、减震器/曲轴皮带轮，然后排出发动机机油，拆卸机油压力调节阀 N428，多楔皮带张紧装置，脱开电线束的固定卡子，旋出螺栓 2，最后将机油尺导管 1 从正时链盖板中拔出。如图 1-3-10 所示。

图 1-3-10 拆卸发动机机油尺

拆卸发动机正时链盖板螺栓时，拧出螺栓 1 至 15，撬起正时链下部盖板，如图 1 - 3 - 11 所示。

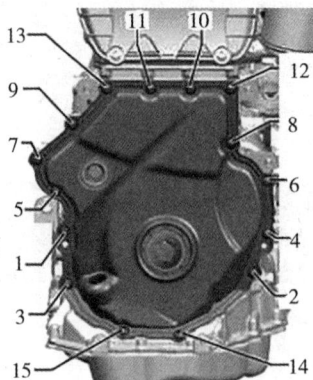

图 1 - 3 - 11　拆卸发动机正时链盖板螺栓

拆下正时链盖板后，拆卸发动机正时链及零部件。

1—螺栓　2—右侧凸轮轴正时链　3—正时链张紧导轨　4—导向螺栓　5—螺栓　6—控制阀　7—轴承座　8—凸轮轴正时链滑轨　9—凸轮轴壳罩　10—凸轮轴正时链　11—凸轮轴正时链滑轨　12—导向螺栓　13—三级链轮

图 1 - 3 - 12　发动机正时链及零部件分解图

必须注意，安装链条时的操作步骤和之前是不同的。对链条传动装置进行操作之后，必须用诊断测试仪对链条长度进行调整。正时点位置如图 1 - 3 - 13 所示。

图 1 - 3 - 13　正时点位置

凸轮轴正时链条位置如图 1-3-14 所示。

图 1-3-14　凸轮轴正时链条位置

检查曲轴是否位于上止点位置，曲轴平面部分箭头必须水平用记号笔在 1 缸上止点上做标记。1 缸上止点标记如图 1-3-15 所示。

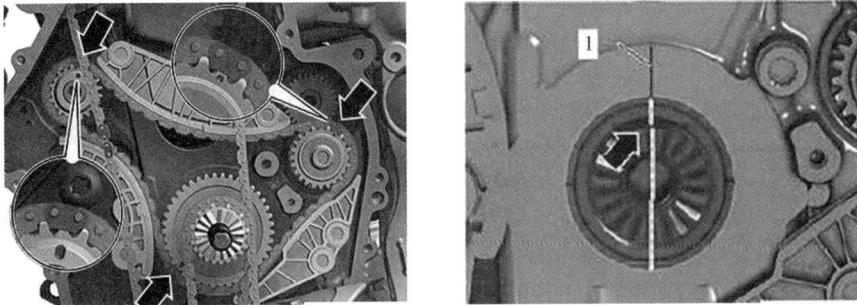

图 1-3-15　1 缸上止点标记

颜色标记的链节必须位于链轮上的标记处。颜色标记的链节如图 1-3-16 所示。

图 1-3-16　颜色标记的链节

检查正时链进排气凸轮轴和曲轴链轮上的正时标记点是否对齐，如果正时标记无误则按照相反的顺序根据维修手册进行装配。

模块二

学习情境一　气缸盖及气门机构维修

任务导向

学习任务一　气缸盖的检修

一、气缸盖的认知

1. 气缸盖

气缸盖是配气机构的安装基体，也是气缸的密封盖，与气缸及活塞顶部组成燃烧室。气缸盖内部有用于冷却燃烧室及周围区域的水套，其下端面上的冷却水道与气缸体的冷却水道相通，保障冷却防冻液循环。气缸盖上有进、排气门座及气门导管孔和进、排气通道，有燃烧室、火花塞座孔（汽油机）或喷油器座孔（柴油机）。（发动机气缸盖如图2-1-1所示）

图2-1-1　发动机气缸盖

图2-1-2　气缸垫

2. 气缸垫

气缸垫安装在气缸盖和气缸体之间，它是发动机最重要的一种垫片，可用于气缸盖和气缸体间的密封，可防止漏水、漏气与窜油，气缸垫上有冷却水和润滑油流通孔等。（气缸垫如图2-1-2所示）

二、气缸盖拆装

1. 拧出箭头所指螺栓。

2. 按1—10顺序拧下气缸盖螺栓（图2-1-3）。注意气缸体中的对中销（箭头所指）

（图 2-1-4）。注意气缸垫的安装位置。如果曲轴在此期间发生转动，则将气缸 1 的活塞移到上止点位置，并将曲轴再略微反向旋转。同时要确保正时链不会损坏。

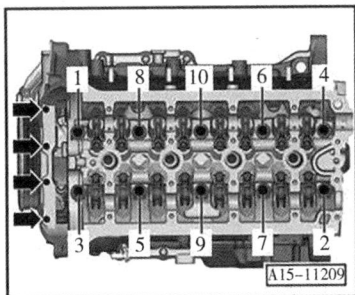

图 2-1-3 气缸盖螺栓拆卸顺序

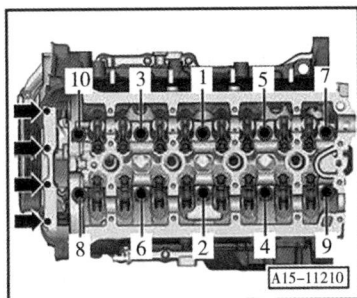

图 2-1-4 对中销图

3. 装上气缸垫。

4. 装上气缸盖。

5. 装入新的气缸盖螺栓（图 2-1-5），并拧紧。

图 2-1-5 气缸盖螺栓装配顺序

表格 2-1-1 气缸盖螺栓拧紧力矩

步骤	螺栓	拧紧力矩/继续旋转角度
1	1 至 10	用手拧到底
2	1 至 10	40 N·m
3	1 至 10	继续旋转 90°
4	1 至 10	继续旋转 90°
5	箭头	8 N·m/继续旋转 90°

三、气缸盖平面度检测

检查气缸盖的变形情况（图 2-1-6）：用 500 mm 直尺（VAS 6075）和厚薄规从多处检查气缸盖是否变形。

图 2-1-6

允许最大变形：0.05 mm。

学习任务二　气门组的检修

一、气门组的结构

气门组主要零部件的结构原理

气门组包括气门、气门座圈、气门导管和气门弹簧等部件，气门组的作用是实现气缸的密封，气门组的构成以及各零件间的装配关系如图 2-1-7 所示。

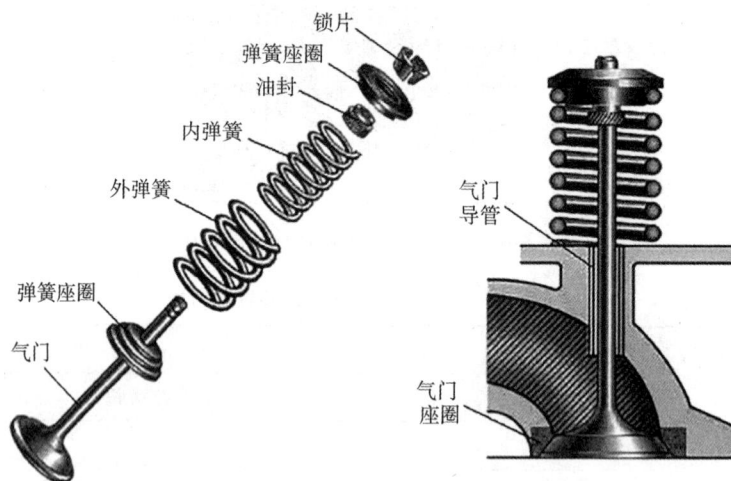

图 2-1-7　气门组装配图

（1）气门

气门主要起到控制进、排气道的开闭的作用。气门在高温、高压、润滑困难等条件下工作，这就要求气门具有足够的强度、刚度，耐磨、耐高温、耐腐蚀等特性。

气门主要由三部分构成：头部、杆身、尾部（如图 2-1-8 所示）。

图 2 - 1 - 8　气门的结构

气门顶面有平顶、球面顶和喇叭形顶等形状。如图 2 - 1 - 9 所示。

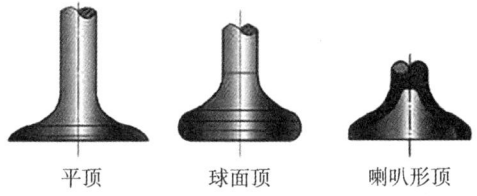

平顶　　球面顶　　喇叭形顶

图 2 - 1 - 9　气门顶面形状

气门头部与气门座圈的接触面是一个圆锥斜面，这个斜面与气门顶部平面之间的夹角称为气门锥角，一般为 45°，也有 30° 的（如图 2 - 1 - 10 所示）。

图 2 - 1 - 10　气门锥角

气门杆身与气门头部制成一体，装在气门导管内，起导向作用，杆身与头部采用圆滑过渡连接。气门尾部制有凹槽（锥形槽或环形槽）如图 2 - 1 - 11 所示，用以安装气门锁夹，并固定上气门弹簧座。

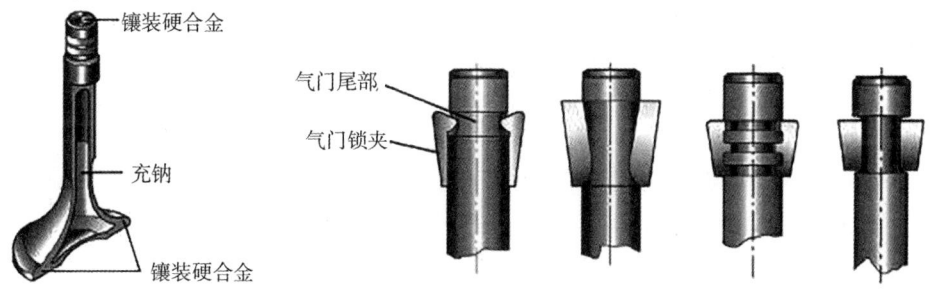

图 2 - 1 - 11　气门尾部

（2）气门座圈

气缸盖上的进、排气道与气门锥面相接合的部位称为气门座圈（如图2-1-12所示）。气门座圈的锥角与气门锥角相同，一般也是30°或45°。气门座圈与气门头部密封面配合密封气缸，此外，气门座圈对气门起导热作用。

气门导管　　　　气门座圈

图2-1-12　气门座圈与气门导管

（3）气门导管

气门导管对气门起导向作用，以保证气门做直线往复运动，使气门与气门座圈紧密贴合（如图2-1-12所示）。当凸轮直接作用于气门杆端时，气门导管承受侧向作用力并起传热作用。气门与气门导管间留有0.05—0.12 mm的微量间隙，从而保证气门杆能在气门导管中自由运动。该间隙过小，会导致气门杆受热膨胀与气门导管卡死；间隙过大，会使机油进入燃烧室燃烧。为了防止过多的润滑油进入燃烧室，有的气门导管上安装有橡胶油封。

（4）气门弹簧

气门弹簧的作用是保证气门关闭时能紧密地与气门座圈贴合，并可防止气门在发动机振动时跳动面破坏密封（如图2-1-13所示）。

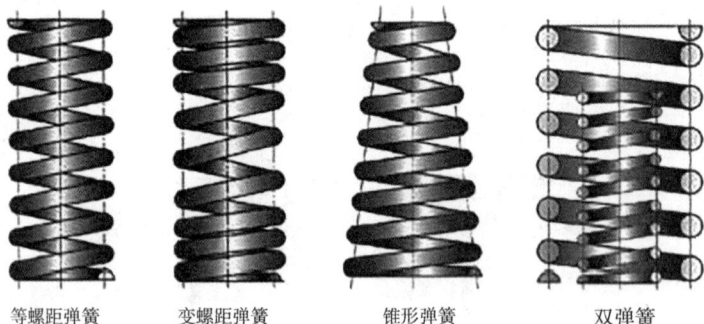

等螺距弹簧　　　变螺距弹簧　　　锥形弹簧　　　双弹簧

图2-1-13　气门弹簧

二、气门组拆卸分解

1. 拆卸气门杆端部液压挺柱，从气缸盖上拆下液压挺柱（如图2-1-14所示）。

2. 拆卸进气门

（1）用专用工具和木块压缩弹簧并拆下气门锁片（如图2-1-15所示）。

（2）拆下弹簧座圈、气门弹簧和气门（如图2-1-16所示）。

（3）拆卸排气门弹簧方法与进气门相同。

（4）用尖嘴钳拆下气门杆油封（如图2-1-17所示）。

（5）用压缩空气和磁棒，拆下气门弹簧座。

（6）取出气门弹簧，并取下气门，按顺序摆放好。

图 2-1-14 拆卸气门杆端部液压挺柱

图 2-1-15 拆卸气门锁片

图 2-1-16 拆下弹簧座圈、气门弹簧和气门

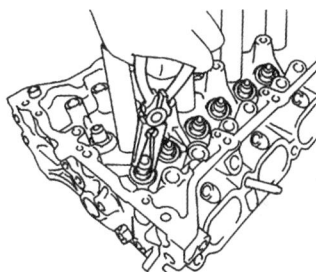

图 2-1-17 拆卸气门杆油封

三、气门组装配

1. 如图 2-1-18 所示，在进气门顶部涂抹足量发动机机油。

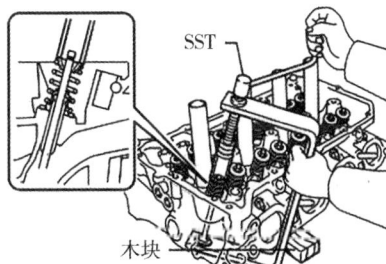

2. 将气门、气门弹簧和弹簧座圈安装到气缸盖上。

注意：将原零件按照原来的组合安装到原位。

3. 用专用工具和木块压缩弹簧并安装锁片，如图 2-1-19 所示。

30mm(1.18in.)或更长

图 2-1-18 顶部涂抹足量发动机机油

图 2-1-19 压缩弹簧并安装锁片

4. 用塑料锤轻敲气门杆顶部以确保安装到位。

注意事项：不要损坏气门杆顶部；不要损坏座圈。

5. 安装排气门的方法与进气门相同。

6. 安装气门杆盖时，在气门杆盖上涂抹一薄层发动机机油；将气门杆盖安装到气缸盖上。

四、气门组的测量

表 2 - 1 - 2　气门组的测量

实践项目	气门组的测量	实践目的	能正确测量气门头部直径；能正确测量气门杆身直径；检测结论正确。
使用器材	EA888 台架		
操作步骤	工/量具	过程	维修规范与操作步骤
检查气门外观	目视	检查气门有无裂纹、破碎或严重烧灼	维修规范： 气门应无裂纹，无破损，无严重烧灼，否则应更换气门。 操作步骤： 目视检查气门底部黏附了多少积炭。 如果积炭黏附在气门的下表面，则可能是活塞环漏油所致，因此需要检查活塞间隙和活塞环。 如果黏附在气门的上表面，则可能是气门导管衬套漏油，因此需要检查气门导管衬套的油封。
测量气门的长度	游标卡尺	清洗并校零游标卡尺	维修规范： 使用游标卡尺测量气门长度。 气门长度标准尺寸： 进气门为 104.0±0.2 mm 排气门为 101.9±0.2 mm
	游标卡尺	测量气门的长度	
测量气门头部的直径	游标卡尺	清洁并校零游标卡尺	维修规范： 气门头部直径标准尺寸： 进气门为 33.85±0.10 mm 排气门为 28.0±0.01mm
		测量气门头部的直径	
测量气门杆的直径	千分尺	清洁并校零千分尺	维修规范： 气门杆直径标准尺寸： 进气门为 5.98±0.01 mm 排气门为 5.96±0.01 mm
		测量气门杆的直径	

检查气门座	普鲁士蓝	在气门表面周围薄薄地涂普鲁士蓝（或铅白）	维修规范： 如果气门座上的接触宽度太大，积炭将很容易黏附在气门上，并降低密封性。 相反，如果气门座上的接触宽度太小，将会导致不均匀磨损，从而在气门周围形成一个坡度。 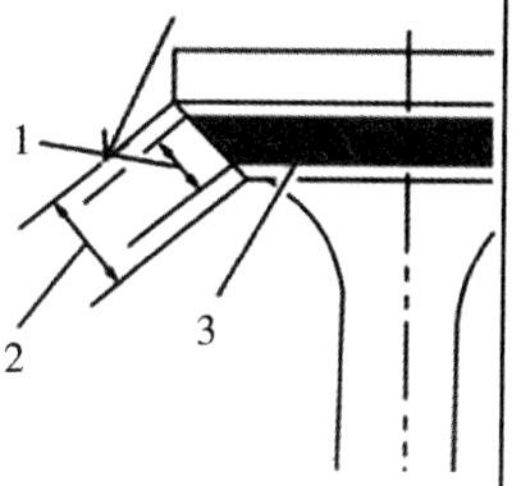
		将气门推入气门座	操作步骤： 不要涂太多的普鲁士蓝（或铅白）。 气门被压缩在气门座上后，不要转动气门。
		检查接触宽度和接触位置（粘贴在气门表面的普鲁士蓝）	如果气门弯曲或者气门导管衬套油隙太大，则不能进行正确检查。 进气门标准边缘厚度：1.0 mm；最小边缘厚度 0.5 mm。 排气门标准边缘厚度：1.01 mm；最小边缘厚度 0.5 mm。 如果小于最小值，则更换气门。
检查气门弹簧	游标卡尺	清洁游标卡尺	检查压缩弹簧： 使用游标卡尺，测量气门弹簧的自由长度。 自由长度：53.36 mm 如果自由长度不符合规定，则更换气门弹簧。 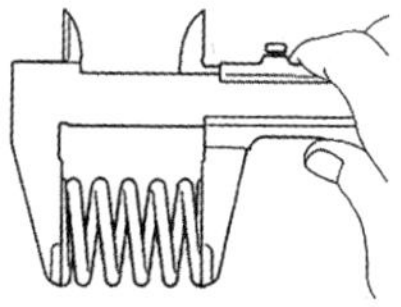
		测量气门弹簧的自由长度	

五、气门油封老化的检查

外观检测方法：

（1）油封外观：油封整体应平整，外露骨架无锈蚀，外包橡胶应光滑、黏接牢固。不允许出现轴向划伤、缺料、裂纹。油封端面标识清楚。

（2）密封唇片：目测密封唇片应光滑、平整，不允许出现杂质、裂纹、飞边毛刺、凹凸缺陷。

（3）防尘副唇：目测防尘副唇应光滑、平整，不允许出现杂质、气泡、缺料、裂纹、飞边毛刺、凹凸缺陷。

学习任务三 气门传动组的检修

一、气门传动组的认知

气门传动组可以按发动机配气要求的时间及时开、闭气门，并保证规定的开启时间和开启高度。

气门传动组包括凸轮轴、凸轮轴正时齿轮、挺柱、推杆、摇臂总成等零部件，如图2-1-20所示。

图 2-1-20 气门传动组

(一) 凸轮轴

凸轮轴是气门传动组中最主要的零件，用来驱动并控制各缸气门的开启和关闭，使其符合发动机的工作顺序、配气正时及气门开度的变化规律等要求。

(二) 挺柱

挺柱的功用是将凸轮轴旋转时产生的推力传给推杆或气门，可分为机械挺柱和液压挺柱。

1. 机械挺柱

机械挺柱的结构简单，质量轻，在中、小型发动机中应用比较广泛。机械挺柱常见的形式有筒式和滚轮式两种（如图2-1-2所示）。

筒式   滚轮式

图 2-1-21 机械挺柱

2. 液压挺柱

(1) 作用

液压挺柱可以自动补偿气门间隙，并具有以下优点：取消了调整气门间隙的零件，结构大为简化；无须调整气门间隙，极大地简化了装配与调整过程；消除了由气门间隙引起的冲击和噪声，减轻了气门传动组件之间的摩擦。

（2）结构

液压挺柱的构造：液压挺柱由液力挺柱体、柱塞、内油腔、外油腔、柱塞套、高压油腔、凸轮、单向球阀等组成，如图 2 - 1 - 22 所示。

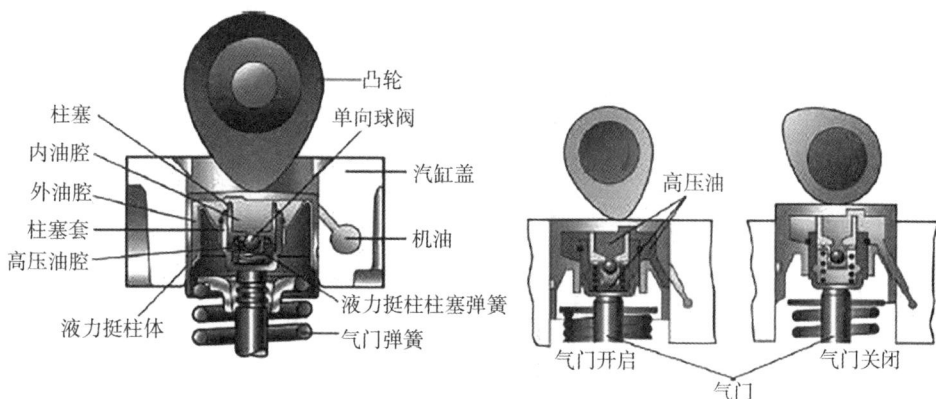

图 2 - 1 - 22　液压挺柱

（3）工作原理

当凸轮轴转动，凸轮的凸起部分与挺柱顶面接触时，挺住在凸轮推动力作用下向下移动，高压油腔内的机油被压缩，单向球阀在压力差的作用下关闭，高、低压油腔被分开，由于液体的不可压缩性，整个挺柱如同刚体下移挺开气门。

当凸轮的凸起部分离开挺柱顶面时，挺柱在气门弹簧作用下渐渐回位，起初高压油腔保持封闭，直到挺柱体上的环形油槽与气缸盖上的斜油孔对齐，气缸盖油道中的机油进入挺柱的低压油腔，高压油腔的油压下降，单向球阀打开，低压油腔中的机油流入高压油腔，使两腔连通。此时，液压挺柱的顶面仍然和凸轮表面紧贴，从而起到补偿气门间隙的作用。

当气门受热膨胀时，通过柱塞与套筒之间的间隙，高压油腔内的机油向低压油腔泄露一部分，柱塞与套筒产生相对运动，从而使挺柱自动"缩短"，保证气门关闭。

（三）推杆

图 2 - 1 - 23　推杆

在下置式凸轮轴的配气机构中设有推杆，推杆位于挺柱和摇臂之间。其功用是将凸轮轴经过挺柱传来的推力传递给摇臂。

（四）摇臂

摇臂的作用是将推杆和凸轮传来的运动和作用力，改变方向传给气门使其开启。

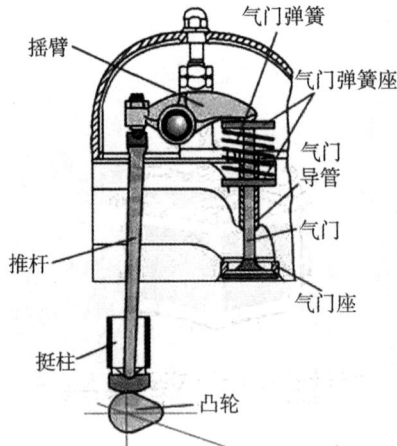

图 2-1-24　摇臂组件结构图

（五）摆臂

图 2-1-25　摆臂

摆臂是单臂杠杆，支点在摆臂的一端，又称末端支点摇臂。摆臂的作用与摇臂相同，为减轻摩擦和磨损，可将凸轮与摆臂的接触方式由滑动改为滚动。摆臂以摆臂支座为支点，在很多轿车上采用气门间隙自动补偿器代替摆臂支座。自动补偿器的结构和工作原理与液压挺柱相似。

二、迈腾 EA888 发动机气门传动组各零件间的装配要点

（1）拆卸正时齿形皮带时必须使第一缸处于压缩上止点位置；

（2）拆卸气缸盖时必须按照顺序旋松螺栓，拆卸凸轮轴轴承盖时要按顺序进行；

（3）装配时按照规定的顺序和力矩来进行装配；

（4）要检查正时齿形皮带的松紧度，并进行调整使之符合技术要求；

（5）找到正时标记，正确判断 1 缸的压缩上止点，调好气门间隙后要锁紧螺母并要复检。

三、迈腾 EA888 发动机气门传动组拆卸分解

注意事项：气缸盖罩下部和气缸盖上部的密封面不允许再加工；凸轮轴轴承内置在气缸盖或气缸盖罩中。在拆下气缸盖罩前，必须松开凸轮轴正时链；在安装时将电缆扎带重新固定到原始部位。

1. 拆卸正时链上部盖板，如图 2-1-26 所示。

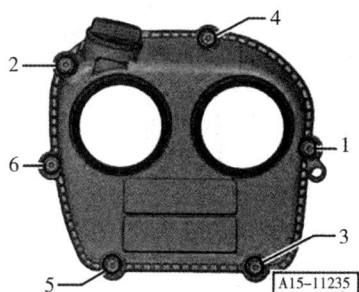

图 2-1-26　拆卸正时链上部盖板

用固定支架 T10355 将减振器/曲轴皮带轮转入"上止点位置"。凸轮轴链轮的标记 1 必须对准标记 2 和 3。减振器/曲轴皮带轮上的缺口和正时链下部盖板上的标记箭头必须对齐，如图 2-1-27 所示。

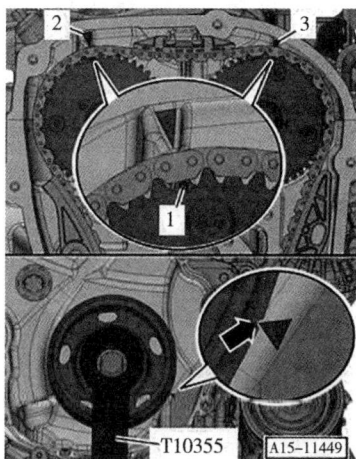

图 2-1-27　固定上止点位置

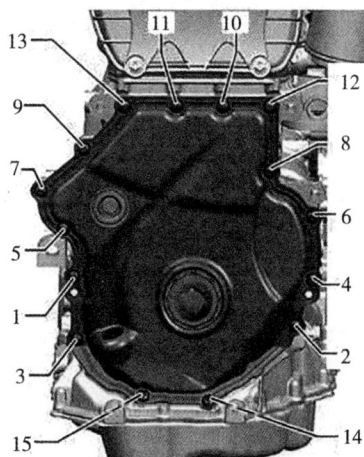

图 2-1-28　拆卸正时链下部盖板

2. 拆卸正时链下部盖板：拧出螺栓 1 至 15，撬起正时链下部盖板。（如图 2-1-28 所示）

注意事项：注意硅胶密封剂的有效期，发动机机油加注量和规格；必须在涂敷硅胶密封剂后 5 分钟内安装盖板；更换需要继续旋转一定角度才能拧紧的螺栓；更换密封环和 O 形圈。为避免污染润滑系统应盖住发动机暴露的零部件，用平刮刀除去气缸体上的密封剂残余物，清洁密封面上的机油和油脂。

3. 用装配工具 T10352/2 沿箭头方向拆下左侧和右侧的控制阀。如图 2-1-29 所示。

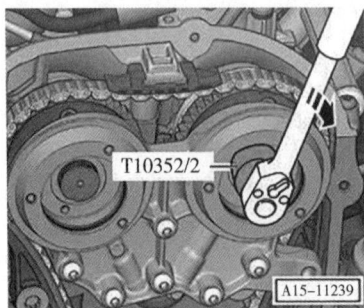

图 2-1-29 拆下左侧和右侧的控制阀

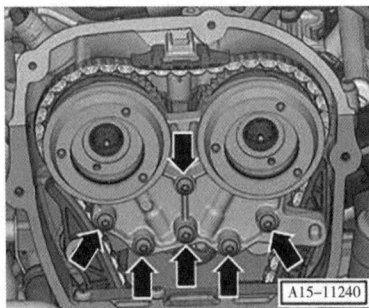

图 2-1-30 拆卸轴承座

注意事项：控制阀有左旋螺纹。

4. 拧下箭头所指螺栓，如图 2-1-30 所示。

5. 装配箭头所指螺栓，如图 2-1-31 所示。

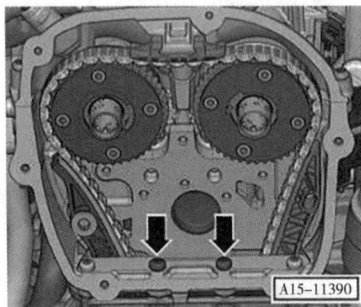

图 2-1-31 装配螺栓

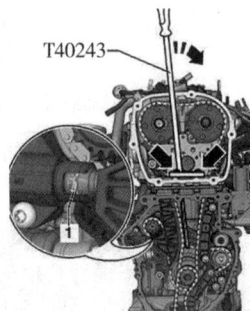

图 2-1-32 拧入装配杆 T40243

6. 拧入装配杆 T40243，将链条张紧器的卡环 1 压到一起并固定，如图 2-1-32 所示。将装配杆 T40243 沿箭头方向缓慢地按压并固定。

7. 用定位工具 T40267 固定链条张紧器，如图 2-1-33 所示。

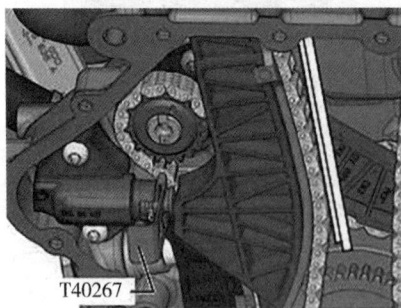

图 2-1-33 定位工具 T40267 固定链条张紧器

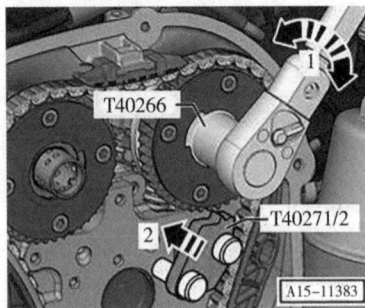

图 2-1-34 凸轮轴固定装置 T40271/2

8. 将凸轮轴固定装置 T40271/2 拧到气缸盖上，并沿箭头方向推入链轮的啮合齿 2 中。必要时用装配工具 T40266 转动进气凸轮轴 1，如图 2-1-34 所示。

9. 将凸轮轴固定装置 T40271/1 拧到气缸盖上。接下来的工作步骤需要有另一位机修工协助。将排气凸轮轴用装配工具 T40266 沿箭头 A 方向固定。拧出螺栓 1，将张紧轨 2 向下推。将凸轮轴沿顺时针方向继续旋转，直到凸轮轴固定装置 T40271/1 能够推入链轮啮合齿 C，如图 2 - 1 - 35 所示。

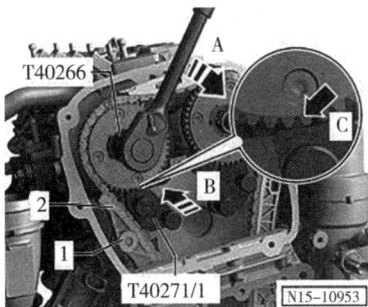

图 2 - 1 - 35　凸轮轴固定装置 T40271/1

图 2 - 1 - 36　拆卸滑轨 1

10. 拆卸滑轨 1，用螺丝刀打开箭头所示卡子，然后将滑轨向前推开，如图 2 - 1 - 36 所示。

11. 沿箭头方向按压机油泵的链条张紧器的张紧卡箍，并用定位销 T40011 卡住。拧出螺栓 1 并拆下链条张紧器，如图 2 - 1 - 37 所示。

图 2 - 1 - 37　拆下链条张紧器

图 2 - 1 - 38　拆卸凸轮轴正时链

12. 拧出螺栓 1，拆下滑轨 2。将凸轮轴正时链从凸轮轴正时齿轮上取下，并向下推，如图 2 - 1 - 38 所示。

13. 在上止点位置平端部位 1 指向上方，拧上带肩螺母 T10531/4。用开口宽度为 32 的开口扳手沿逆时针方向从上止点拧出曲轴，如图 2 - 1 - 39 所示。

图 2 - 1 - 39　装上旋转工具 T10531/3

14. 将进气凸轮轴用装配工具 T40266 沿箭头 1 方向转动，将凸轮轴固定装置 T40271/2 从链轮啮合齿中推出 2；并将凸轮轴置于静止位置，如图 2 - 1 - 40 所示。

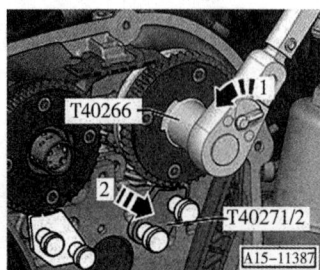

图 2 - 1 - 40　固定进气凸轮轴　　　　图 2 - 1 - 41　固定排气凸轮轴

15. 将排气凸轮轴用装配工具 T40266 沿箭头 1 方向转动，将凸轮轴固定装置 T40271/1 从链轮啮合齿中推出 2，并将凸轮轴置于静止位置，如图 2 - 1 - 41 所示。

16. 按顺序 1 至 6 旋出气缸盖罩的螺栓。取下气缸盖罩，取下凸轮轴并遮盖发动机的敞开部分，如图 2 - 1 - 42 所示。

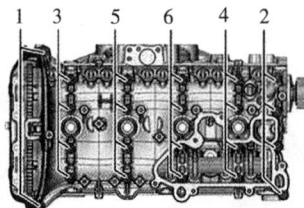

图 2 - 1 - 42　拆卸气缸盖罩

四、安装凸轮轴

注意事项：密封面上必须无机油和无油脂；所有摇臂都必须正确位于气门杆末端上。

如果曲轴在此期间发生转动，则将气缸 1 的活塞移到上止点位置，并将曲轴再略微反向旋转；清除气缸盖罩凹槽中以及密封面上的密封剂残留物；清洁密封面，必须使其无油脂。

1. 将排气凸轮轴插入气缸盖罩，确保凸轮轴轴颈 A 和 B 相对座孔能转动，如图 2 - 1 - 43 所示。

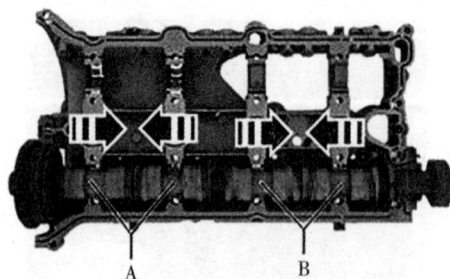

图 2 - 1 - 43　排气凸轮轴插入气缸盖罩

2. 转动排气凸轮轴，直到标记 A 和 B 相对，如图 2 - 1 - 44 所示。

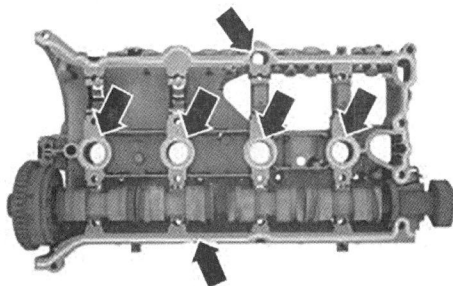

3. 如图 2 - 1 - 45 所示，在气缸盖罩的干净密封面上涂敷密封剂。密封剂条厚度为 2—3 mm。固定凸轮轴，将气缸盖罩及凸轮轴装在气缸盖上。

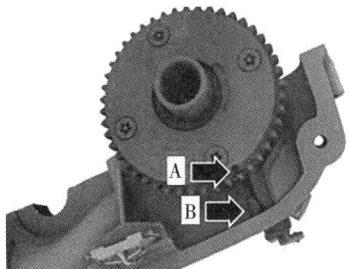

图 2 - 1 - 44　检查标记　　　　　　　图 2 - 1 - 45　装配气缸盖罩

4. 用手略微按压气缸盖罩，同时略微转动凸轮轴，直到气缸盖罩"无应力"地贴在气缸盖上。更换气缸盖罩的螺栓。如图 2 - 1 - 46 所示，按照 1 至 6 的顺序用扭矩扳手以 8 N•m 的力矩拧紧螺栓；按照 1 至 6 的顺序用刚性扳手继续旋转 90°。

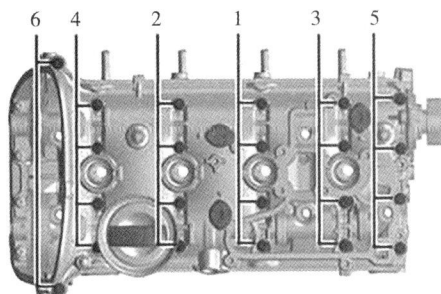

图 2 - 1 - 46　气缸盖罩螺栓拧紧顺序

五、凸轮轴的测量

表 2 - 1 - 3　凸轮轴的测量

实践项目	凸轮轴的检测		实践目的	能正确使用百分表、千分尺，以完成凸轮轴的测量；检测结论正确。
使用器材	大众 BMG 发动机台架			
操作步骤	工/量具	过程		维修规范与操作要求
清洁，检查凸轮轴外观	抹布、吹枪	清洁凸轮轴轴径、轴承和轴承盖		维修规范：每个轴径和轴承应无麻点和划痕，否则需更换凸轮轴或视情况修理。
	目视	检查轴径和轴承有无麻点和划痕		

检查凸轮轴弯曲度	百分表、磁性表座	清洁、组装百分表测量头并调零	操作要求： 将凸轮轴水平放置在平台上，并用 V 型铁支撑，确保其在 V 型铁上水平放置，两端不能高低不平，否则会影响测量结果； 检查百分表支架并组装，百分表的调整螺母必须锁紧，否则会因为百分表松动影响到测量结果； 百分表应避免有孔； 调整百分表，使百分表头贴近凸轮轴主轴颈，并对百分表预压 1 mm，若不进行百分表预压，也会引起测量结果失准； 转动百分表刻度盘，使其大指针对准"0"刻度。
检查凸轮轴弯曲度	百分表、磁性表座、平台	检查凸轮轴的弯曲度	维修规范： 双手慢慢转动凸轮轴，仔细观察百分表所测出的凸轮轴的圆跳动量； 眼睛必须与百分表平视。
检查凸轮轴径的磨损情况	千分尺	清洁、校零千分尺	操作要求： 检查轴径直径； 计算轴径圆度和圆柱度误差。
	千分尺	测量凸轮轴主轴颈及连杆轴径	
		记录数值并计算	
检查凸轮的磨损情况	千分尺	清洁、校零千分尺	操作要求： 凸轮磨损严重会产生很大的碰撞声音，并且会影响气门正确的打开和闭合正时。 如果测量值超过规定的值，应更换凸轮轴。
	千分尺	测量凸轮	

学习任务四　可变气门正时机构的检修

一、配气相位

配气相位是指进、排气门的关闭和开启的持续时间，通常用曲轴转角来表示。

1. 进气门的配气正时

（1）进气提前角和延迟角

在排气行程接近终了，活塞到达上止点之前，进气门便开始开启，从进气门开始开启位置到上止点所对应的曲轴转角 α 称为进气提前角，α 一般为 $10°—30°$。从下止点到进气门关闭位置所对应的曲轴转角 β 称为进气延迟角，β 一般为 $40°—80°$。可见，整个进气过程的持续角相当于曲轴转角为（$α+180°+β$）。

（2）进气门早开和迟关的目的

进气门早开，活塞到达上止点开始向下止点运动时，进气门已有一定开度，使得新鲜气体顺利进入气缸。进气门迟关可充分利用气流的惯性和缸内外的压力差继续进气。进气门早开和迟关增加了进气时间。可见，进气门早开、迟关能增加气缸的充气量。

2. 排气门的配气正时

（1）排气提前角和延迟角

在做功行程的后期，活塞到达下止点之前，排气门便开始开启。从排气门开始开启位置到下止点所对应的曲轴转角 γ 称为排气提前角，γ 一般为 $40°—80°$。从上止点到排气门关闭位置所对应的曲轴转角 δ 称为排气延迟角，δ 一般为 $10°—30°$。

整个排气过程的持续角相当于曲轴转角为（$γ+180+δ$）。

（2）排气门早开和迟关的目的

排气门早开，使废气能利用自身压力迅速自由排出气缸，减小排气行程活塞上行的阻力，可缩短废气在气缸内的停留时间，从而防止发动机过热。排气门迟关，可利用废气压力和废气流的惯性继续排气。所以，排气门早开、迟关可以使气缸内的废气排除得更为干净。

3. 气门重叠与气门重叠角

由于进气门早开和排气门迟关，出现了一段时间内在上止点附近进气门和排气门同时开启的现象，这种现象称为气门重叠。对应的曲轴转角（$α+δ$）称为气门重叠角。

配气相位包括 α、β、γ、δ、$α+180°+β$、$γ+180°+δ$ 等角度。配气相位常用环形图来表示，配气相位图如图 2 - 1 - 47 所示。

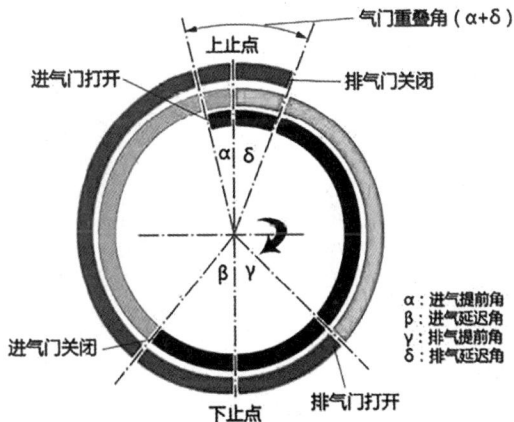

图 2 - 1 - 47　配气相位

二、EA888 发动机正时机构的拆装与检修

1. 发动机正时机构的拆解

（1）拆卸正时链下部盖板，拧出螺栓 1 至 15，撬起正时链下部盖板，如图 2 - 1 - 48 所示。

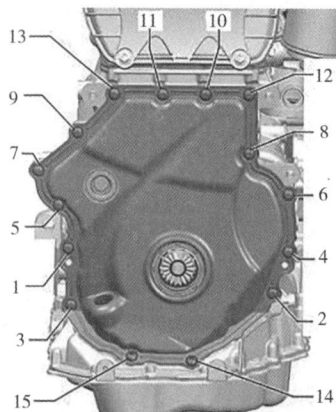

图 2 - 1 - 48　拆卸正时链下部盖板

（2）用装配工具 T10352/2 沿箭头方向拆下左侧和右侧的控制阀，如图 2 - 1 - 49 所示。

图 2 - 1 - 49　拆卸左侧和右侧的控制阀

（3）拧下箭头所示螺栓，取下轴承座。如图 2 - 1 - 50 所示。

（4）拧入装配杆 T40243，将链条张紧器的卡环压到一起并固定，如图 2 - 1 - 51 所示。将装配杆 T40243 沿箭头方向缓慢地按压并固定。

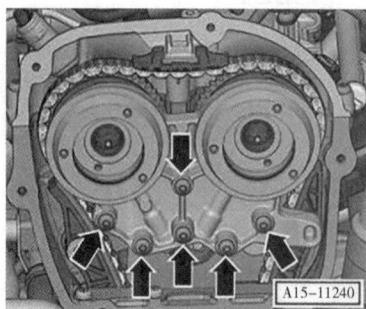

图 2 - 1 - 50　拆卸轴承座

图 2 - 1 - 51　装配螺栓

（5）用定位工具 T40267 固定链条张紧器，如图 2 - 1 - 52 所示。然后拆卸装配杆 T40243。

（6）将凸轮轴固定装置 T40271/2 拧到气缸盖上并沿箭头方向推入链轮的啮合齿 2 中。必要时用装配工具 T40266 转动进气凸轮轴 1，如图 2 - 1 - 53 所示。

图 2-1-52 固定链条张紧器

图 2-1-53 凸轮轴固定装置 T40271/2

（7）将凸轮轴固定装置 T40271/1 拧到气缸盖上。接下来的工作步骤需要有另一位机修工协助。将排气凸轮轴用装配工具 T40266 沿箭头 A 方向固定。拧出螺栓 1，将张紧轨 2 向下推。将凸轮轴沿顺时针继续旋转，直到凸轮轴固定装置 T40271/1 能够推入链轮啮合齿 C，如图 2-1-54 所示。

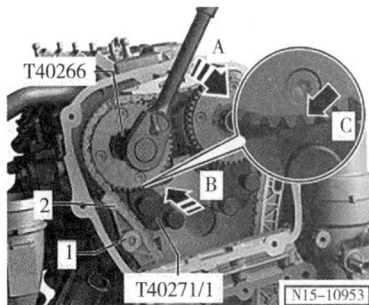

图 2-1-54 凸轮轴固定装置 T40271/1

图 2-1-55 拆卸滑轨 1

（8）拆卸滑轨 1，用螺丝刀打开箭头所示卡子，然后将滑轨向前推开，如图 2-1-55 所示。

（9）拧下箭头所示螺栓，拆下链条张紧器 1，如图 2-1-56 所示。

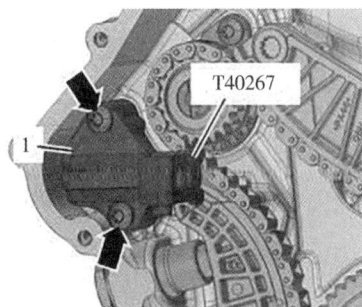

图 2-1-56 拆卸链条张紧器 1

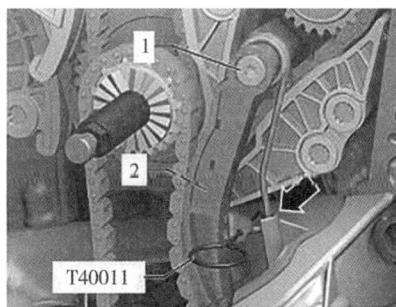

图 2-1-57 拆卸滑轨 2

（10）沿箭头方向按压机油泵的链条张紧器张紧卡箍，并用定位销 T40011 卡住。拧出螺栓 1 并拆下链条张紧器，拧出螺栓 1，拆下滑轨 2，如图 2-1-57 所示。

（11）将凸轮轴正时链从凸轮轴齿轮上取下并挂到凸轮轴的销轴上，如图 2-1-58 所示。

图 2-1-58　取下正时链

图 2-1-59　拆卸平衡轴正时链的链条张紧器 1

（12）拆卸平衡轴正时链的链条张紧器 1，如图 2-1-59 所示。

（13）拧出螺栓 1。拆卸张紧轨 2 以及滑轨 3 和 4，如图 2-1-60 所示。

（14）松开张紧销，然后拧出张紧销。取出三级链轮，同时卸下机油泵驱动装置的正时链。取下凸轮轴正时链和平衡轴传动链，如图 2-1-61 所示。

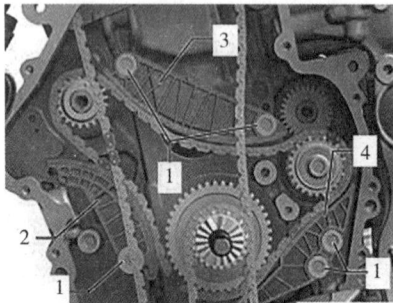

图 2-1-60　拆卸张紧轨 2 以及滑轨 3 和 4

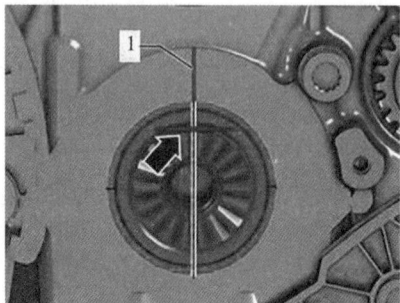

图 2-1-61　拆卸三级链轮

2. 发动机正时机构的装配与正时的检查

（1）检查曲轴的上止点，曲轴的平端箭头必须水平。如图 2-1-62 所示，用防水记号笔在气缸体 1 上做标记。

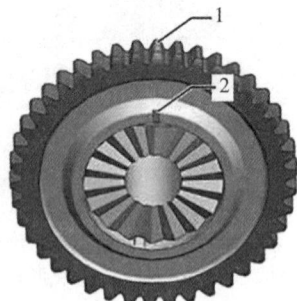

（2）用防水记号笔在三级链轮的齿 1 上做标记 2，如图 2-1-63 所示。

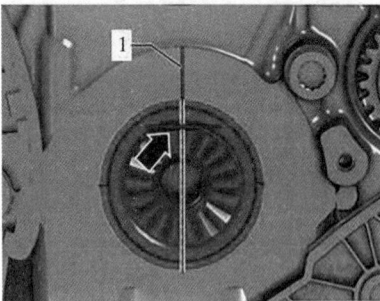

图 2-1-62　用防水记号笔在气缸体 1 上做标记

图 2-1-63　用防水记号笔在三级链轮的齿 1 上做标记 2

（3）将中间齿轮和平衡轴转至标记箭头，螺栓 1 不得松开，如图 2-1-64 所示。中间齿轮和平衡轴之间的标记要仔细观察。

图 2 - 1 - 64　转动中间齿轮和平衡轴

图 2 - 1 - 65　安装平衡轴传动链

（4）放上平衡轴传动链，将彩色链节箭头所指位置定位到链轮的标记上，如图 2 - 1 - 65 所示。

（5）安装滑轨 1，并拧紧螺栓，如图 2 - 1 - 66 所示。

图 2 - 1 - 66　安装滑轨 1

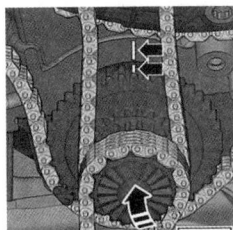

图 2 - 1 - 67　安装凸轮轴正时链

（6）将带彩色链节的凸轮轴正时链挂到凸轮轴销轴上，如图 2 - 1 - 67 所示。

（7）将机油泵驱动装置的正时链放到三级链轮上。沿箭头方向将三级链轮向发动机侧翻转并插到曲轴上，必须与标记箭头相对，如图 2 - 1 - 68 所示。

①将张紧销 T10531/2 拧入曲轴并用手拧紧，如图 2 - 1 - 69 所示。

②装上旋转工具 T10531/3，用手拧上带肩螺母 T10531/4。用开口宽度为 32 的开口扳手略微来回移动旋转工具，同时再拧紧带肩螺母，直到链轮牢固地装到曲轴啮合齿上。然后拧紧夹紧螺栓 A，如图 2 - 1 - 70 所示。

图 2 - 1 - 68　机油泵正时链　图 2 - 1 - 69　安装张紧销 T105312　图 2 - 1 - 70　安装链轮

（8）将平衡轴传动链的彩色链节箭头所指位置定位在三级链轮的标记上。安装张紧轨 1 和滑轨 2。拧紧螺栓 3，如图 2 - 1 - 71 所示。

图 2-1-71 安装平衡轴传动链

图 2-1-72 安装链条张紧器 1

（9）安装链条张紧器 1，如图 2-1-72 所示。

（10）再次检查调整情况，彩色链节箭头所指位置必须对准链轮的标记，如图 2-1-73 所示。

图 2-1-73 检查平衡轴传动链安装位置

图 2-1-74 检查凸轮轴正时链安装位置

（11）将凸轮轴正时链放到进气凸轮轴上，排气凸轮轴放到曲轴上。将彩色链节箭头所指位置定位到链轮的标记上，如图 2-1-74 所示。

（12）安装滑轨 2，并拧紧螺栓 1，如图 2-1-75 所示。

图 2-1-75 安装滑轨 2

图 2-1-76 安装上部滑轨 1

（13）安装上部滑轨 1，如图 2-1-76 所示。

接下来的安装步骤需要有另一位机修工协助。

①将排气凸轮轴用装配工具 T40266 沿箭头 A 方向略微转动，并将凸轮轴固定装置 T40271/1 从链轮的啮合齿中推出 B，如图 2-1-77 所示。

图 2-1-77　拆卸凸轮轴固定装置 T40271/1

图 2-1-78　安装张紧轨 2

②将凸轮轴沿方向 C 松开，直到正时链紧贴到滑轨 1 上。将凸轮轴固定在这个位置，拧上张紧轨 2 并拧紧螺栓 3，如图 2-1-78 所示。

（14）安装链条张紧器 1，并拧紧螺栓，如图 2-1-79 所示。

（15）安装链条张紧器 2。紧固螺栓 1 并去除固定销 T40011，如图 2-1-80 所示。

图 2-1-79　安装链条张紧器 1

图 2-1-80　安装链条张紧器 2

（16）将进气凸轮轴用装配工具 T40266 沿箭头 1 方向转动，直到凸轮轴固定装置 T40271/2 可以从链轮的啮合齿中推出 2。松开凸轮轴。拆卸凸轮轴固定装置 T40271/2，如图 2-1-81 所示。

图 2-1-81　拆卸凸轮轴固定装置 T40271/2

图 2-1-82　检查正时链调整情况

（17）检查调整情况，彩色链节箭头所指位置必须对准链轮的标记，如图 2-1-82

所示。

其他安装以倒序进行，安装过程中请注意以下事项。

①在链条传动装置上操作后必须匹配发动机控制单元中的匹配值。

②所有的螺栓要按维修手册的要求拧紧，必要时更换。

三、可变气门升程技术

目前应用的可变配气相位机构有：菲亚特的 Multiair 电控液压机构，奥迪的 AVS 可变气门升程系统，英菲尼迪的 VVEL 系统，宝马的 Double VANOS 双凸轮轴可变气门正时系统，三菱智能可变气门正时与升程管理系统（MIVEC），本田的可变气门升程系统（VTEC），丰田的智能可变气门正时系统（WT-i），等。

1. 结构

奥迪的 AVS 可变气门升程系统在设计理念上与本田的 VTEC 有着异曲同工之妙，只是在实施手段上略有不同。这套系统为每个进气门设计了两组不同角度的凸轮，同时在凸轮轴上安装有螺旋沟槽套筒。螺旋沟槽套筒由电磁阀驱动器加以控制，用以切换两组不同的凸轮，从而改变进气的升程，如图 2-1-83 所示。

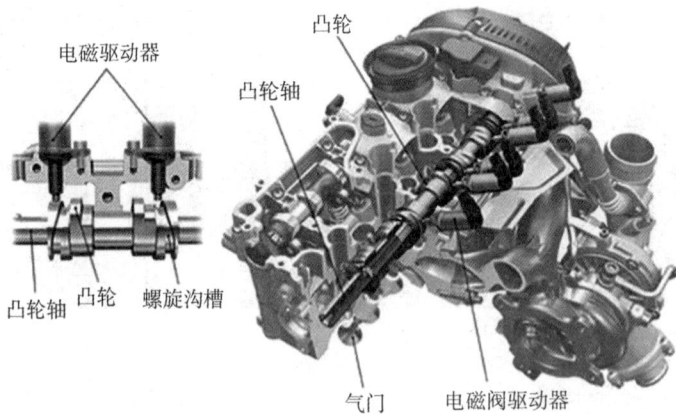

图 2-1-83　奥迪 AVS 机构

2. 工作原理

发动机高负载的情况下，AVS 系统将凸轮向右推动 7 mm，使角度较大的凸轮得以推动气门顶杆；在此情况下，气门升程可达到 11 mm，以提供燃烧室最佳的进气流量和进气流速，实现更加强劲的动力输出，如图 2-1-84 所示。

图 2-1-84　发动机高负载

发动机低负载的情况下，为了追求节油，此时 AVS 系统则将凸轮推至左侧，以较小的凸轮推动气门顶杆。此时气门升程可在 2—5.7 mm 之间进行调整，由于采用不对称的进气升程设计，因此空气以螺旋方式进入燃烧室；在搭配特殊外廓的燃烧室和活塞头设计，可让气缸内的油气混合状态进一步优化，如图 2-1-85 所示。

图 2-1-85　发动机低负载

3. 特点

奥迪这套系统的气门升程依然是两段式的，没有做到气门升程的无级调节，所以对进气流量的控制还不够精确。然而优点在于对于同一个气缸内两个进气门采用不同步的开启和关闭时间，可以实现油与气的充分混合。

学习任务五　气门间隙

一、气门间隙概述

发动机工作时，气门因温度升高而膨胀。通常把发动机冷态装配（气门完全关闭）时的间隙称为气门间隙（如图 2-1-86 所示）。一般冷态时，进气门间隙约为 0.25—0.30 mm，排气门间隙约为 0.3—0.35 mm，一般排气门的气门间隙要略大于进气门的气门间隙。采用液压挺柱的发动机，由于挺柱的长度能自动变化，随时补偿气门的热膨胀量，故不需要预留气门间隙。

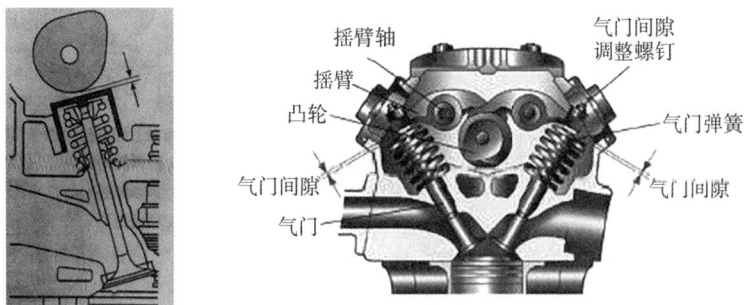

图 2-1-86　气门间隙

二、气门间隙异常的影响

气门间隙的大小，对发动机的工作和性能影响很大。如果气门间隙过小，发动机在热态下可能因气门关闭不严而发生漏气，导致功率下降，不易启动甚至将气门烧坏。如果气门间隙过大，则使传动零件之间以及气门和气门座之间产生撞击响声，并加速磨损。同时，也会使气门开启的持续时间减少，气缸的充气以及排气情况变坏。

三、气门间隙常见的调整方法

1. 用更换气门挺杆的方法调整气门间隙（如图 2 - 1 - 87 所示）。

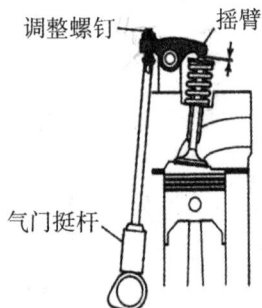

图 2 - 1 - 87　更换气门挺杆调整气门间隙

2. 用更换垫片的方法，调整气门间隙（如图 2 - 1 - 88 所示）。

图 2 - 1 - 88　更换垫片调整气门间隙

3. 通过转动安装在摇臂上的调整螺钉调整气门间隙（如图 2 - 1 - 89 所示）。

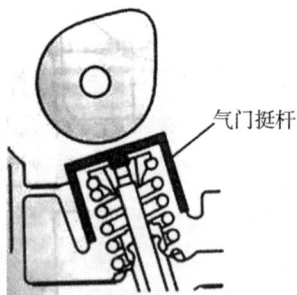

图 2 - 1 - 89　转动螺钉调整气门间隙

四、气门自动补偿器的检修

1. 检查气门摇臂分总成

用手转动滚针，检查转动是否平稳。

提示：如果滚针转动不平稳，则更换气门摇臂分总成。

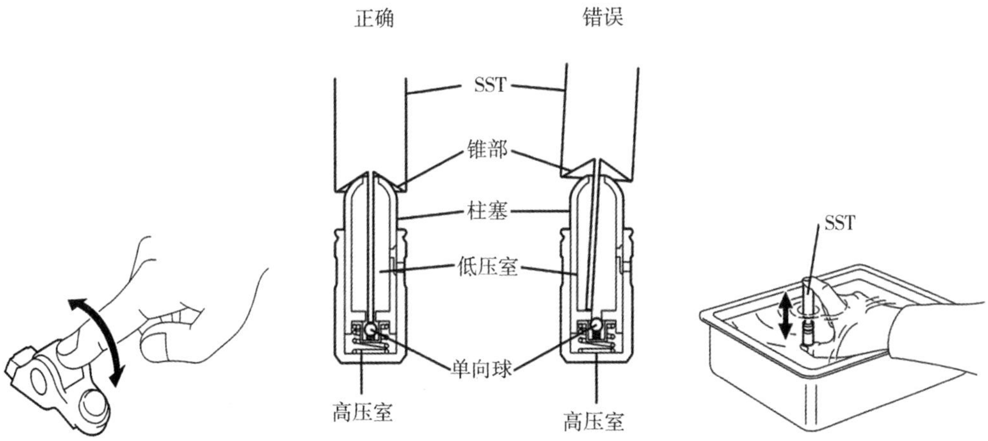

正确　　　　　错误

SST
锥部
柱塞
低压室
单向球
高压室　　　高压室

SST

图 2 - 1 - 90　气门间隙补偿器

2. 检查气门间隙补偿器总成

注意：使气门间隙补偿器远离灰尘和异物，仅可使用干净的发动机机油。

（1）将气门间隙补偿器放入装有发动机机油的容器中。

（2）将 SST 顶端插入气门间隙补偿器的柱塞中，并用顶端挤压柱塞中的单向球。

（3）将 SST 和气门间隙补偿器压在一起，上下移动柱塞 5 至 6 次。

（4）检查柱塞的运动情况并放气。

正常：柱塞上下移动。

注意：从高压室放气时，确保 SST 的端部已如图所示压住单向球。如果没有压住单向球，空气不会从高压室排出。

（5）放气后，拆下 SST。然后用手指迅速且用力地按压柱塞。

正常：柱塞很难移动。如果结果不符合规定，则更换气门间隙补偿器。

任务延伸

迈腾轿车发动机（2.0TSI 和 1.8TSI）链传动系统包括：3 个曲轴传动链轮，4 个张紧器和 5 个导向装置。链传动运行安静且磨损小，需要空间更小，传递效率高达 99%。

迈腾发动机配气系统常见故障：

1. 配气正时链条张紧器损坏，造成正时链条"跳齿"，配气正时错乱。

2. 进气凸轮轴调节阀故障可造成可变配气相位调节错误。车辆由于保养不善，机油油道中有杂质，进气凸轮轴调节阀被划伤或卡滞。

3. 发动机维修过程中，曲轴正时链轮安装错位造成配气系统故障。

学习情境二　缸体和曲轴活塞组件维修

任务导向

学习任务一　曲柄连杆机构认知

一、曲柄连杆机构认知

1. 曲柄连杆机构的功能

曲柄连杆机构的功能：曲柄连杆机构是往复活塞式内燃机燃料的化学能通过燃烧转换为热能，再转换为机械能的主要机构。并且曲柄连杆机构可以将活塞的往复直线运动，经过连杆的摆动转变为曲轴的旋转运动，向外输出转矩。

2. 曲柄连杆机构的组成

曲柄连杆机构的组成：由机体组、活塞连杆组和曲轴飞轮组三个部分组成，如图2-2-1所示。

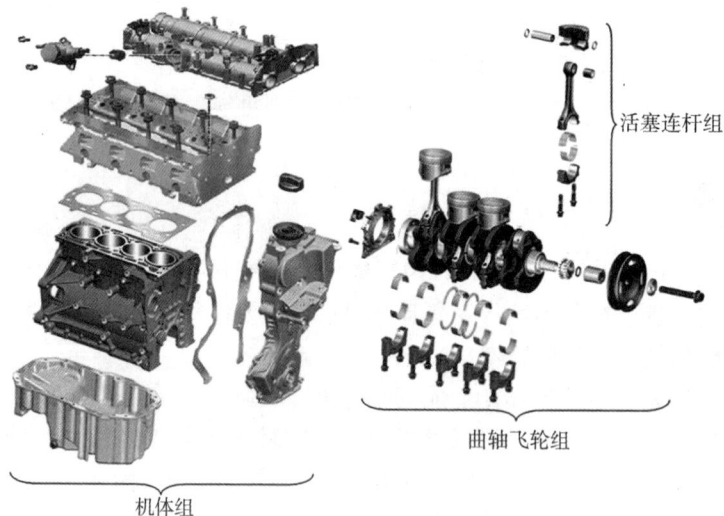

活塞连杆组

曲轴飞轮组

机体组

图2-2-1　曲柄连杆机构

二、机体组（图 2 - 2 - 2）

图 2 - 2 - 2　迈腾 1.8T 机体组

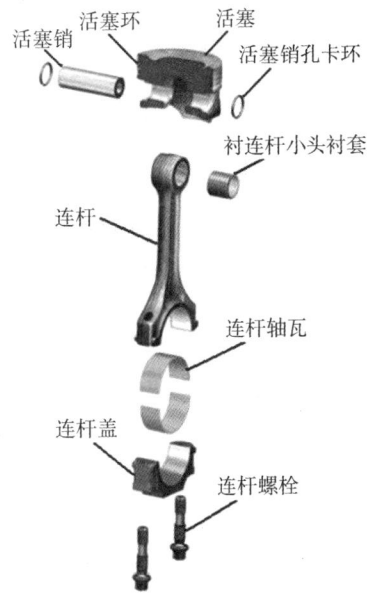

气缸盖
气缸体
气缸壁
机油分离器
带档板的油底壳上部
可调试外部齿轮机油泵
油底壳蜂巢状插入件
衬垫
油底壳

图 2 - 2 - 3　活塞连杆组

活塞销
活塞环
活塞
活塞销孔卡环
衬连杆小头衬套
连杆
连杆轴瓦
连杆盖
连杆螺栓

三、活塞连杆组（图 2 - 2 - 3）

四、曲轴飞轮组（图 2 - 2 - 4）

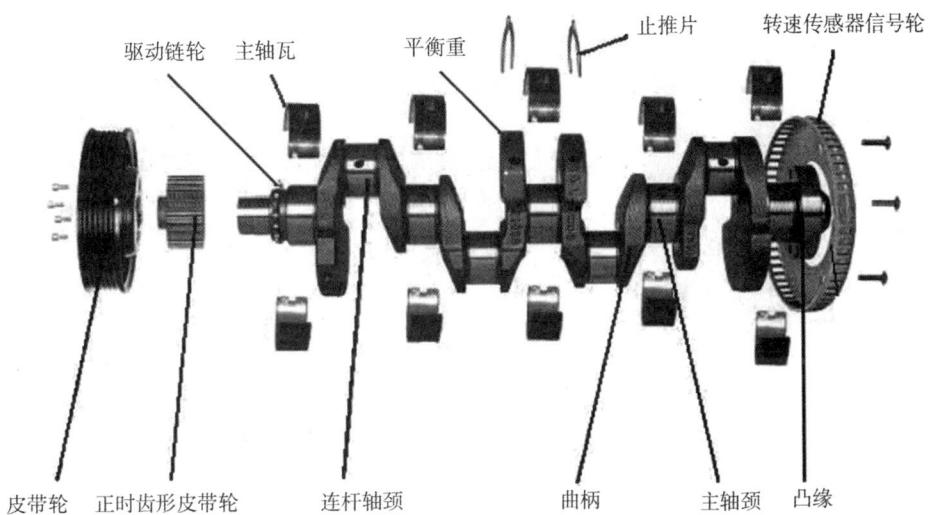

图 2 - 2 - 4　曲轴飞轮组

驱动链轮
主轴瓦
平衡重
止推片
转速传感器信号轮
皮带轮
正时齿形皮带轮
连杆轴颈
曲柄
主轴颈
凸缘

学习任务二　机体组的检修

一、机体组的作用

机体组是曲柄连杆机构的重要组成部分，机体是发动机的骨架，是发动机的各个机构和系统的装配基体。其内、外安装着发动机的主要零件和相关附件，承受各种载荷。

二、机体组的组成

它主要由气缸盖罩、气缸盖、气缸垫、气缸体和油底壳等组成，如图 2-2-2 所示。

1. 气缸体

（1）气缸体的结构

机体是气缸体与曲轴箱的连铸体。绝大多数水冷发动机的气缸体与曲轴箱连铸在一起，称为气缸体—曲轴箱，简称气缸体，如图 2-2-5 所示。

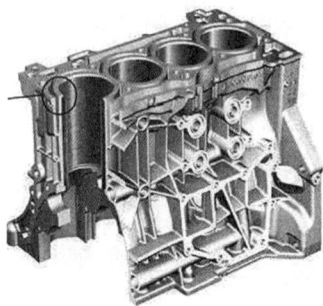

图 2-2-5　气缸体的结构

气缸体上部的圆柱形空腔称为气缸，下半部为支承曲轴的曲轴箱，其内腔为曲轴运动的空间。在气缸体内部铸有许多加强筋、冷却水套和润滑油道等。

（2）气缸体的类型

按曲轴箱的形式来分，有一般式、龙门式、隧道式，如图 2-2-6 所示。

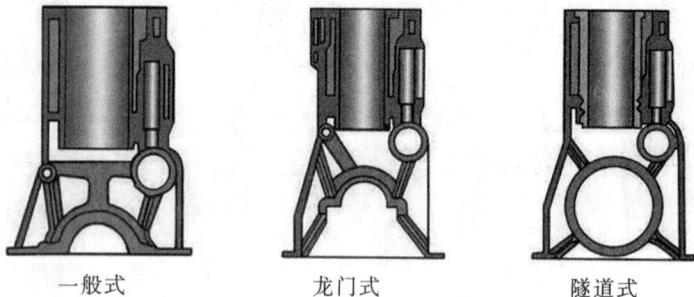

一般式　　　　龙门式　　　　隧道式

图 2-2-6　气缸体类型

按冷却方式不同，分为水冷式和风冷式。

汽车为了保证气缸表面能在高温下正常工作，必须对气缸和气缸盖随时加以冷却，其冷却方式有水冷（用水来冷却）和风冷（直接用空气来冷却）两种，如图 2-2-7 所示。

水冷   风冷

图 2 - 2 - 7 气缸体的类型

根据气缸的排列方式，分为直列式、V 型和对置式三种。

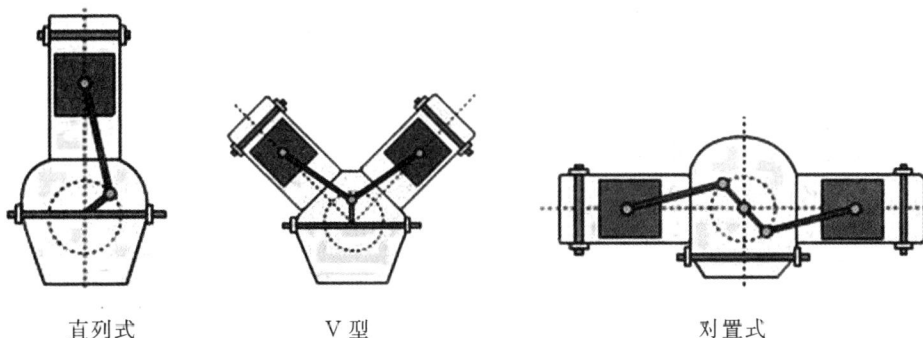

直列式   V 型   对置式

图 2 - 2 - 8 气缸体的类型

直列式气缸体结构简单，加工容易，但发动机长度和高度较大。一般六缸以下发动机多采用直列式。

气缸排成两列，左、右两列气缸中心线的夹角 $\gamma < 180°$，这样的气缸体称为 V 型气缸体。V 型气缸体与直列式相比，缩短了机体长度和高度，增加了气缸体的刚度，减轻了发动机的重量，但形状较复杂，加工困难，一般用于八缸以上的发动机，六缸发动机也有采用这种形式的气缸体。

气缸排成两列，左、右两列气缸在同一水平面上，即左右两列气缸中心线的夹角 $\gamma = 180°$，这样的气缸体称为对置式气缸体。它的特点是高度小，总体布置方便，有利于风冷。这种气缸体应用较少。

按气缸套有无及种类可分为无气式气缸套、干式气缸套和湿式气缸套气缸体。

干式气缸套气缸体的特点是气缸套装入气缸体后，其外壁不直接与冷却水接触，而是和气缸体的壁面直接接触，壁较薄，一般为 1—3 mm。它具有整体式气缸体的优点，强度和刚度都较好，但加工比较复杂，内外表面都需要进行精加工，拆装不方便，散热不良。

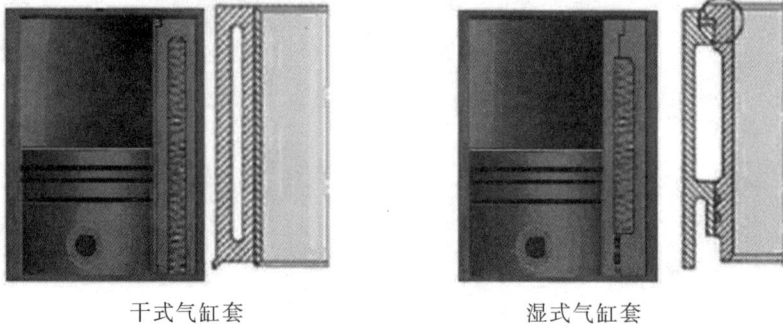

干式气缸套　　　　　　　　　湿式气缸套

图 2 - 2 - 9　气缸体的类型

　　湿式气缸套气缸体的特点是气缸套装入气缸体后，其外壁直接与冷却水接触，气缸套仅在上、下各有一圆环地带和气缸体接触，壁厚一般为 5—9 mm。它散热良好，冷却均匀，加工容易，通常只需要精加工内表面，而与水接触的外表面不需要加工，拆装方便，但缺点是强度、刚度都不如干式气缸套气缸体好，而且容易产生漏水现象，应该采取一些防漏措施。

　　2. 气缸盖

　　（1）气缸盖的作用

　　气缸盖的作用：密封气缸的上部，与活塞、气缸等共同构成燃烧室。

　　（2）气缸盖的组成

　　气缸盖安装在气缸体的上面，从上部密封气缸并构成燃烧室。它经常与高温高压燃气相接触，因此承受很大的热负荷和机械负荷。水冷发动机的气缸盖内部制有冷却水套，缸盖下端面的冷却水孔与

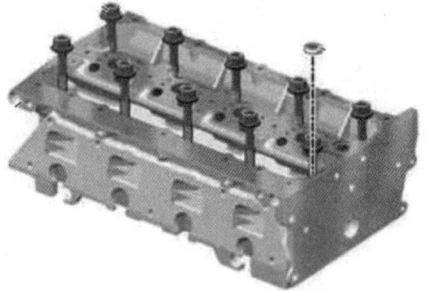

图 2 - 2 - 10　气缸盖

缸体的冷却水孔相通，利用循环水来冷却燃烧室等高温部分，实物如图 2 - 2 - 10 所示。

　　（3）气缸盖的分类，如图 2 - 2 - 11 所示。

整体式气缸盖　　　　　　块状气缸盖　　　　　　单体气缸盖

图 2 - 2 - 11　气缸盖的分类

　　（4）燃烧室（图 2 - 2 - 12）

　　半球形燃烧室结构紧凑，火花塞布置在燃烧室中央，火焰行程短，故燃烧速率高，散热少，热效率高。

　　楔形燃烧室结构简单、紧凑，散热面积小，热损失也小，能保证混合气在压缩行程中

形成良好的涡流运动，有利于提高混合气的混合质量，进气阻力小，提高了充气效率。

浴盆形燃烧室，气缸盖工艺性好，制造成本低，但因气门直径易受限制，进、排气效果要比半球形燃烧室差。

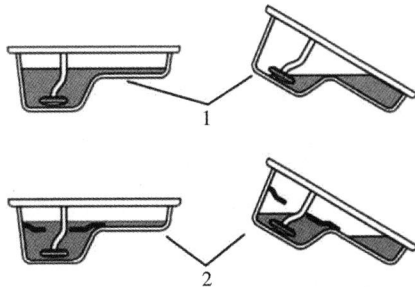

<table>
<tr><td>半球形</td><td>楔形</td><td>浴盆形</td></tr>
</table>

图 2-2-12　常见的燃烧室形状

3. 气缸垫

气缸垫的作用：气缸垫装在气缸盖和气缸体之间，其作用是保证气缸盖与气缸体接触面的密封，防止漏气、漏水和漏油。气缸垫如图 2-2-13 所示。

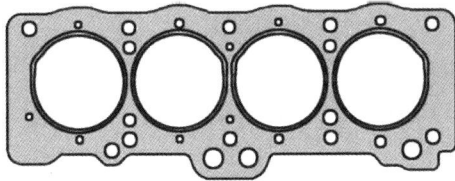

图 2-2-13　气缸垫

4. 油底壳

油底壳用来封闭机体的下部和储存润滑油。汽车发动机的油底壳大部分是用薄钢板冲压而成的，通过螺栓紧固在曲轴箱底面上，其间有密封垫片或涂密封胶以防止漏油，如图 2-2-14 所示。

图 2-2-14　油底壳

三、机体的拆装

表 2‐2‐1　机体的拆装

实践项目	机体组拆装		
使用器材	大众 EA111 发动机拆装台架；维修手册	实践目的	1. 能正确使用工具规范完成对气缸盖、气缸垫的拆装； 2. 能正确使用工具规范完成对油底壳的拆装。
操作步骤	工/量具	过程	维修规范与操作要求
拆卸气缸盖螺栓	指针式扭力扳手	按先两边后中间的交叉顺序旋松气缸盖螺栓	维修规范： 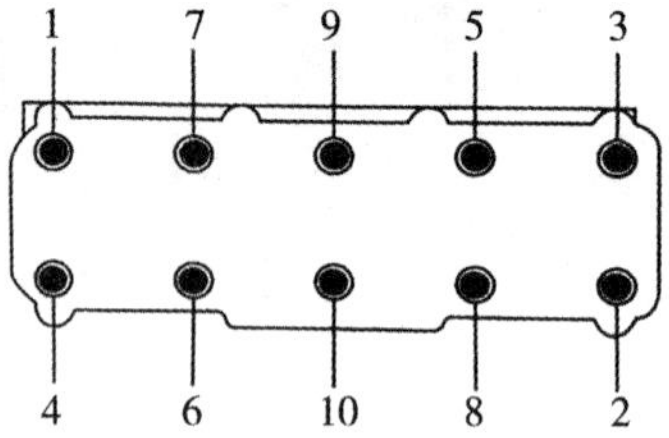 （图示 1 7 9 5 3 / 4 6 10 8 2） 操作要求： 1. 因气缸盖螺栓转矩较大，第一次按顺序拆卸时必须采用指针式扭力扳手； 2. 为防止螺栓拆卸不当造成气缸盖变形，需按要求及拆卸步骤进行操作。
	摇把	按顺序分两次拆下气缸盖螺栓	
拆卸气缸盖及气缸垫	吸棒	取下气缸盖螺栓及其垫片	维修规范： 1. 根据维修手册要求，每次拆卸气缸盖螺栓后需更换； 2. 根据维修手册要求，每次拆卸气缸垫后需要更换。 操作要求： 1. 拆卸后的螺栓及其垫片需按顺序整齐摆放； 2. 取下的气缸盖需放置在木块上。
	胶带、橡胶锤	撬动气缸盖并向上敲击气缸盖使其松动	
		取下气缸盖和气缸垫	
清洁气缸盖、气缸体及螺栓孔、水道孔	铲刀	清理气缸盖与气缸体、气缸盖与进排气管安装部位	操作要求： 1. 利用铲刀、抹布或吹枪对气缸盖、气缸体进行清理清洁时，需由里向外操作，防止异物进入发动机缸体内； 2. 如果需要对气缸盖、气缸体及螺栓孔、水道孔进行检查测量，还需要对其进行清洗。
	抹布、吹枪	清洁气缸盖、气缸体及螺栓孔、水道孔	

拆卸油底壳并清洁油底壳与缸体的安装平面	套筒	拆卸油底壳螺栓并取下油底壳	操作要求： 1. 油底壳螺栓至少应分两次均匀拧松； 2. 利用铲刀、抹布或吹枪对密胶进行清理清洁时，需防止异物进入发动机缸体内。
	铲刀、抹布、吹枪	清理油底壳与缸体安装部位的密封胶	
	目视	检查油底壳有无裂纹、变形等损坏，并清理油底壳内杂质	
安装油底壳	扭力扳手	缸体下平面涂抹密封胶	维修规范： 油底壳螺栓扭矩： 铝制：13 N·m+90° 铁制：13 N·m+90°+30° 放油螺栓：30 N·m 操作要求： 1. 密封胶需涂抹均匀防止安装油底壳时破坏密封胶，造成漏油； 2. 螺纹孔处沿内边缘涂胶，不可覆盖螺纹孔； 3. 安装油底壳后，必须让密封胶干燥约30分钟，可以加注机油； 4. 油底壳螺栓需分次均匀上紧至规定转矩。
		安装油底壳	
		安装并按扭矩要求上紧油底壳螺栓	
安装气缸垫		更换新气缸垫并安装	操作要求： 更换新气缸垫需要检查型号是否一致，标有型号的一面朝上。
安装气缸垫		更换新气缸盖螺栓及其垫片，并用手旋入2—3圈	维修规范： 1. 气缸盖螺栓转矩：20 N·m+90°+90° 2. 气缸盖螺栓紧固顺序：如图所示 操作要求： 气缸盖螺栓安装时一定要按照规定顺序及要求上紧转矩，防止安装不到位造成气缸盖变形 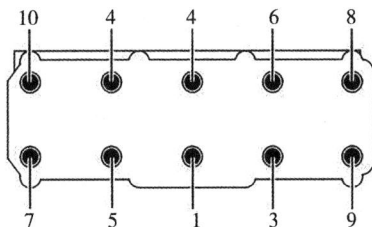
	套筒	上紧螺栓	
	扭力扳手	利用扭力扳手上紧螺栓至规定扭矩	
	指针式扭力扳手	利用指针式扭力扳手进行180°紧固	

071

四、气缸的测量

表 2 - 2 - 2 气缸的测量

实践项目	气缸的检测		
使用器材	大众 EA111 发动机拆装台架；维修手册	实践目的	能正确使用量缸表完成对气缸径的测量；能正确计算误差，得出正确结论。
操作步骤	工/量具	过程	维修规范与操作要求
清洁并检查	抹布	擦拭气缸壁	维修规范： 如发现气缸壁有烧灼、拉缸等损坏，则需进行维修或更换。
	目视	检查气缸壁有无损坏	
组装量缸表并校零	千分尺	清洁、校零千分尺，并将千分尺调整到标准缸径76.51 mm	维修规范： 缸体的修理尺寸：
	千分尺、量缸表	检查、组装量缸表，并用千分尺对其进行校零	1. 量缸表的检查内容包括： （1）检查表头的活动情况，捏住表上部的拉手部位轻轻向上提，检查有无卡滞；组装量缸表并校零。 （2）检查表杆是否弯曲。 （3）检查量缸表导向端的活动情况。 （4）检查调整垫片是否有锈蚀或脏物，清洁、测量并调整垫片。 2. 组装量缸表注意事项 （1）组装量缸表，并留 1—2 mm 的预压缩量； （2）根据气缸直径选择合适的接杆，并用扳手拧紧接杆。

缸体的修理尺寸表：

修理级别	气缸体直径（mm）
基本尺寸	76.51
第一次维修	76.76
第二次维修	77.01

测量气缸直径，记录数据并计算	量缸表	测量气缸三个截面的横向和纵向直径	维修规范： 1. 测量横向三个截面。 2. 测量值与标准尺寸的最大偏差为 0.08 mm，气缸直径的标准见下表： 表格见下 操作要求： 1. 测量气缸直径时，要贴着缸壁，直到表头达到待测位置，切勿磨损表头； 2. 测量气缸直径时，要前后摆动量缸表，指针出现最大偏转时的计数值，即为该位置气缸的直径。
		记录并计算其圆度误差、圆柱度误差	维修规范： 1. 圆度误差应小于等于 0.05 mm，圆柱度误差小于等于 0.20 mm。 2. 计算各缸的圆度误差：同一平面位置测量直径之差再除以2。 3. 计算各缸的圆柱度误差：最大直径与最小直径之差再除以2。 4. 判断能否正常使用，得出结论。

表（气缸直径标准）：

修理级别	气缸体直径（mm）
基本尺寸	76.51
第一次测量	76.76
第二次测量	77.01

五、气缸体平面度的检测

表 2 - 2 - 3　气缸体平面度的检测

实践项目	气缸体平面度的检测	实践目的	1. 能正确使用刀口尺、塞尺完成对气缸盖平面度的测量； 2. 能正确检查气缸盖的外观； 3. 检测结论正确。
使用器材	大众 EA111 发动机拆装台架；维修手册		

操作步骤	工量具	过程	维修规范与操作要求
清洁气缸体	铲刀、抹布	清洁气缸体安装平面	维修规范： 1. 利用铲刀、抹布或吹枪对气缸体进行清理清洁时，需由里向外操作，以防止异物进入发动机缸体内； 2. 先吹气缸体上平面螺栓孔，再由中间向两边吹。
	油盆、毛刷	用毛刷清洗安装平面	
	吹枪	用压缩空气对气缸体安装平面进行清洁	
气缸体外观检查	目视	检查气缸体有无裂纹、腐蚀、积炭、脏堵	操作要求： 检查气缸体外表面及安装平面
气缸体平整度检查	刀口尺、塞尺	用塞尺和刀口尺在缸体上表面依次测量横向、纵向及交叉共 6 个位置的平面度	维修规范： 允许最大偏差：0.05 mm。 测量点： 1. 测量值异常需要更换气缸体； 2. 测量气缸体平面度的同时，还需要对气缸盖的平面度进行测量。

学习任务三　活塞连杆组的检修

一、活塞的功用及结构

活塞连杆组（图 2-2-15）主要由活塞、活塞环、活塞销和连杆等部件构成。

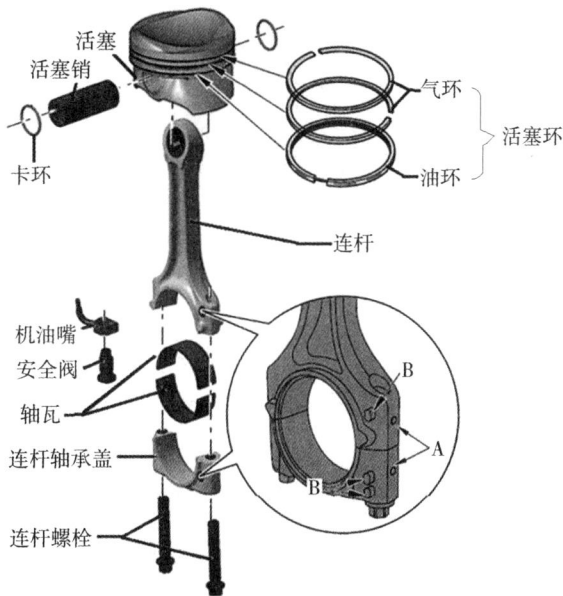

图 2-2-15　迈腾 1.8T 发动机活塞连杆组

1. 活塞的功用

活塞的功用是承受燃气燃烧后的膨胀压力，并通过活塞销和连杆将此力传递给曲轴，以驱动曲轴旋转；同时，活塞顶部还与气缸盖、气缸壁共同构成燃烧室。

2. 活塞的结构

活塞是作为一个整体通过锻造或铸造成型后加工而成的，通常把活塞分为三个部分，即活塞顶部、活塞头部和活塞裙部，如图 2-2-16 所示。

图 2-2-16　活塞的结构

（1）活塞顶部

活塞顶部是燃烧室的底部，承受气体压力，其形状、位置和大小与燃烧室的具体形式有关，要满足可燃混合气形成和燃烧的不同要求，活塞顶部形状有平顶、凸顶和凹顶等。（如图 2 - 2 - 17 所示）

| 平顶形 | 凹顶形 | 凸顶形 |

图 2 - 2 - 17　活塞顶部形状

（2）活塞头部

活塞头部是活塞环的安装部位，又称防漏部。活塞头部具有密封和传热的作用，与活塞环一起密封气缸，防止可燃混合气泄漏到曲轴箱内，同时将部分热量通过活塞环传递到气缸壁。

活塞一般有三道槽（上面两道安装气环，下面一道安装油环），在活塞环槽底面上钻有许多径向小孔，被油环从气缸壁上刮下的机油经过这些小孔流回油底壳。第一道环槽工作条件差，一般应离顶部较远些。为减少第一环槽的磨损，需要对其进行耐磨处理或镶嵌铸铁耐磨圈等。

（3）活塞裙部

活塞裙部是指活塞环槽以下的部分，其功用是帮助活塞在气缸内做往复运动，并承受侧压力。在活塞裙部的上部制有活塞座孔，活塞座孔为厚壁圆筒结构，用来安装活塞销与连杆的连接部分。为了限制活塞销在座孔中的轴向窜动，座孔外端面加工有卡簧槽，用来安装卡簧。

图 2 - 2 - 18　活塞裙部石墨层　　　　图 2 - 2 - 19　拖板式活塞

为减小裙部摩擦，有些活塞在裙部涂有石墨层（如图 2 - 2 - 18 所示）。为减小活塞质量，应当尽量缩短活塞裙部的长度，但活塞在往复运动过程中，如果受力不均匀会造成活塞以活塞销为中心摆动。为了最大限度地防止这种现象的发生，现代活塞常把与活塞座孔平行的侧面（两侧的推力面）下端的长度加长，这种结构即拖板式活塞（如图 2 - 2 - 19 所示）。

为防止活塞卡住，需要在活塞与气缸壁间留出一定间隙。然而，间隙过大，冷车时活塞会敲击气缸壁，甚至漏气或窜机油。因此，必须设法使活塞各部位与气缸壁之间有大小合适的间隙，可采取的措施主要有：

①活塞裙部采用椭圆结构。气缸为圆柱体，为使裙部两侧承受压力并与气缸保持小且安全的间隙，活塞在工作时也应保持圆柱体。然而，由于活塞裙部的厚度不均匀，在受热时活塞座孔部分膨胀量大，沿活塞销轴线方向的变形量大；同时裙部承受侧压力的作用，导致沿活塞销轴向变形量大，如图 2-2-20 所示。如果活塞冷态时裙部为圆形，工作时活塞就会变成一个椭圆，使活塞与气缸之间圆周间隙不相等，造成活塞在气面内卡住，发动机无法正常工作。因此，应将活塞裙部做成椭圆形，长轴方向与活塞座孔轴线垂直。

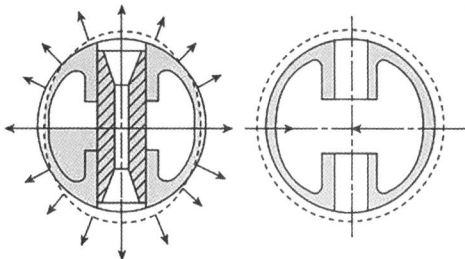

图 2-2-20　活塞裙部变形

②活塞采用锥形结构。发动机工作时，沿活塞轴线方向的温度上高下低，热膨胀量上大下小，而活塞在气体压力作用下产生一定的弯曲变形，使下部直径变大，如图 2-2-21 所示。为了使活塞工作时上下直径趋于相等，应预先把活塞制成锥形或桶形（图 2-2-22）。

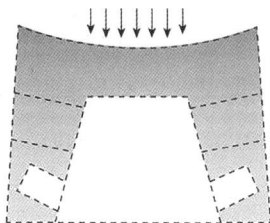

图 2-2-21　活塞受压变形　　　　图 2-2-22　锥形活塞

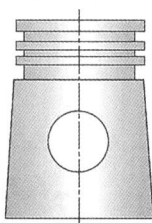

③活塞采用双金属组合。为了减小铝合金活塞裙部的热膨胀量，有些传统汽油机活塞在活塞裙部或座孔内嵌入钢片。有些柴油发动机的活塞头部和裙部采用不同的材料，头部由于温度高、热负荷大等，采用铸铁或锻钢；裙部相对温度低、热负荷小，采用铝合金，如图 2-2-23 所示。

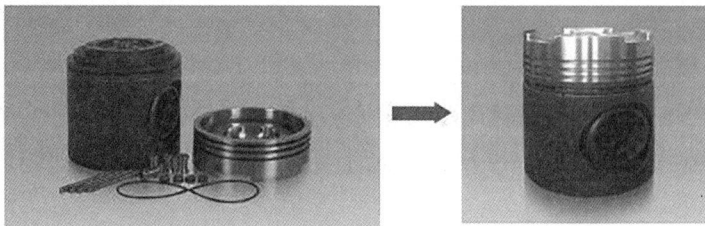

图 2-2-23　双金属活塞

3. 活塞的冷却

高速发动机活塞的热负荷大，需要加强对活塞的冷却。因此，某些发动机在曲轴箱内会设置喷嘴把润滑油喷到活塞下部，如图 2 - 2 - 24（a）所示。也有些发动机在连杆小头打孔，使润滑油流经曲柄销、连杆中心油道和活塞的后部喷到活塞下部，对活塞进行冷却，如图 2 - 2 - 24（b）所示。

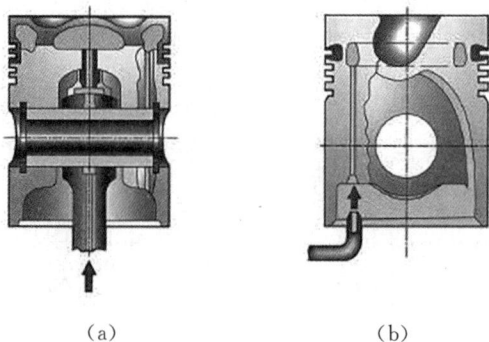

（a） （b）

图 2 - 2 - 24　活塞的冷却

二、活塞环的结构

活塞环包括气环和油环两种（如图 2 - 2 - 25 所示）。

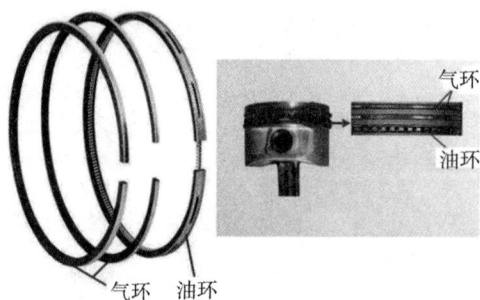

图 2 - 2 - 25　活塞环

活塞环在高温、高压、高速和润滑困难的条件下工作，特别是第一道环。工作时受到气缸中高温高压燃气的作用，活塞环在气缸内随活塞一起高速运动，由于高温下机油可能变质，润滑条件差，难以保证良好的润滑，活塞环磨损严重。同时，由于气缸壁存在形状误差，活塞环随活塞往复运动时受到交变应力而易折断。因此，活塞环要求弹性好、强度高、耐磨损。

1. 气环

气环也称密封环，其作用是保证活塞与气缸壁之间的密封，防止燃烧室中的高温高压气体大量漏入曲轴箱，同时，还可将活塞头部的热量传给气缸壁。一般每个活塞上装有2—3 道气环。

为保证活塞环在气缸内工作，应保持端隙、侧隙、背隙三个间隙（如图 2 - 2 - 26 所示）。活塞环的端隙是指活塞环随活塞装入气缸后，两端头部的间隙，此间隙是为了防止活塞环受热膨胀卡死在气缸内而设置的。活塞环的背隙是指活塞与活塞环装入气缸后，活塞环内圆柱面与活塞环槽底间的间隙。活塞环的侧隙是指环的厚度与活塞上相应环槽宽度的差值，此间隙过大会使环的气体密封性下降，间隙过小会导致在高温膨胀时相互间发生"黏住"的危险。在安装活塞环时，各道环的开口应按规定互相错开。活塞环上一般还有朝上标记，应按规定安装。

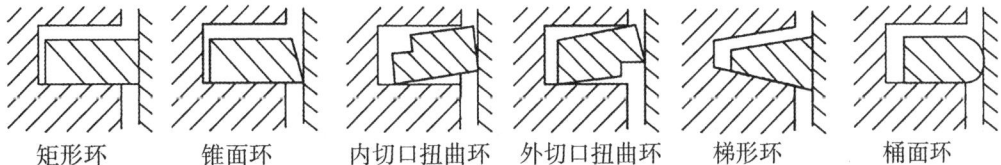

图 2 - 2 - 26　活塞环的间隙

气环的断面形状很多，常见的有矩形环、扭曲环、锥面环、梯形环和桶面环等，如图 2 - 2 - 27 所示。

矩形环　　锥面环　　内切口扭曲环　　外切口扭曲环　　梯形环　　桶面环

图 2 - 2 - 27　活塞环断面

矩形环的断面为矩形，结构简单、制造方便、易于生产，但是矩形环随活塞往复运动时，会把气缸壁面上的机油不断送入气缸中，这种现象称为气环的泵油现象。

扭曲环是在矩形环的内圆上边缘或外圆下边缘切去一部分，使断面呈不对称形状。在环的内圆部分切槽或倒角的称为内切口扭曲环，在环的外圆部分切槽或倒角的称为外切口扭曲环。

锥面环断面呈锥形，在外圆工作面上加工一个很小的锥面，减小了环与气缸壁的接触面积，提高了表面接触压力，有利于磨合和密封。

梯形环断面呈梯形，工作时梯形环随着活塞受侧压力的方向不同而不断地改变位置。这样会把沉积在环槽中的积炭挤出去，避免了环被黏在环槽中而折断，可以延长环的使用寿命，经常应用在第一道环上。

桶面环的外圆为凸圆弧形，当桶面环上下运动时均能与气缸壁形成楔形空间，使机油容易进入摩擦面，减小磨损。由于它与气缸呈圆弧接触，对气缸表面的适应性和对活塞偏摆的适应性较好，有利于密封。

2. 油环（图 2 - 2 - 28）

油环的作用是刮去气缸壁上多余的润滑油，并将气缸壁上的润滑油均匀分布。一般每个活塞上装有一道油环。油环根据结构的不同分整体式油环和组合式油环两种类型。其中使用较广泛的是组合式油环。组合式油环由刮油的上下刮片和保持表面压力的衬簧构成。通过使用衬簧，可得到较高的表面压力。

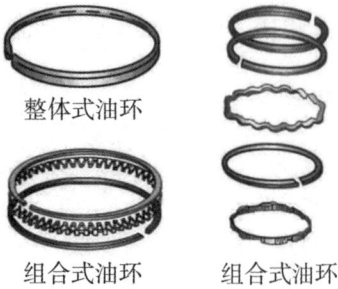

整体式油环　　组合式油环　　组合式油环

图 2-2-28　油环

圆柱形　　两段截锥与一段圆柱结合　　两段截锥形

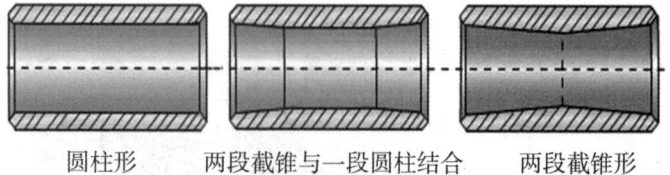

图 2-2-29　活塞销

三、活塞销的结构

活塞销的功用是连接活塞与连杆，并将气体作用在活塞上的力传给连杆。活塞销的基本结构为一个空心圆柱体，有时也按等强度要求做成变截面管状结构（如图 2-2-29 所示）。

活塞销与活塞座孔及连杆小头的连接配合有"全浮式"和"半浮式"两种（如图 2-2-30 所示）。

全浮式连接是指发动机在正常工作温度下，活塞销与活塞座孔及连杆小头之间有合适的配合间隙，活塞销在孔内可以缓慢地自由转动，因而其磨损较均匀，使用寿命长。为了防止活塞销轴向窜动而刮伤气缸壁，在活塞座孔两端装有卡簧。

半浮式连接是指活塞销与活塞座孔和连杆小头两处，一处固定，一处浮动，大多采用活塞销与连杆小头固定的方式。这种连接方式结构简单，活塞座孔内无卡簧，连杆小头处无衬套，修理方便。

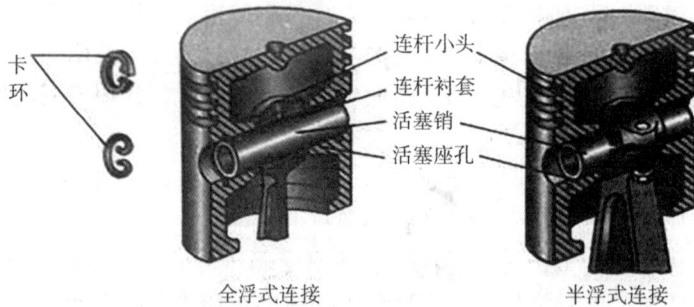

卡环

连杆小头
连杆衬套
活塞销
活塞座孔

全浮式连接　　半浮式连接

图 2-2-30　活塞销的连接方式

四、连杆的结构

连杆的作用是将活塞的往复运动转变为曲轴的旋转运动，并将活塞承受的力传给曲轴。连杆的重量要轻，而且应具有足够的强度来承受发动机运转时的压力和拉力。

1. 连杆的结构

连杆的结构如图 2-2-31 所示，由小头、杆身和大头组成。为了减轻重量，杆身为工字形截面。连杆小头用来安装活塞销以连接活塞，在全浮式连接的连杆小头内压有减磨的连杆衬套。连杆大头切分成杆身和连杆轴承盖两部分，通过连杆螺栓与曲轴的连杆轴颈相连。在连杆轴承和连杆杆身上都有朝前标记，以免在组合时装错连杆杆身与连杆轴承盖的方向。有些连杆轴承盖上有定位销，在组合连杆总成时起定位的作用。

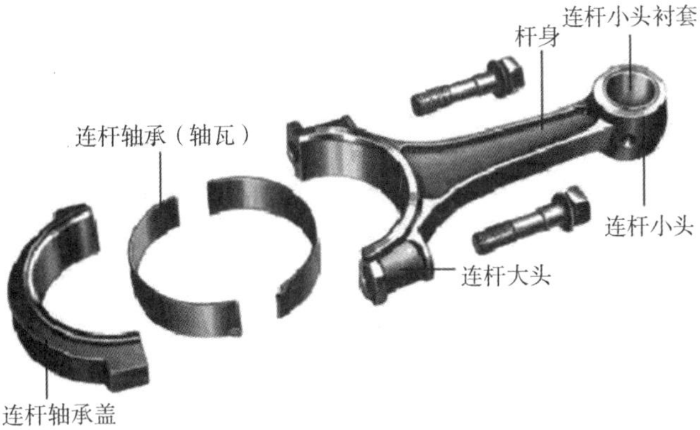

图 2 - 2 - 31 连杆的结构

连杆螺栓用来将连杆杆身与连杆轴承盖紧固在一起，因此，必须按标准力矩拧紧。

2. V 型发动机连杆

V 型发动机左右两个气缸的连杆安装在同一个曲轴销上，其结构随安装形式的不同而不同，主要有 3 种形式：主副连杆，即一个主连杆、一个副连杆组成主副连杆，副连杆通过销轴连接在主连杆杆身或主连杆轴承盖上；并列连杆，即两个完全相同的连杆一前一后地安装在同一个曲轴销上；叉型连杆，即同一列气缸中的连杆大头为叉型，另一列气缸中的连杆与普通连杆类似，只是大头的宽度较小，一般称其为内连杆。如图 2 - 2 - 32 所示。

图 2 - 2 - 32 V 型连杆

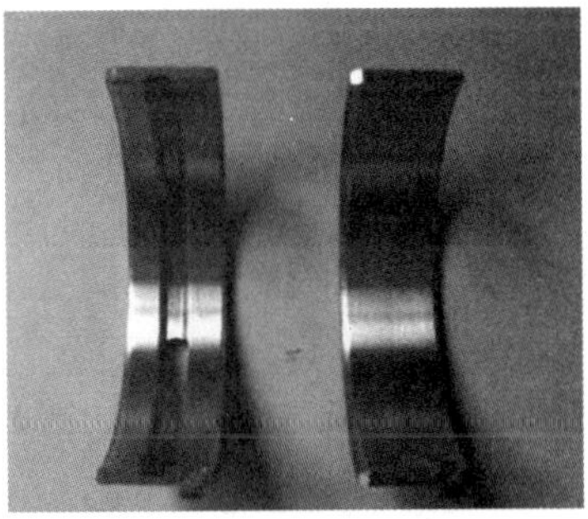

图 2 - 2 - 33 连杆轴瓦

3. 连杆轴瓦

为了减小摩擦阻力和曲轴连杆轴颈的磨损，连杆大头孔内装有瓦片式滑动轴承（图 2 - 2 - 33），即连杆轴瓦。轴瓦分上、下两个半片，多采用薄壁钢背轴瓦，内表面浇铸耐磨合金层。连杆轴瓦上装有定位凸键，安装时嵌入连杆大头和连杆轴承盖的定位槽中，防止轴瓦前后移动或转动。有的轴瓦上还设有油孔，与连杆上相应的油孔对齐。

五、活塞连杆组的拆装

表 2-2-4　活塞连杆组的拆装

实践项目	活塞连杆组的拆装	实践目的	1. 能正确使用工具完成活塞连杆组的拆装； 2. 能正确使用工具完成活塞环的拆装。
使用器材	大众 EA888 发动机拆装台架；维修手册		

操作步骤	工/量具	过程	维修规范与操作要求
旋转曲轴		气缸盖及油底壳拆卸后，转动发动机翻转架使发动机倒置	操作要求： 当需要拆卸二、三缸活塞时，需顺时针将需要拆卸活塞转动曲轴180°，使二、三缸处于活塞下止点位置。
		将需要拆卸活塞的气缸转动至下止点位置	
拆装连杆轴承盖	指针式扭力扳手	拆卸连杆轴承盖螺栓	操作要求： 1. 注意安装位置，观察安装标记。 2. 拆卸连杆轴承盖螺栓时需多次均匀拧松，螺栓首次拧松需采用指针式扭力扳手。 3. 当轴承盖不易取下时，可用橡皮锤轻敲连杆螺栓然后取下，注意防止活塞连杆掉落（或将已经拆卸的螺栓放在螺栓孔内，扭动取出轴承盖）。 4. 拆卸的轴承盖及轴承需一一对应摆放整齐，防止安装时与其他气缸零件错位安装。 5. 轴承盖螺栓在拆卸后需更换。
		取下连杆轴承盖及连杆轴承	

拆卸活塞连杆组	锤子	用锤子的木柄在适合的位置向下推出活塞连杆组	操作要求： 1. 最好选用橡胶材料的锤子柄推动活塞； 2. 拆卸的活塞连杆、连杆轴承及轴承盖需在对应位置摆放整齐或做好标记，以防止出现与其他气缸错位安装的情况。
拆卸活塞环	活塞环扩张器	使用活塞环扩张器拆下两道气环	操作要求： 注意安装位置：记号 TOP，向上。
		用手拆下组合式油环	
	铲子	清理活塞顶部、活塞环和活塞环槽内的积炭	为防止拆卸活塞环时出现断裂或变形情况，在拆卸过程中，应避免扭动或弯曲气环。
安装活塞环		用手安装组合式油环	维修规范： 1. 活塞环开口偏移 120°； 2. 活塞环上"TOP"标记必须朝向活塞顶部。
	活塞环扩张器	使用活塞环扩张器安装气环	操作要求： 1. 活塞环安装顺序：油环、第二道气环、第一道气环； 2. 活塞环开口偏移 120°； 3. 活塞环上"TOP"标记必须朝向活塞顶部。
安装活塞连杆组	机油	安装连杆轴承并在表面涂抹机油	操作要求： 1. 在连杆轴承表面涂抹机油，不要在轴承背面涂抹机油，否则轴承的散热效能会严重下降； 2. 安装连杆轴承时注意定位标记，不要混装。

安装活塞连杆组	活塞环压缩器	按照装配记号放入活塞，用橡胶锤轻轻推入	1. 活塞顶部的箭头必须朝向皮带轮侧； 2. 转动发动机旋转架至气缸朝上位置，放入活塞安装工具，调整安装工具，按照装配记号放入活塞，用橡胶锤轻轻推入（推入深度与缸体平面平齐），取下活塞安装工具，再次用橡胶锤将活塞推入到位。
安装连杆轴承盖	扭力扳手	安装连杆轴承盖	维修规范： 1. 连杆螺栓拧紧力矩 45 N·m+90°； 2. 连杆螺栓在拆卸后更换； 3. 安装螺栓时应润滑螺纹和接触表面。 操作要求： 当一、四缸处于下止点时安装一、四缸活塞连杆组，再转动曲轴180°安装二、三缸活塞。

六、活塞及活塞环检测

表 2－2－5　活塞及活塞环检测

实践项目	活塞及活塞环检测	实践目的	1. 能正确使用工具完成活塞连杆组的检测； 2. 检验结论正确。
使用器材	大众 EA888 发动机拆装台架；维修手册		
操作步骤	工/量具	过程	维修规范与操作要求
清洗活塞及活塞环	铲刀	清除活塞环槽内的积炭	操作要求： 用铲刀清理活塞环槽内的积炭时，要细心、耐心，操之过急会损坏活塞。
	毛刷、吹枪	将活塞及活塞环置于油盆内，用毛刷清洗，使用吹枪吹洗干净以待测量	

测量活塞裙部直径	千分尺	清洗并校零千分尺	维修规范： 测量点在活塞下边缘约 15 mm 处活塞销轴线垂直的方向。
	记号笔	在活塞上以空心十字的形式标记测量点	活塞标准尺寸： <table><tr><td>维修级别</td><td>活塞直径（mm）</td></tr><tr><td>基本尺寸</td><td>82.42</td></tr><tr><td>最大偏差</td><td>0.04</td></tr></table>
	千分尺	测量活塞裙部直径并记录测量值	测量值与标准尺寸的最大偏差为 0.04 mm。 操作要求： 测量完成后，注意及时清洁活塞上的记号。
测量活塞环开口方向	塞尺	选择合适的塞尺并清洁	维修规范： 将活塞环垂直从上推入气缸下部，距离气缸底部边缘约 15 mm；推入时使用不带环的活塞。 活塞环开口间隙规范值： <table><tr><td>活塞环</td><td>新件尺寸（mm）</td><td>磨损极限</td></tr><tr><td>第一道气环</td><td>0.30—0.40</td><td>0.08</td></tr><tr><td>第二道气环</td><td>0.40—0.50</td><td>0.08</td></tr><tr><td>刮油环</td><td>0.20—0.40</td><td>0.08</td></tr></table>
		将待测量的活塞环从上端压入气缸	操作要求： N13-10568
		测量活塞环开口间隙	1. 压入气缸的活塞环要求开口两端对齐，活塞环平面与气缸壁垂直，建议采用倒置的活塞环； 2. 用塞尺测量开口间隙时，所选塞尺在间隙中运动时要能够感到明显摩擦。

测量活塞环槽间隙	塞尺	选择合适厚度的塞尺并清洁	维修规范： 活塞环槽间隙规范值：<table><tr><td>活塞环</td><td>新件尺寸（mm）</td><td>磨损极限</td></tr><tr><td>第一道气环</td><td>0.06—0.09</td><td>0.20</td></tr><tr><td>第二道气环</td><td>0.03—0.06</td><td>0.15</td></tr><tr><td>刮油环</td><td>不能测量</td><td></td></tr></table>
		将待测量的活塞环放入相应活塞环槽内	操作要求： 测量前清洁活塞环槽； 边滚动活塞环边测量 3 点位置； 用塞尺测量环槽间隙，所选塞尺的厚度在间隙中运动时要能够感到明显摩擦。
	塞尺	用塞尺测量活塞环与相应环槽侧壁的间隙	

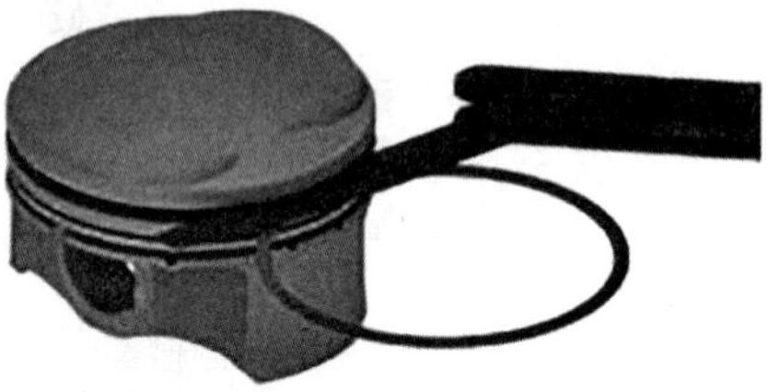

学习任务四　曲轴飞轮组的检修

曲轴飞轮组主要由曲轴、飞轮、主轴承、扭转减震器等主要零件构成。

一、曲轴的结构

1. 曲轴

曲轴的作用是接受活塞连杆组传来的气体燃烧产生的压力，通过飞轮输出，同时将活塞的往复运动转变为旋转运动。

曲轴高速旋转时，承受周期性变化的气体作用力及其力矩的共同作用，受力大且复杂，承受弯曲、扭转等交变载荷的冲击。因此，曲轴需要保证足够的刚度和强度，具有良好的抗冲击载荷能力和抗弯曲、抗扭转疲劳强度，且轴颈应有足够的承压面，耐磨损和润滑良好。

2. 曲轴结构

曲轴结构如图 2 - 2 - 34 所示，包括曲轴前端、主轴颈、曲柄销（连杆轴颈）、曲柄臂、平衡重、曲轴后端和多个曲拐。曲轴前端又称自由端，装有正时齿轮驱动配气机构，还装有皮带轮用以驱动发电机、风扇、水泵、空调压缩机等附件；曲轴后端又称为动力输出端，用于安装飞轮。

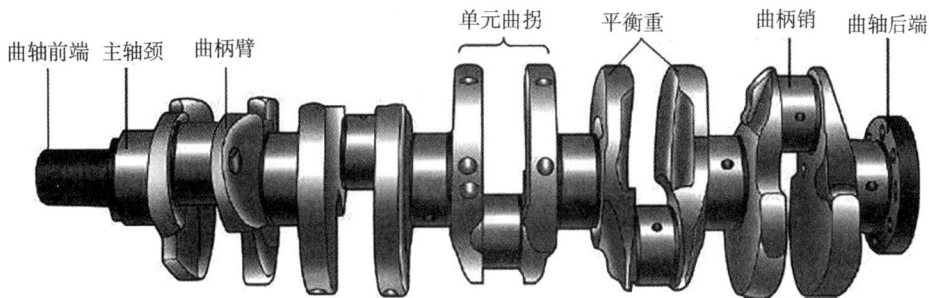

图 2 - 2 - 34　曲轴结构

（1）曲拐。一个曲柄销（连杆轴颈），左、右两个曲柄臂和左、右两个主轴颈构成一个曲拐，曲轴由若干个曲拐组成，直列式发动机曲拐数等于气缸数，Ⅴ型发动机曲轴的曲拐数等于气缸数的一半。

（2）主轴颈。曲轴通过主轴颈支承在曲轴箱的主轴承座中。主轴颈的数目不仅与发动机气缸数目有关，还决定了曲轴的支承方式。曲轴的支承方式有全支承和非全支承两种（图 2 - 2 - 35）。

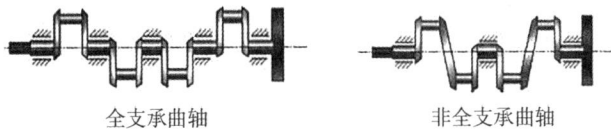

全支承曲轴　　　　　　　　非全支承曲轴

图 2 - 2 - 35　曲轴的支承方式

（3）曲轴前端。曲轴前端是指第一道主轴颈之前的部分，安装有曲轴正时齿轮驱动配气机构、驱动水泵、曲轴皮带轮及扭转减震器等。

（4）曲轴后端。曲轴后端是指最后一道主轴颈之后的部分，后端带有安装飞轮的凸缘盘，在后端还安装了变速器曲轴的导向轴承。

（5）平衡重（图 2 - 2 - 36）。平衡重可以消除旋转部分重量的不平衡。减轻主轴承负荷，改善其工作条件。

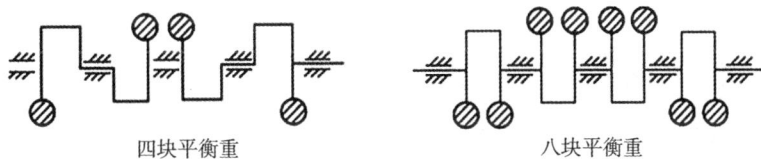

四块平衡重　　　　　　　　八块平衡重

图 2 - 2 - 36　平衡重的布置形式

3. 曲轴的润滑（图 2 - 2 - 37）。曲轴主轴颈和曲柄销间有润滑油道，用于将曲轴主轴颈的一部分润滑油供应给曲柄销和连杆轴承润滑。

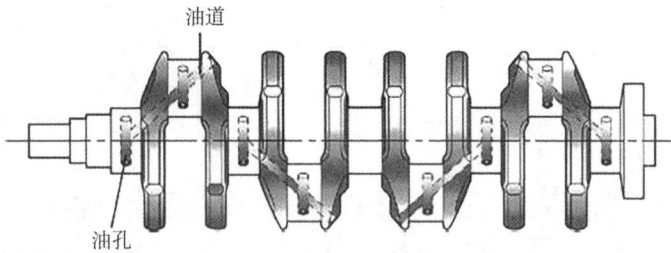

图 2 - 2 - 37　曲轴的润滑

4. 曲拐布置

曲拐的相对位置取决于气缸数、气缸排列形式和发动机的工作顺序，在四冲程发动机中曲轴转动两圈即 720°，每个气缸都完成进气、压缩、做功、排气的一个工作循环，曲轴每转动 180°完成一个行程。四冲程直列式四缸发动机曲轴曲拐的布置如图 2 - 2 - 38 所示，气缸从前到后的编号为：1 号缸、2 号缸、3 号缸、4 号缸，点火顺序是 1—3—4—2 或 1—2—4—3。

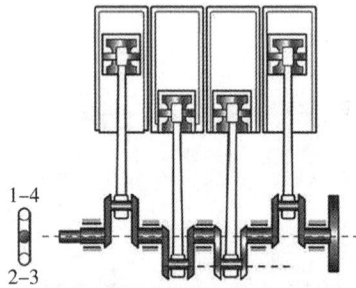

曲轴转角	第一缸	第二缸	第三缸	第四缸
0—180°	做功	排气	压缩	进气
180°—360°	排气	进气	做功	压缩
360°—540°	进气	压缩	排气	做功
540°—720°	压缩	做功	进气	排气

（a）点火顺序：1—3—4—2

曲轴转角	第一缸	第二缸	第三缸	第四缸
0—180°	做功	压缩	排气	进气
180°—360°	排气	做功	进气	压缩
360°—540°	进气	排气	压缩	做功
540°—720°	压缩	进气	做功	排气

（b）点火顺序：1—2—4—3

图 2 - 2 - 38　直列式四缸发动机点火顺序和曲拐的布置

四冲程直列式六缸发动机的点火顺序和曲拐布置（图2-2-39）：

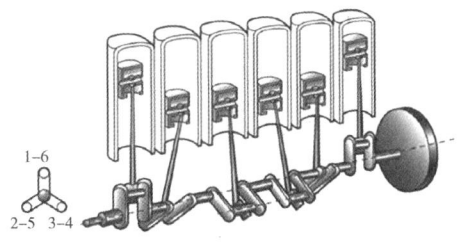

曲轴转角		第一缸	第二缸	第三缸	第四缸	第五缸	第六缸
0—180°	60°	做功	排气	进气	做功	压缩	进气
	120°						
	180°			压缩	排气		
180°—360°	240°	排气	进气			做功	压缩
	300°						
	360°			做功	进气		
360°—540°	420°	进气	压缩			排气	做功
	480°						
	540°			排气	压缩		
540°—720°	600°	压缩	做功			进气	排气
	660°			进气	做功		
	720°		排气			压缩	

图2-2-39　直列式六缸发动机点火顺序和曲拐的布置

二、飞轮的结构

飞轮是一个转动惯量很大的圆盘（如图2-2-40所示）。其主要作用是储存做功行程的部分能量，以克服辅助行程的阻力，使发动机转速均匀和提高短时超载的能力。同时，飞轮还有将曲轴的动力传递给离合器的作用。

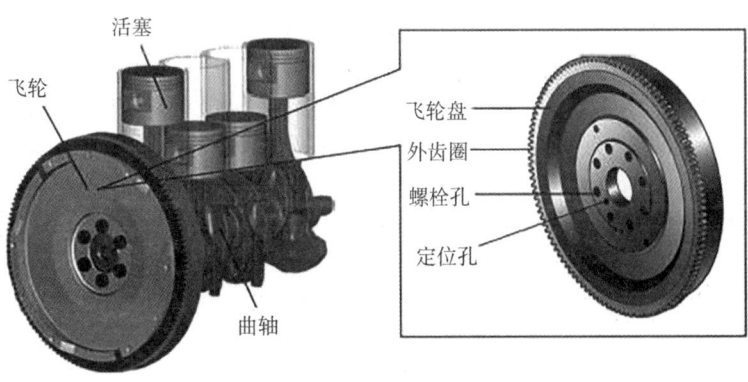

图2-2-40　飞轮

飞轮旋转时的转动惯量要大，而飞轮自身的重量轻，呈中心部分壁薄、外圆部分壁厚的铸铁或钢制成的圆盘状，其外缘上镶有齿圈，用于发动机启动时与启动机的小齿轮啮合，把启动机的旋转力传递给飞轮，飞轮的后端用于安装离合器。有些厂家在飞轮上还刻有第一缸上止点记号。

三、主轴承

主轴承与连杆轴承一样，由上、下两片轴瓦对合而成，承受交变载荷和高速摩擦，应具有足够的抗疲劳强度，且摩擦小、耐磨损和腐蚀。主轴承多采用薄壁钢背轴瓦，内表面浇铸有耐磨合金层。在分开嵌入式轴承上还设置有定位舌，用于承轴周向定位；为防止曲轴轴向窜动，其中一道曲轴主轴承的两侧装有止推片或翻边主轴承进行轴向定位（如图2-2-41所示）。

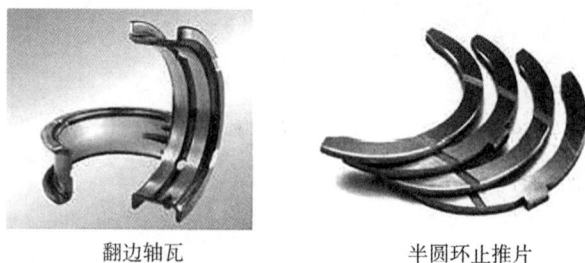

翻边轴瓦　　　　　　　　　半圆环止推片

图 2-2-41　主轴承

四、扭转减震器

在发动机工作过程中，经连杆传给连杆轴颈的作用力大小和方向都是周期性变化的，曲轴各个曲拐的旋转速度也是周期性变化的。安装在曲轴后端的飞轮转动惯量最大，可以认为是匀速旋转的，曲轴各曲拐的转动与飞轮不同步，这种现象称为曲轴的扭转振动。曲轴本身是一种扭转弹性系统，具有一定的自振频率。当扭转振动强烈或产生共振时，传动机构磨损加剧，发动机功率下降，甚至会扭断曲轴。对于曲轴刚度小、旋转质量大、缸数多及转速高的发动机，曲轴自振频率低，容易发生共振。现代汽车发动机在扭转振幅最大的曲轴前端装置扭转减震器，吸收曲轴扭转振动的能量，消减扭转振动，以避免发生强烈的共振。

汽车发动机常采用的减震器形式有橡胶扭转减震器、硅油扭转减震器和硅油橡胶扭转减震器等。在曲轴的自由端，即与飞轮相反的方向安装有惯性质量，惯性质量内部分别采用橡胶、硅油等物质来吸收、抑制振动。同时，还可以减轻曲轴的惯性质量，提高加速踏板的灵敏度，减少飞轮的动力消耗。如图2-2-42所示。

曲轴皮带轮安装在曲轴的前端，用于驱动各种辅助装置。有些发动机的曲轴皮带轮在皮带轮金属盘之间的夹缝中镶入橡胶，利用橡胶的弹性来吸收、抑制振动，如图2-2-43所示。

图 2 - 2 - 42　扭转减震器

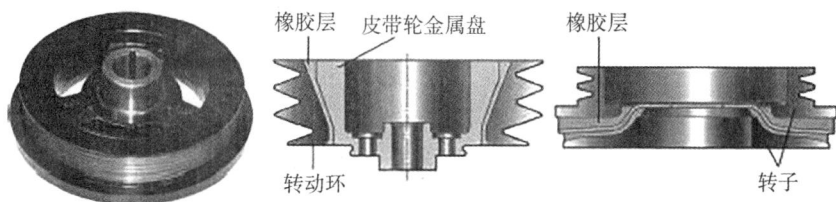

图 2 - 2 - 43　曲轴皮带轮

五、曲轴飞轮组的拆装工艺及技术标准

1. 曲轴飞轮组的拆卸

（1）单方向固定曲轴，防止拆卸飞轮螺栓时，曲轴旋转，拆下飞轮。

（2）拆下曲轴后油封凸缘。对角分 2—3 次拧下曲轴后油封凸缘的固定螺栓，用橡皮锤轻击并取下曲轴后油封凸缘。

（3）拆下曲轴主轴承盖。拆下主轴颈固定螺栓，螺栓拆卸按由外而内顺序，按对角进行拆卸。

（4）依次取下各主轴承盖。

（5）把下轴瓦和主轴承盖放在一起。

（6）抬出曲轴。

（7）取下曲轴上轴瓦。装配按逆序进行。

2. 曲轴飞轮组的装配技术标准

表 2 - 2 - 6　曲轴飞轮组的装配标准

螺栓和螺母	拧紧力矩（单位：N·m）
飞轮螺栓	60 N·m ＋ 90°
油封凸缘	9 N·m
曲轴主轴承盖螺栓	65 N·m ＋ 90°

六、曲轴飞轮组拆卸分解

1. 拆卸飞轮

注意事项：为了避免双质量飞轮在拆卸时损坏，不允许用气动扳手或冲击式螺钉机来旋出螺栓 A，只允许手动拆卸螺栓。

（1）转动双质量飞轮 B，使螺栓 A 位于钻孔中心，如图 2-2-44 所示。在旋转螺栓 A 时，勿将螺栓头脱开在双质量飞轮钻孔中心箭头处，以避免继续旋转时螺栓头损坏双质量飞轮。

图 2-2-44 转动曲轴使螺栓 A 位于钻孔中心

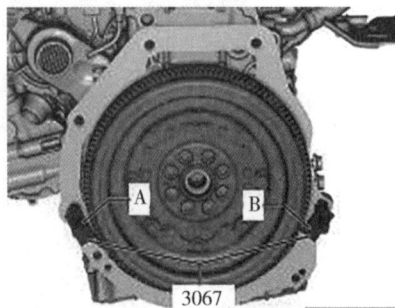

图 2-2-45 安装拆卸夹具 3067

（2）将夹具 3067 插入气缸体中的孔 B 中，如图 2-2-45 所示。松开并拆下飞轮螺栓。

2. 拆卸和安装变速箱侧密封法兰

（1）将隔板从密封法兰上和空心定位销上取下，如图 2-2-46 箭头所示。

（2）按图 2-2-47 所示顺序，拧出螺栓 1 至 8，取下密封法兰。

图 2-2-46 取下隔板

图 2-2-47 拆卸螺栓

3. 拆卸曲轴主轴承盖，如图 2-2-48 所示，并取下曲轴。

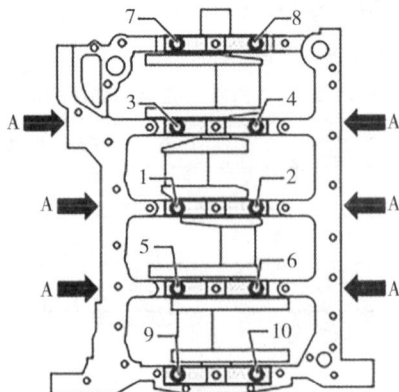

图 2-2-48 曲轴主轴承盖螺栓拆卸顺序及侧面螺栓拆卸位置

七、曲轴飞轮组装配

1. 安装曲轴轴承轴瓦

安装上轴承（除中间轴颈外），将带机油槽的上轴承安装到气缸体上，用刻度尺测量气缸体边缘和上轴承边缘间的距离。如图 2 - 2 - 49 所示。尺寸（A）：一般为 0.5—1.0 mm。

注意事项：不要在轴承和接触表面上涂抹发动机机油。

2. 安装曲轴止推垫片

安装曲轴上止推垫片，使机油槽向外，将两个止推垫片安装到气缸体的 3 号轴颈下方，并在曲轴止推垫片上涂抹发动机机油，如图 2 - 2 - 50 所示。

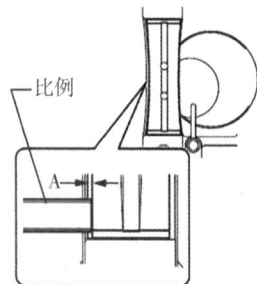

图 2 - 2 - 49　安装上轴承

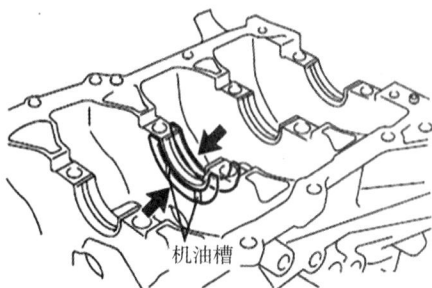

图 2 - 2 - 50　止推垫片

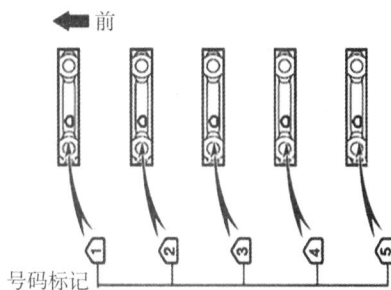

图 2 - 2 - 51　轴承盖

3. 安装曲轴轴承盖

（1）在上轴承上涂抹发动机机油，并将曲轴安装到气缸体上，同时在下轴承上涂抹发动机机油，如图 2 - 2 - 51 所示。

（2）检查数字标记，并将轴承盖安装到气缸体上。

（3）在轴承盖螺栓的螺纹上和轴承盖螺栓下涂抹一薄层发动机机油。

4. 拧紧螺栓，顺序如图 2 - 2 - 52 所示。

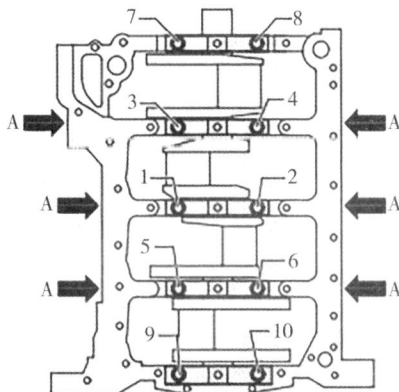

图 2 - 2 - 52　曲轴轴承盖螺栓拧紧顺序

表 2 - 2 - 7　曲轴螺栓拧紧力矩

螺栓和螺母	拧紧力矩（单位：N·m）
图 2 - 2 - 52 箭头所示螺栓	20 N·m ＋ 90°
曲轴主轴承盖螺栓	65 N·m ＋ 90°

八、曲轴的测量

表 2 - 2 - 8　曲轴的测量

实践项目	曲轴的测量	实践目的	1. 能正确使用百分表、千分尺完成曲轴的测量； 2. 检测结论正确。
使用器材	EA888 发动机拆装台架；维修手册		

操作步骤	工/量具	过程	维修规范与操作要求
清洁，检查曲轴外观	抹布、吹枪	清洁曲轴轴颈、轴承和轴承盖	维修规范： 每个主轴颈、连杆轴颈和轴承应无麻点和划痕，否则应更换曲轴或视情修理。
	目视	检查主轴颈、连杆轴颈和轴承有无麻点和划痕	
组装百分表	百分表磁性表座	清洁、组装百分表测量头并校零	操作要求： 1. 将曲轴水平放置于平台上，并用 V 型铁支撑，确保其在 V 型铁上水平放置，两端不能高低不平，否则会影响测量结果。 2. 检查百分表及支架并组装，百分表的调整螺母必须锁紧，否则会因为百分表松动影响测量结果。 3. 调整百分表，使百分表头贴近曲轴主轴颈，并对百分表预压 1 mm；若不进行百分表预压，则会引起测量结果失准。 4. 转动百分表刻度盘，使其大指针对准"0"刻度。
检查曲轴弯曲度	百分表磁性表座	检查曲轴弯曲度	维修规范： 最大圆跳动量为 0.06 m，如果曲轴的圆跳动量超过最大值，则应更换曲轴。 操作要求： 1. 双手慢慢转动曲轴，仔细观察百分表所测出的曲轴圆跳动量； 2. 眼睛必须与百分表平视。 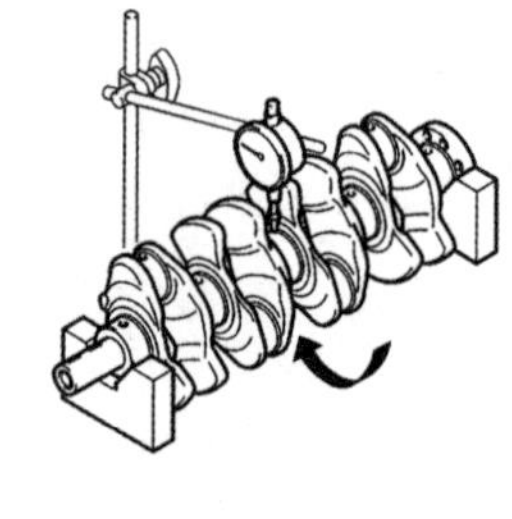

检查曲轴磨损	千分尺	清洁、校零千分尺	维修规范： 主轴颈直径标准：58.00 mm 连杆轴颈直径标准：47.80 mm 圆度和圆柱度误差：0.02 mm
	千分尺	测量曲轴主轴颈及连杆轴颈	操作要求： 1. 检查主轴颈直径； 2. 检查连杆轴颈直径； 3. 计算主轴颈、连杆轴颈圆度误差和圆柱度误差。
检查曲轴轴向间隙	百分表磁性表座	安装主轴承盖	维修规范： 标准轴向间隙：0.07—0.23 mm 最大轴向间隙：0.30 mm
		测量轴向间隙	操作要求： 用螺丝刀来回撬动曲轴的同时，用百分表测量轴向间隙。 如果轴向间隙大于最大值，则成套更换止推垫片。
检查曲轴径向间隙	塑料间隙规	测量径向间隙	维修规范： 径向间隙：0.017—0.037 mm 磨损极限：0.150 mm 操作要求： 拆卸曲轴轴承，将塑料间隙规摆放在各轴颈中央。 检查朝前标记和数字，并将轴承盖安装到气缸体上，安装主轴承盖，按规定力矩拧紧。 注意：不要转动曲轴。 拆下主轴承盖。测量塑料间隙规最宽处。

任务延伸

发动机的轻量化

减轻自身重量已是汽车工业实现安全、环保、节能目标的一项重要手段。发动机作为汽车最重要的总成之一，减轻其重量无疑具有非凡意义。然而，为了达到控制废气排放和提高发动机动力性的目的，又必须引入新的组件，如涡轮增压器、EGR、后处理以及电控系统等，或强化原有零部件。这样会使发动机的重量有所增加。因此，要实现发动机轻量化必然涉及发动机设计、材料选择、工艺匹配等方面，而不能通过简单的措施来实现。

实现发动机轻量化的途径主要有以下几点：选用铝合金/镁合金、工程塑料等轻质材料替代灰铸铁等传统材料；功能组件，如外附件的结构形式、组成的优化和轻量化；功能相近组件、部件的集成化或模块化；对发动机中的那些关键零件，如曲轴、连杆等进行结构优化。

（1）采用铝合金气缸体替代传统的灰铸铁气缸体。

（2）对功能组件，如外附件的结构、组成形式进行优化。

（3）对发动机中的关键零件进行结构优化。

第三代 EA888 发动机的曲轴为铸造而成，并采用了 4 块配重的设计，如图 2-2-53 所示，相比第二代直列式四缸发动机采用 8 块配重的设计，可以大大减轻发动机的重量。对于铸造曲轴来说，减少了配重块后曲轴质量更轻，但是对机加工精度的要求会变得更高。

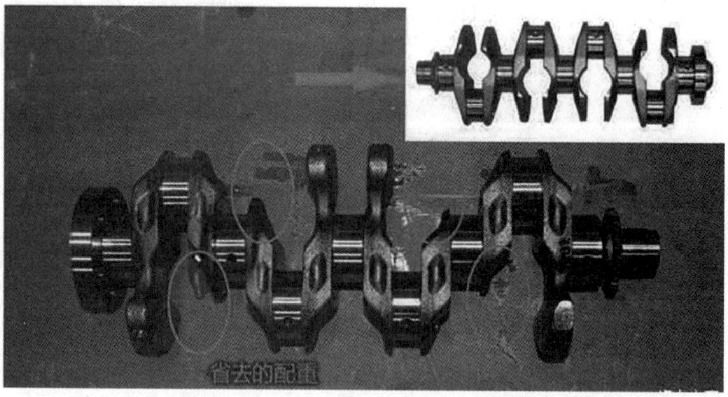

图 2-2-53 传统四缸发动机曲轴

学习情境三　润滑系统检测维修

任务导向

学习任务一　润滑系统认知

一、润滑系统的作用

发动机工作时，很多传动零件是在很小的间隙下高速相对运动的，尽管这些零件的工作表面都经过精细的加工，但放大来看这些表面却是凹凸不平的，若不对这些表面进行润滑，它们之间将发生强烈的摩擦，这样不仅增加发动机的功率消耗，加速零件的磨损，严重时还会由于摩擦产生热将零件工作表面烧损，致使发动机无法运转。

二、润滑方式

发动机的润滑方式有三种：压力润滑、飞溅润滑和润滑脂润滑。

1. 压力润滑

压力润滑是用机油泵将具有一定压力的润滑油源源不断地送到零件的摩擦面上，形成具有一定厚度并能承受一定机械负荷的油膜，尽量将两摩擦零件完全隔开，实现可靠的润滑。

2. 飞溅润滑

飞溅润滑是利用发动机工作时运动零件飞溅出来的油滴或油雾润滑摩擦表面。这种方式可以润滑裸露在外面的载荷较轻的气缸壁、相对滑动较小的活塞销，以及配气机构的凸轮轴表面等。

3. 润滑脂润滑

对于一些不太重要、分散的部位，采用定期加入润滑脂的方式进行润滑，如发动机水泵轴承、发电机、启动机和分电器等总成的润滑均采用这种润滑方式。

三、基本机油流动路线

机油流动路线：发动机驱动机油泵，将油底壳内的机油经机油粗滤器、机油滤清器输送到各润滑部位，润滑结束后的机油流回到油底壳中。经过气缸体、气缸盖上的油道，输送到曲轴轴颈、连杆轴颈、凸轮轴轴颈的机油，使轴浮在轴承（轴瓦）上旋转。喷射或飞溅的机油，在活塞环作用下，会在气缸壁等金属表面形成油膜，使摩擦减小，如图 2 - 3 - 1 所示。

1. 机油筛
2. 机油泵
3. 冷启动阀门
4. 单向阀（集成在机油泵上）
5. 机油油位 / 油温传感器 G266
6. 放油阀
7. 集成在机油滤清器上的单向阀
8. 机油滤清器
9. 机油压力开关 F1
10. 油水分离器
11. 凸轮轴调整器
12. 凸轮轴正时调节阀 1N205
13. 气缸盖上的机油筛
14. 机油冷却器
15. 链条张紧器
16. 集成阀门的机油喷嘴
17. 废气涡轮增压器
▨ 低压循环管路
■ 高压循环管路
A 凸轮轴轴承
B 支撑部件
C 连杆轴承
D 主轴承

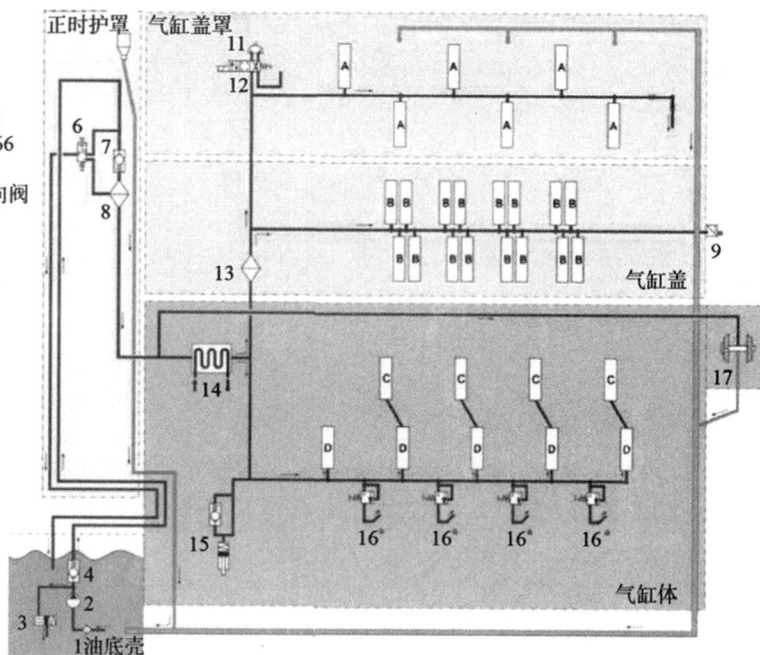

图 2 - 3 - 1　大众 1.4T 发动机机油流动路线

四、大众迈腾 1.8T 润滑系统零件（图 2 - 3 - 2）。

1. 螺母
2. 机油油位/油温传感器 G266
3. 密封圈　　　4. 放油螺塞
5. 密封垫圈　　6. 油底壳下部件
7. 14. 22. 23. 24. 25. 26. 螺栓
8. 机油防溅板
9. 11. 20. O 形圈　　10. 吸油管
12. 机油泵　　　13. 定位销
15. 油底壳上部件　16. 气缸体
17. 机油泵链条　　18. 导向螺栓
19. 机油泵链条张紧器
21. 机油压力调节阀 N428

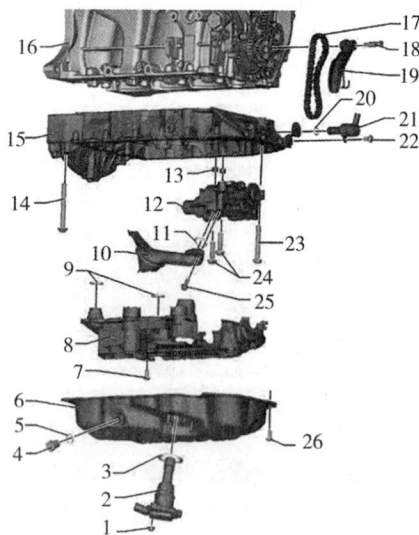

图 2 - 3 - 2　大众迈腾 1.8T 润滑系统零件

五、机油的型号与选用

1. 机油的分类

机油除了最基本的润滑作用外，还具有冷却、清洗、密封和防锈等功能。

机油的分类，国际上广泛采用SAE（美国工程师学会）黏度分类法和API（美国石油学会）使用性能分类法。

SAE黏度分类法按照不同的黏度等级，将机油分为冬季用机油和非冬季用机油两类。冬季用机油有6种牌号：SAE0W、SAE5W、SAE10W、SAE15W、SAE20W和SAE25W；非冬季用机油有4种牌号：SAE20、SAE30、SAE40和SAE50。

API使用性能分类法根据机油的性能及其适合使用的场合，将机油分为S系列和C系列两类。S系列为汽油机油，目前有SA—SH、SJ、SL共10个级别；C系列为柴油机油，目前有CA—CD、CD—1、CE、CF—4、CF、CF—1和CG—4共10个级别。目前常用的API等级机油如图2-3-3所示。

图 2-3-3　机油的分级

2. 机油的选用

如果使用上述牌号的单级机油，需要根据季节和气温的变化经常更换。目前普遍使用多级机油，例如大众迈腾常用SAE5W—40机油，在低温下使用时黏度与SAE5W一样，在高温下使用时黏度又与SAE40相同，因此可以冬夏通用。应根据气温选择适当黏度的机油，如图2-3-4所示。

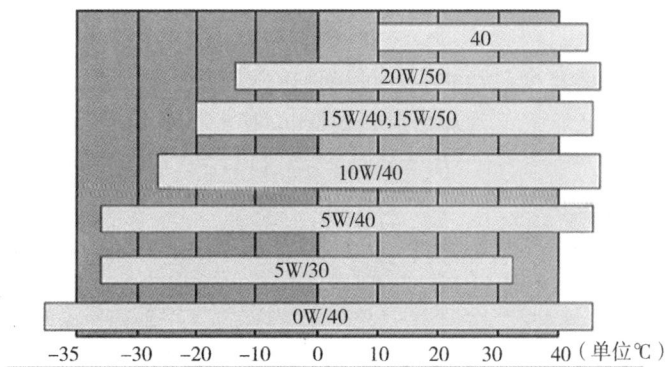

图 2-3-4　机油选用表

六、机油油位检查

1. 注意事项

（1）将汽车停在水平地面上。

（2）关闭发动机后最少等待 3 分钟，以便机油流回油底壳。

（3）拔出机油尺，用干净的抹布擦净后将机油尺重新推入至限位位置。

（4）再次拔出机油尺并读出机油油位。

（5）请遵循废弃物处理规定。

2. 大众迈腾机油油位类型Ⅰ：（图 2 - 3 - 5）

交车检查时，机油油位应总是位于测量区域 B 的三分之二以上范围内。A 区域不得添加机油。机油加注最大极限可至 A 区域下部。C 区域必须添加机油。机油油位必须处于测量区域 B 的上半部分。当油位高于最大极限 A 时，排放或吸出多余的机油，以避免损伤尾气催化转化器。如果机油油位低于最小极限 C，加注足够的机油。

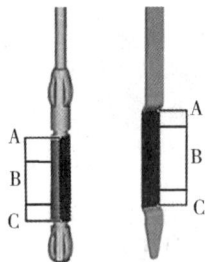

图 2 - 3 - 5

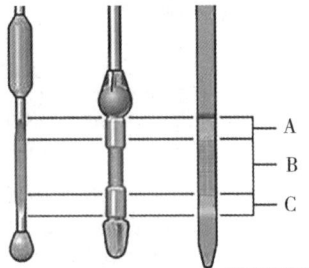

图 2 - 3 - 6

3. 大众迈腾机油油位类型Ⅱ：（图 2 - 3 - 6）

在交车检查时，油位应总是位于区域 A 下端。A 区域不得添加机油。B 区域机油可加注最大极限至 A 区域下部。C 区域必须添加机油。机油油位必须处于测量区域 B 三分之二以上范围内。当油位高于标记 A 时，排放或吸出多余的机油，以避免损伤尾气催化转化器。机油油位位于 C 标记下时，添加机油直至标记 A 以下。

七、机油压力检测

1. 机油压力测试的目的和标准

（1）机油压力测试的目的

机油压力测试的主要目的是检查发动机机油限压阀是否有故障，机油油道是否存在缺陷及机油泵能否建立起正常的机油压力等。对于机油压力测试，我们主要设置了低速油压测试以及高速油压测试。

（2）机油压力的标准值

大众迈腾 B8 1.8L 机油压力标准值：发动机怠速运转时机油压力：0.85—4.0 bar。发动机转速达到 2000 rpm 时机油压力：2.0—4.0 bar。发动机转速达到 3700 rpm 时机油压力：3.0—4.0 bar。

2. 机油压力测量方法和步骤

（1）拔下机油压力传感器的线束插头，拆卸机油压力传感器。将机油压力表的软管接头拧入安装机油压力传感器的螺孔内，并拧紧接头。

（2）将机油压力表放置在不会接触到发动机旋转部件及高温部件的地方。

（3）启动发动机，检查机油压力表接头处有无漏油，如有漏油，应熄火后重新拧紧接头。

（4）运转发动机使之达到正常的工作温度，分别在怠速和 2000 r/min 时检查机油压力表的读数，并与标准压力值进行比较。

（5）测量完成后，应拆卸机油压力表，装上机油压力传感器并按规定力矩拧紧，接上线束插头，启动发动机，确认机油压力传感器没有漏油。

3. 根据测试结果，做分析和判断

机油压力不正常有两种情况：一种是机油压力过低；另一种是机油压力过高。

（1）机油压力过低的原因有很多，主要有以下几个方面：机油压力表失准；机油压力传感器效能不佳；机油黏度降低；油底壳油面太低；机油泵齿轮磨损、泵盖磨损或泵盖衬垫太厚造成供油能力降低；机油集滤器滤网堵塞；机油限压阀调整不当、关闭不严或弹簧折断；内外管路有泄漏之处等。

①第一次启动发动机时，主要观察机油压力表的指示情况。

②第一次启动发动机时，若刚启动时机油压力就低，说明故障不在油底壳的存油多少上，可先检查润滑油系统外部有无泄漏之处，如无泄漏，再检查机油压力表和传感器的技术状况。

③检查机油压力表技术状况时，可先检查机油压力表传感器导线两端的连接状况。

④若机油压力表良好，应检查传感器的效能。

⑤如机油限压阀位于发动机机体外部，可停熄发动机检查限压阀的技术状况，若限压阀磨损严重、弹簧太软、弹簧折断或调整状况不佳，则故障在此。

⑥若限压阀良好，可拔出机油尺，检查机油的质量，检查机油是不是被汽油稀释。

⑦若机油黏度良好，说明机油压力过低的问题可能出在机油泵、集滤器、内部管路或各处轴承间隙上，此时须拆下发动机油底壳检查。

（2）机油压力过高的原因有机油压力表失准；机油变稠或新换机油黏度太大；主油道及分油道内积垢太多或曲轴主轴承、连杆轴承、凸轮轴轴承间隙太小；限压阀调整不当等。

①未启动发动机前，首先检查机油压力表指针能否回零，若不能回零，则故障在机油压力表。

②若压力表良好，则拔出机油尺，检查机油油面高度。如机油油面过高，则故障在此。

③如机油限压阀位于发动机机体外部，可检查限压阀的技术状况，如限压阀调整不当，则为故障原因。

4. 机油压力表的结构特点及使用方法

（1）机油压力表的组成有表盘、指针、连接管路、连接接头等，如图 2-3-7 所示。

（2）机油压力表的使用

①拔下机油压力传感器的线束插头，拆下机油压力传感器。

②将机油压力表的软管接头拧入安装机油压力传感器的螺孔内，并拧紧接头。

③将机油压力表放置在不会接触到发动机旋转部件及高温部件的地方。

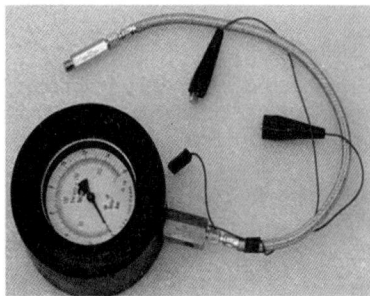

图 2-3-7　机油压力表

④启动发动机，检查机油压力表接头处有无漏油，如有漏油，应熄火后重新拧紧接头。

⑤运转发动机使之达到正常的工作温度，分别在怠速和 2000 r/min 时检查机油压力表的读数，并与标准压力值进行比较。

5.机油压力测量

（1）检测的前提条件

发动机机油液位正常；发动机机油温度至少 80℃（冷却液风扇必须运转过）；机油泵压力两级可调，需要对机油压力依次进行检查；发动机在初始磨合期或者在紧急状态下，其机油泵只会以高油压状态运行；机油压力跟机油压力开关关系密切。

（2）检测步骤

注意事项：一旦旋松，须每次更换油压开关；把抹布放在组合支架下面，以接收溢出的发动机机油。

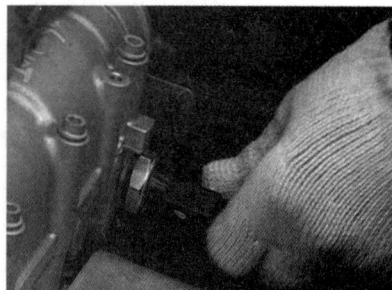

图 2-3-8 拆卸机油压力开关

①拆卸机油压力开关，如图 2-3-8 所示。

②将机油压力测试仪 V.A.G 1342 代替机油压力开关 F378 旋入组合支架中，如图 2-3-9 所示。

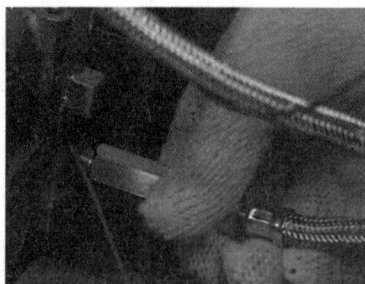

图 2-3-9 连接油压表

图 2-3-10 将机油压力开关安装到油压表中

③将旋出的机油压力开关 F378 旋入机油压力测试仪 V.A.G 1342 中，如图 2-3-10 所示。

④将 V.A.G 1527B 试灯连接到电瓶正极和机油压力开关之间，如图 2-3-11 所示。

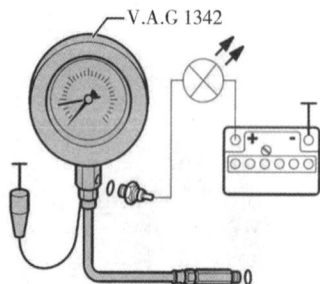

图 2-3-11 V.A.G 1527B 试灯连接

图 2-3-12 2000 转时的油压

⑤启动发动机，测试油压，如图 2-3-12 所示。

（3）根据测试结果，做分析和判断。

①检查机油压力开关，连接蓄电池正极，如图 2-3-13 所示，此时灯应该不亮，如果点亮说明压力开关损坏，如图 2-3-14 所示。

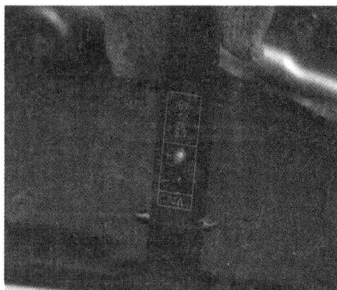

图 2-3-13　灯不亮正常图　　　　　　图 2-3-14　灯点亮

②检查的正常机油压力为发动机怠速运转时的机油压力：0.85—4.0 bar。发动机转速达到 2000 rpm 时机油压力：2.0—4.0 bar。发动机转速达到 3700 rpm 时机油压力：3.0—4.0 bar。

③如果机油压力小于标准值，检查机油泵滤网、机油泵、限压阀等是否正常。

④机油压力最高不允许超过 7 bar，如果超出标准值，检查机油油道是否堵塞，机油泵限压阀是否卡滞。

6. 机油压力过高和过低

发动机润滑系统机油压力过低或过高，对发动机的使用寿命都会产生影响，因此必须重视油压过低过高问题。

（1）机油压力过低

发动机润滑系统机油压力过低的原因很多，但大致可以分为两个方面：一是机油泵吸入油量过少，二是机油泄漏过多。

①机油过少，吸不上油。主要原因是油底壳漏油，或上窜机油，部分机油窜入燃烧室烧掉。发动机在正常工作时，总是有些消耗，所以每天出车前应检查机油数量，不足时应及时添加。如果机油数量突然减少很多，则应找出具体原因，设法排除。

②集滤器堵塞，吸不进油。主要原因是机油内机械杂质、油泥等过多，有时棉纱、破布掉入油底壳内，也会将集滤器和浮筒的缝隙堵塞。所以在检查机油数量的同时，也要检查机油的质量，如过脏，应经沉淀滤清后再用，机油孔盖应齐全，不应用棉纱、破布来代替。

③机油泵工作失效，吸不了油。主要原因有机油泵经过长期工作，磨损严重不能泵油；机油泵的驱动齿轮与驱动轴的固定销剪断或配合键脱落；机油泵吸入异物而将泵油齿轮卡死。此时，应及时更换磨损严重或损坏的机件，恢复机油泵的正常工作。

④油路密封不严，严重漏油。润滑油路的连接密封处漏油过多，造成机油压力过低；限压弹簧过软或被油泥糊住关闭不严，机油大量从限压阀流失，油压也会降低；大小瓦、凸轮轴衬套太松，或机油过稀，均容易使机油流失，造成油压过低。因此，注意要经常检查。

除以上原因外，还有一种可能就是机油压力表损坏，表指示压力过低而实际压力并不低。

（2）机油压力过高

发动机润滑系统机油压力过高，主要原因有限压阀堵塞、机油黏度过大、细滤器堵塞等原因。

①限压阀堵塞或调整不当。限压阀被油泥黏住顶不开，油道内机油压力增高；限压阀的限压弹簧调整的弹力过大，油压超过规定值不能泄压，会使系统内的机油压力过高。因此，不仅要按规定调整限压阀的压力，还要定期清洗限压阀。

②机油黏度过大。机油的黏度与发动机的温度有关，温度过高时，黏度小，反之，黏度大。如果机油黏度超过规定值，机油在润滑系统内流动阻力增大，同时压力会增高。冷车启动时，由于机油过黏，流动阻力过大，就会使机油压力表指示的压力过高，但此时大小瓦和气缸壁等处机油润滑并不充分，此时，应怠速运转几分钟，使加温达到 50 ℃ 以上再起步。另外，如果选择机油牌号不当，机油本身黏度过大，机油压力也会增高。

③机油细滤器堵塞。机油细滤器的滤芯过脏使机油回路堵塞，也会造成主油道压力过高，因此机油细滤器也要定期清洗。此外，还有一种可能就是机油压力表损坏。

7. 机油消耗异常

一般情况下，消耗的机油与燃油的比为 0.05—0.1％ 为正常，技术状况良好的发动机机油与燃油的消耗比可降至 0.03—0.06％。如果机油的消耗过大，就不正常了。机油消耗过多的主要原因有两个方面：一是漏机油；二是烧机油。如果机油消耗量明显增加，外部检查也无漏油，说明是气缸活塞配合间隙太大、活塞环密封性能降低等原因造成气缸漏油严重。如果必要，可结合发动机行驶里程、排气烟色和火花塞油污情况等进行确诊。

（1）首先检查外部是否有漏油处，应特别注意曲轴前端和后端的漏油，曲轴的前端油封破裂损坏、老化或曲轴皮带轮与油封接触面磨损，会引起曲轴前端漏油；曲轴的后端油封破裂损坏或后主轴承盖的回油孔过小，回油受阻，会引起曲轴后端漏油。另外还应该注意凸轮轴后端油堵是否漏油。

（2）若机油滤清器和一些管路接头处经过紧固后还是漏油，应注意机油压力是否过高，应检查机油限压阀是否失去泄油限压的功能。

（3）若排气管明显冒蓝烟，则是烧机油造成的。

（4）有些汽车的机油散热器管装在水套内或水泵的进水管内，机油主要靠水来冷却，若发现水箱内有机油，多为散热器管损坏造成的。

学习任务二　机油泵的作用及分类

一、机油泵的作用

机油泵把一定量的机油压力升高，强制性地将机油压送到发动机各摩擦表面上。

二、机油泵的分类和结构

1. 转子式机油泵

结构见图 2-3-15，转子泵的内转子与泵壳偏心安装，由主动轴驱动。外转子在油泵壳体内可自由转动，内转子驱动外转子。由于内外转子的齿数不同，转速也不等，当内转子转动，其齿脱离与外转子的啮合时，就产生了真空吸力将油吸入油泵；当内转子的齿与外转子朝着啮合的方向转动，油压升高，此处就是机油泵的出油口。

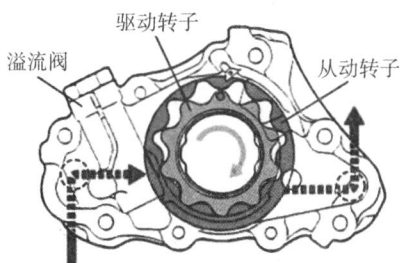

图 2 - 3 - 15　转子式机油泵　　　　图 2 - 3 - 16　齿轮式机油泵

2. 齿轮式机油泵

如图 2 - 3 - 16 所示，齿轮上的各齿朝脱离的方向运转时，产生真空，机油被吸入；随着齿轮的继续转动，机油被送到另一侧；齿轮各齿朝啮合的方向转时，机油从轮齿的凹槽中压出，油压升高。

机油泵上常设有限压阀，用来保持油道内油压，使其稳定在规定的范围内。泵盖上对应啮合齿处有一条卸压槽与出油腔相连，以降低啮合齿间的机油压力。

三、机油泵的拆装

1. 拆卸

（1）拆下隔音垫 1，如图 2 - 3 - 17 所示，将废油收集与抽取装置 VAS 6622A 置于发动机下方，然后排尽发动机机油。

注意事项：遵守处置环境法规。

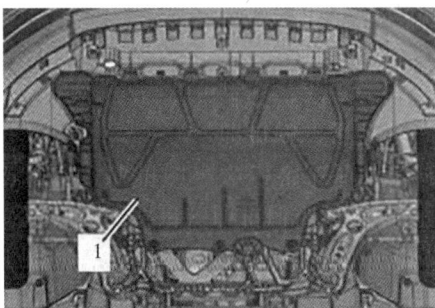

图 2 - 3 - 17　拆下隔音垫 1

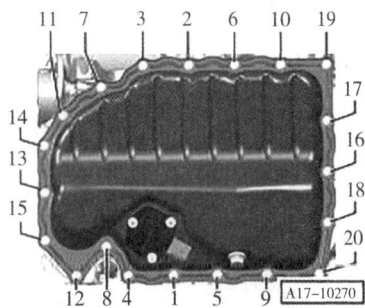

图 2 - 3 - 18　拆下油底壳

（2）拧下螺栓 1 至 20，然后拆下油底壳下部件，如图 2 - 3 - 18 所示。

（3）拧下螺栓 1，取下机油防溅板 2，如图 2 - 3 - 19 所示。

（4）用装配工具 T10118 按箭头方向拉动链条张紧装置的弹簧，然后将锁销 T40265 的锁芯 1 插入链条张紧装置的孔 2 中，将其锁止，拆下张紧装置和链条，如图 2 - 3 - 20 所示。

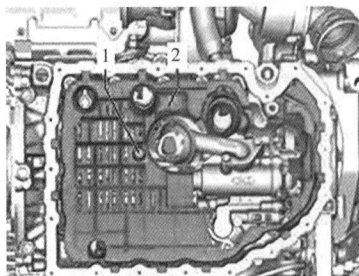

图 2-3-19 拆卸机油防溅板 2

图 2-3-20 拆卸机油泵传动链

（5）拧下螺栓，如图 2-3-21 箭头所示，然后拆下机油泵。

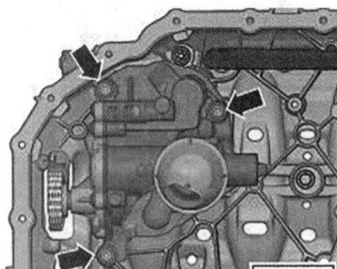

图 2-3-21 拆卸机油泵

2. 安装

安装大体以倒序进行，同时须注意下列事项：确认用于机油泵定心的两个定心套均完好；安装机油泵前，检查吸油管中的滤网和油底壳上部中的回油孔是否有脏污；将机油泵链轮引导到传动链中，然后安装机油泵。

（1）用装配工具 T10118 沿箭头方向拉动链条张紧装置的弹簧。取下锁销 T40265，检查弹簧是否回到安装位置，如图 2-3-22 所示。

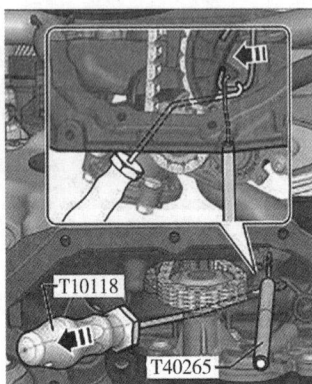

图 2-3-22 安装机油泵传动链

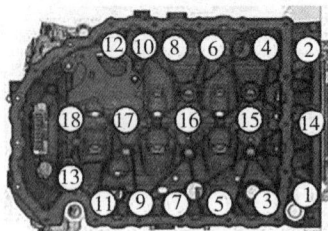

图 2-3-23 安装油底壳上部件

（2）安装油底壳上部件，然后按所示顺序拧紧螺栓 1 到 18，如图 2-3-23 所示。拧紧力矩如下：

以 8 N·m 拧紧螺栓 1 到 18；继续旋转螺栓 1 和 2，180°；继续旋转螺栓 3 到 13，

45°；继续旋转螺栓 14，180°；继续旋转螺栓 15 到 18，90°。

（3）安装油底壳，螺栓拧紧力矩为 8 N•m+90°。

四、机油泵的检修

1. 用测隙规测量主动转子和从动转子的顶部间隙：如果顶部间隙大于最大值，则更换机油泵（图 2 - 3 - 24）。

2. 用测隙规检查外转子与泵体之间的间隙：用测隙规测量从动转子和壳体的间隙，如图 2 - 3 - 25 所示。如果超过极限值，则应更换机油泵。

图 2 - 3 - 24　检测转子的顶部间隙　　　图 2 - 3 - 25　检测外转子与泵体间的间隙

3. 检查端面间隙：用塞尺和精密的平尺测量转子和端盖之间的间隙，如图 2 - 3 - 26 所示。如超过极限值，则应更换机油泵。

4. 装复机油泵：安装转了时应注意，内外转子标记应对齐，并使安装记号朝向泵体，如图 2 - 3 - 27 所示。

图 2 - 3 - 26　检查端面间隙　　　　　图 2 - 3 - 27　装复机油泵

任务延伸

一、机油散热器

机油散热器由散热管、限压阀、开关、进出水管等组成。其结构与冷却水散热器相似（图 2 - 3 - 28）。机油散热器一般安装在冷却水散热器的前面，与主油道并联。机油泵工作时，一方面将机油供给主油道，另一方面经限压阀、机油散热器开关、进油管进入机油散热器内，冷却后从出油管流回机油盘，如此循环流动。

图 2 - 3 - 28　机油散热器

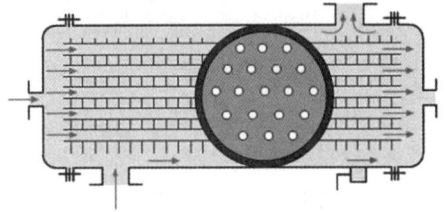

图 2 - 3 - 29　机油冷却器

二、机油冷却器

机油冷却器由铝合金铸成的壳体、前盖、后盖和铜芯管组成（图 2 - 3 - 29）。为了加强冷却，外管置于冷却水路中，利用冷却水的温度来控制润滑油的温度。冷却水在管外流动，润滑油在管内流动，两者进行热量交换。也有油在管外流动，而水在管内流动的结构。

三、机油压力开关

如图 2 - 3 - 30 所示，油压报警装置由油压报警灯和油压开关组成，该装置用以指示发动机工作时润滑系统中机油压力的大小，是否正常地输送到了发动机的各个部位。

油压报警灯安装在组合仪表上，通常打开点火开关后，报警灯点亮。当发动机启动后，机油泵在润滑油道内建立油压。油压将油压开关推开，报警灯熄灭。

机油压力开关通常为一常闭的压力开关，安装在发动机的润滑油道中，有些车型根据安装的位置不同和所需打开的压力的不同分为高压开关和低压开关，一个安装在缸体油道上，另一个安装在缸盖油道上。

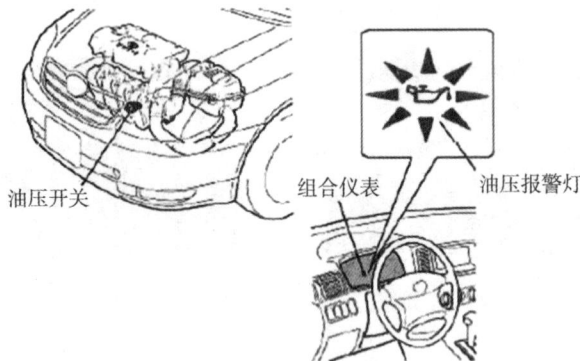

油压开关　　　　　　　组合仪表　　油压报警灯

图 2 - 3 - 30　油压报警装置

四、机油滤清器

1. 机油滤清器的作用

机油滤清器的作用是保证机油的清洁度，滤除机油中的金属磨屑、机械杂质和机油氧化物，保持机油的清洁。

2.机油滤清器的分类

按过滤能力分为：集滤器、细滤器、粗滤器。

（1）集滤器：用以防止较大的机械杂质进入机油泵。机油集滤器也称"滤网"，安装在机油泵进油口的前面，如图2-3-31所示。

（2）细滤器：用以清除直径在0.001 mm以上的细小杂质。由于这种滤清器对机油的流动阻力较大，故多做成分流式，即与主油道并联，只有少量机油通过细滤器，如图2-3-32所示。

（2）粗滤器：用以滤去机油中粒度较大（直径为0.050—0.10 mm以上）的杂质。它对机油的流动阻力较小，故可串联于机油泵与主油道中间，属于全流式滤清器，如图2-3-33所示。

图2-3-31 集滤器   图2-3-32 细滤器   图2-3-33 粗滤器

学习情境四   冷却系统检测维修

任务导向

学习任务一   冷却系统认知

一、冷却系统的作用

发动机在工作时，由于燃料的燃烧以及运动零件之间摩擦会产生大量的热。冷却系统的主要作用是通过水套的冷却液循环，把受热零件吸收的部分热量及时散发出去，从而保证发动机在各种工况下都能在最适合的温度状态下工作；并使发动机启动后能迅速升温，在短时间内达到正常的工作温度。

二、冷却系统的分类

汽车发动机常见的冷却方式有两种，即水冷却和风冷却。目前大多数汽车发动机采用强制循环式水冷系统。

水冷式发动机（图2-4-1），以冷却液为介质，热量由机体传给冷却液，靠冷却液的流动把热量带走，再散发到大气中去，使发动机的温度降低，散热后的冷却液再重新流回到受热机体处。

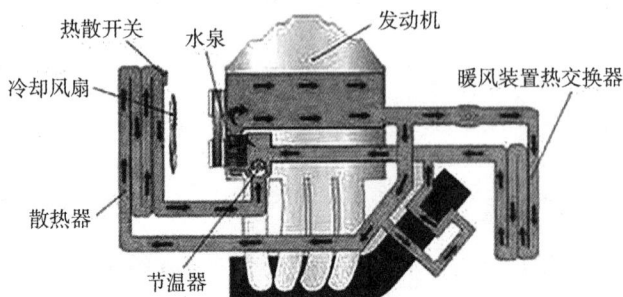

图 2 - 4 - 1 水冷式发动机

图 2 - 4 - 2 风冷式发动机

风冷式发动机（图 2 - 4 - 2）利用高速流动的空气直接吹过气缸盖和气缸体表面把热量散发到大气中去，保证发动机在最适合的温度范围内工作。与水冷式相比，风冷式结构简单，使用和维修方便，但风冷系统存在冷却不够可靠、消耗功率大和噪声大等缺点。

三、冷却系统的组成

强制循环式水冷系统（图 2 - 4 - 3 所示）主要由散热器、电动风扇、冷却液膨胀箱、水泵等组成。

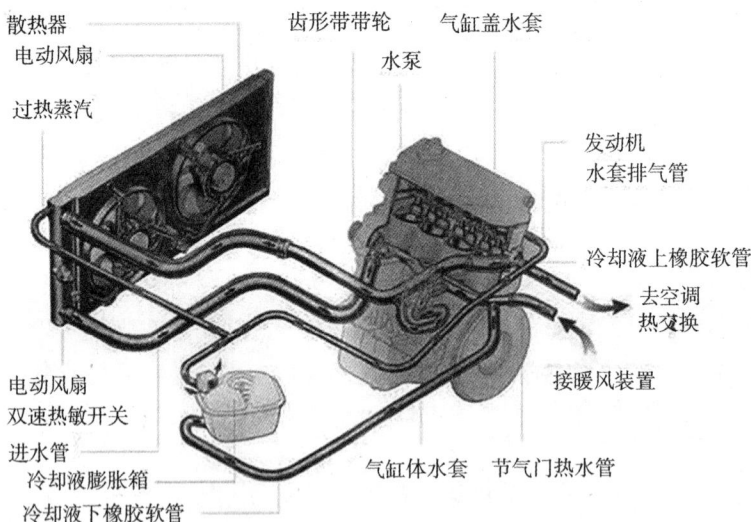

图 2 - 4 - 3 强制循环式水冷系统

四、防冻冷却液

防冻冷却液是汽车发动机不可缺少的一部分。它在发动机冷却系统中循环流动，将发动机工作中产生的多余热能带走，使发动机能以正常工作温度运转。冷却液不足时，发动机水温过高，从而导致发动机零部件损坏。所以一旦发现冷却液不足，应该及时添加。

防冻冷却液主要由防冻剂与水按一定比例混合而成，最常用的防冻剂是乙二醇，乙二醇可降低冰点并提高沸点。冷却液中水与乙二醇的比例不同，其冰点也不同（见表 2 - 4 - 1）。

表 2 - 4 - 1　冷却液的冰点与乙二醇质量分数的关系

冷却液冰点（℃）	乙二醇的质量分数（%）	水的质量分数（%）
-25	40	60
-37	50	50
-45	55	45
-56	60	40

防冻冷却液有防冻、防沸、防锈、长效的作用。例如，含有50%乙二醇的冷却液在大气压力下的沸点是103℃。防冻冷却液中通常还有添加剂，添加剂可防止冷却液腐蚀、沉积（水垢）、形成泡沫和过热。冷却液中一般还有着色剂，红色、绿色等以便识别。

乙二醇型防冻冷却液有不同的牌号，应按汽车使用说明书的规定要求，选用和定期更换防冻冷却液。

表 2 - 4 - 2　不同发动机型号的冷却液牌号

发动机型号	冷却液牌号	容量（L）	更换周期
卡罗拉1.6L	丰田高级长效冷却液	5.6（手动）或5.5（自动）	第一次16万，然后每行驶8万公里更换一次
大众 Lavida EA111 发动机 1.6L	G12＋＋（50%）红色	6.0	行驶25万公里或五年

五、发动机冷却液的正确使用方法

现代汽车的发动机冷却液除了具有冷却功能外，还必须解决穴蚀、化学腐蚀、电化学腐蚀和水垢等四大问题。冷却液是水与防冻剂的混合物。由于水的来源不同，其成分和清洁度也不同。因此，在加注冷却液时，要注意以下几个方面。

1．不能加井水、污水；

2．要经常检查；

3．加水时不要将水洒到发动机上；

4．人体不要接触防冻液；

5．不同型号的防冻液不要混合使用。

六、环境保护

1．冷却液是一种对水有轻微污染的液体，因此不允许将冷却液排入地表水域和下水道，作业时只能在防渗的地面上进行；

2．废弃的冷却液必须单独盛装，并妥善保管、回收利用；

3．沾上冷却液的抹布或物品，不得作为生活垃圾处理。

七、安全措施

1．冷却液对人的皮肤有伤害，作业时应戴上个人防护装备；

2．沾上冷却液的衣服或鞋子，必须立即脱下并更换；

3．皮肤接触到冷却液，应立即用水和肥皂清洗并彻底冲洗；

4. 眼睛接触到冷却液,应用流水冲洗眼睛几分钟;

5. 若不慎吸入冷却液,应立即漱口并喝下大量的清水,尽快去医院治疗。

学习任务二　冷却强度调节装置

冷却强度调节装置,包含冷却风扇、风扇离合器、节温器、百叶窗等。冷却强度调节装置根据发动机的不同工况和不同使用条件,改变冷却系统的散热能力,即改变冷却强度,从而保证发动机经常在最有利的温度状态下工作。改变冷却强度通常有两种调节方式,一种是改变通过散热器的空气流量,另一种是改变冷却液的循环流量和循环范围。

一、冷却风扇

冷却风扇的作用是提高流经散热器的空气流速和流量,以增强散热器的散热能力并冷却发动机附件。冷却风扇多装在发动机与散热器之间。这样,当风扇转动时,对空气产生轴向吸力,空气流从前到后通过散热器芯,从而使散热器芯中的冷却水加速冷却。

目前,在轿车上大多采用电动风扇(如图2-4-4所示),电动风扇系统一般由温度感应器(水温开关)、风扇、电动机组成。根据电动机水温度变化,风扇断续工作,能提高整车的经济性。另外,电动风扇省去了风扇V带轮和发电机轴的驱动V带连接,风扇叶片尺寸和散热器等布置自由度大,具有能耗低、噪声小等优点。

现代轿车发动机大多采用温控电动风扇,风扇用电动机驱动,电动机开关则由散热器的水温开关控制。温控开关有高低速两个挡位,低速挡在沸点内(95℃)使用,风扇电机以低速转动;高速挡在沸点外(105℃)使用,风扇电机以高速转动。这样,在一般行驶条件下,电动风扇不转,功率消耗减少,油耗率降低,而在低速大负荷时又能得到充分的冷却。

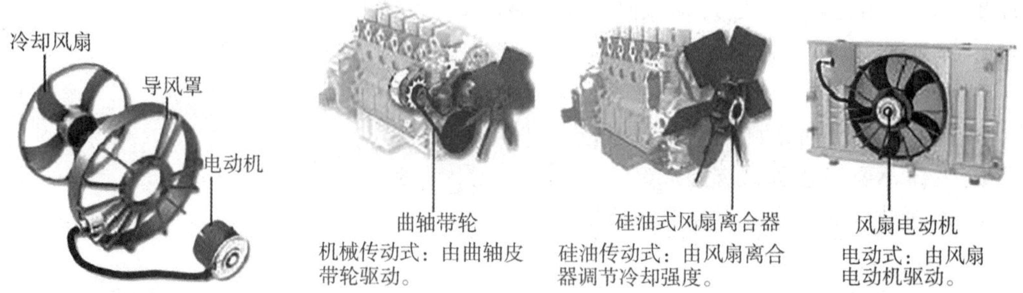

机械传动式:由曲轴皮带轮驱动。

硅油传动式:由风扇离合器调节冷却强度。

电动式:由风扇电动机驱动。

图2-4-4　冷却风扇

二、节温器

节温器是控制发动机冷却液流动路径的阀门,可缩短发动机的暖机时间。节温器一般装在气缸盖的出水口。节温器有蜡式和膨胀筒式两种,蜡式节温器对冷却系统中的工作压力不敏感,而且结构简单,坚固耐用,制造方便,容易大量生产,故蜡式节温器目前被广泛应用。

如图2-4-5所示,来自发动机缸盖出水口的冷却液,经水泵又流回气缸体水套中,进行小循环。当发动机的水温升高时，石蜡逐渐变成液态，其体积膨胀；当发动机水温为76 ℃时，推杆对节温器外壳的反推力可以克服弹簧的预压力，主阀门开始打开；水温超过86 ℃时，主阀门全开，而副阀门正好完全关闭小循环通路，这时来自气缸盖出水口的冷却液沿出水管全部进入散热器冷却，形成大循环。

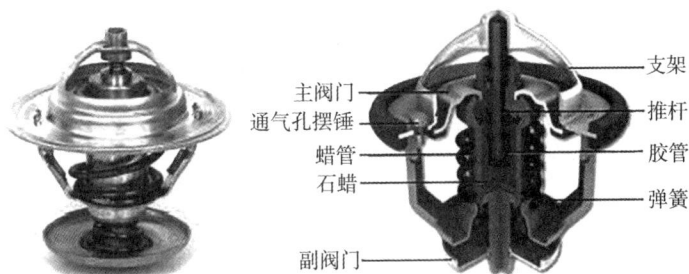

图 2-4-5　蜡式节温器

三、电子节温器

传统节温器有以下缺点：执行动作较缓慢，冷却强度的调节未能根据发动机工作温度的变化而适时变化，故响应速度慢，滞后时间长；控制精度不高，误差大，不能保证发动机始终在最佳的温度下工作，发动机在工作过程中将出现高温和低温的情况，使发动机传热损失和磨损较严重，燃油消耗率增高，排放污染增大等。

采用电子节温器可以有效改善以上缺点，新型节温器能根据负荷状况来确定温度规定值，对冷却液进行节温控制和风扇的接通控制，将冷却液温度与当前的工作状态相匹配。其优点是在部分负荷时燃油消耗降低了，减少了未处理就排放掉的废气中 CO 的含量。（如图 2-4-6）

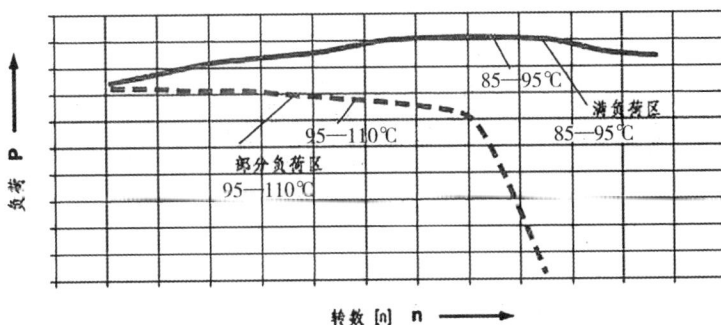

图 2-4-6　发动机负荷与冷却液温度特性曲线

对于电子节温器调节的冷却系统来说，部分负荷状态时，冷却液温度保持在 95—110 ℃；满负荷时冷却液温度为 85—95 ℃。部分负荷时冷却液温度较高，有助于降低燃油消耗和废气中的有害物质；满负荷时冷却液温度较低，吸入的空气被加热所提高的温度低，有助于提高功率。

电子节温器由充蜡膨胀式节温器、石蜡内的加热电阻、压力弹簧（用于机械封闭冷却液通道）、一个大阀盘和一个小阀盘组成。电子节温器的加热电阻阻值一般为 $15\pm0.6\Omega$，主要接受发动机控制模块的电压信号。ECU 根据发动机的不同载荷以及车速和冷却液的温度情况，对加热电阻施加直流电压信号，控制电阻的加热情况，从而控制感温体中石蜡的融化情况。

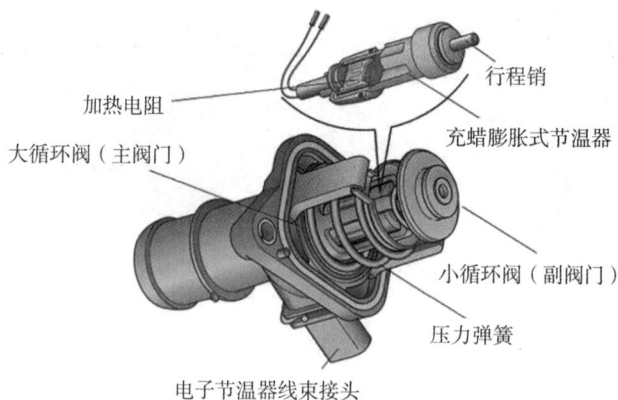

图 2 - 4 - 7　电子节温器

学习任务三　冷却液温度监控装置

冷却液温度监控装置，主要由冷却液温度传感器、冷却液液位传感器和冷却液温度指示报警装置等组成。冷却液温度传感器和冷却液液位传感器将发动机冷却液的温度和液位转变为电信号，通过指示报警装置来指示冷却液温度或液面情况。对于电控汽油机，冷却液温度信号还是确定燃油喷射量和点火时刻的重要参数之一。

一、冷却液温度传感器

冷却液温度传感器（如图 2 - 4 - 8 所示），安装在发动机缸体或缸盖的水套上，直接与冷却液接触，用来检测发动机的冷却液温度。冷却液温度传感器的内部是一个具有负温度电阻系数的半导体热敏电阻。水温越低，电阻越大；反之，水温越高，电阻越小。（如图 2 - 4 - 9 所示）

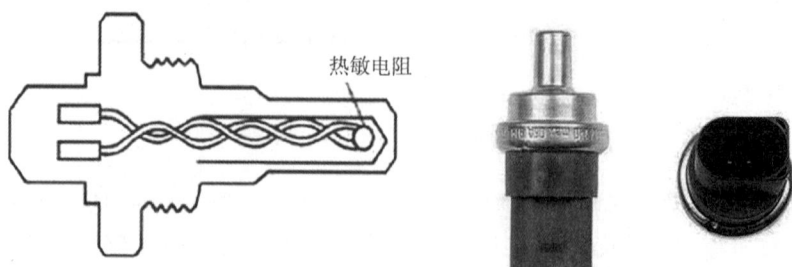

图 2 - 4 - 8　冷却液温度传感器

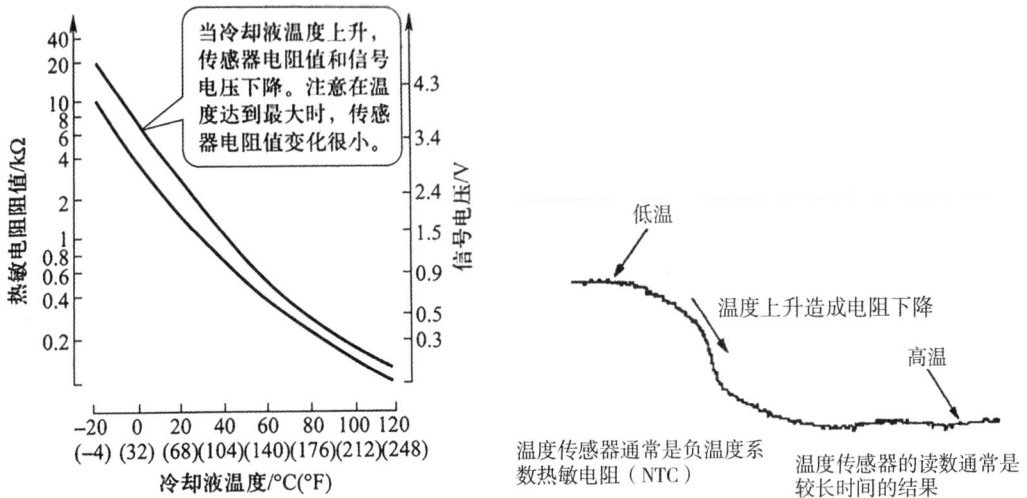

图 2-4-9 冷却液温度传感器电压电阻特性

1.冷却液温度信号不良对发动机性能的影响

若冷却液温度不正常，会引起发动机过冷或过热；若冷却液温度正常而冷却液温度检测电路工作不良，发动机就不能精确检测冷却液温度，会引起混合气空燃比的偏差。两者都会严重影响发动机的性能。不同控制系统，PCM 的自诊断功能和实效保护功能不同，当冷却液温度信号不良时，发动机的症状不同。

（1）当冷却液温度信号不良，而 PCM 检测不到该故障时，PCM 不存储故障码，不采用替代值。此时发动机的故障症状较为严重。一般发动机会出现热车启动困难而冷车正常、冷车启动困难而热车正常、怠速不稳且暖机过程不正常、污染增大、油耗增大等问题。

（2）当传感器信号超出规定范围，或信号变化不正常（如暖机过程中信号升高过慢）时，PCM 检测到温度传感器故障，存储故障码，同时采用替代值。

（3）由于发动机启动时采用冷却液温度信号控制基本喷油量，所以冷却液温度信号不良对启动性能影响较大，并且发动机在不同温度时故障症状不同。

（4）当汽车因负载过大、冷却液不足、风扇不转、点火时刻不正确等故障造成冷却液温度过高，发动机机体过热时，发动机将不能工作。

2.冷却液温度传感器检测（如图 2-4-10 所示）

（1）传感器电阻值测量

取下传感器，将温度传感器的工作部分放入水中进行加热，测量 1、2 两端子之间的电阻值是否符合规定值（根据温度决定），否则应更换传感器。

（2）电压检测

打开点火开关，万用表选择 20 V（DC）。断开插头，测量两端子之间电压，应为 5 V。如没有参考电压，说明线路断路。关闭点火开关，用连接测试线将传感器与连接器对接，再打开点火开关，测量 2 号端子对地电压，随温度的上升，电压值应该下降。

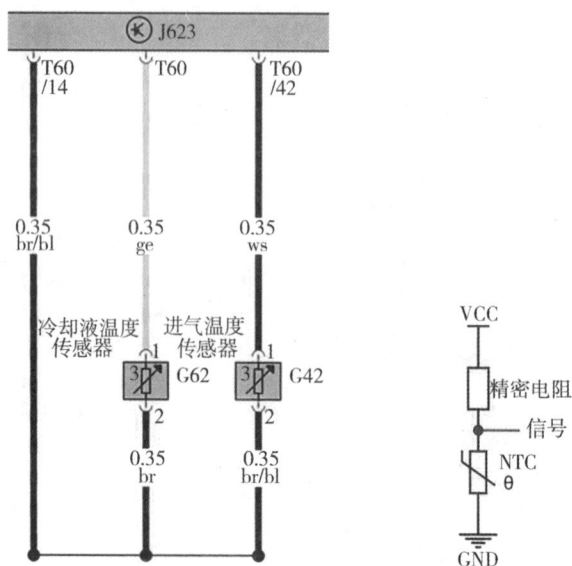

图 2 - 4 - 10　温度传感器电路（迈腾 B7）

（3）数据流分析

连接诊断仪，打开点火开关，读取水温数据，水温数据应当在正常范围内。当显示当前水温为−40 ℃（−40 ℉）时温度传感器断路，当显示当前水温为 210 ℃（410 ℉）时温度传感器短路。

二、冷却液温度报警灯

当汽车因负载过大、缺水、点火时间不对、风扇不转等故障导致冷却液温度过高时，驾驶员可以通过冷却液温度表和冷却液温度报警灯及时直观地看到发动机冷却液的情况，并根据情况及时做出相应的处理（如图 2 - 4 - 11 所示）。

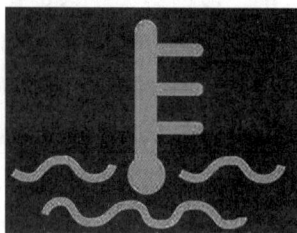

图 2 - 4 - 11　冷却液温度报警灯

学习任务四　迈腾 B8 电控冷却系统

一、冷却系统组成及循环路线

B8 款迈腾电控冷却系统由冷却液泵模块、冷却液温度传感器 G62、冷却液继续循环泵 V51、机油冷却器、冷却液补偿罐、暖风装置热交换器等部件组成。

图 2 - 4 - 12　迈腾 B8 电控冷却系统

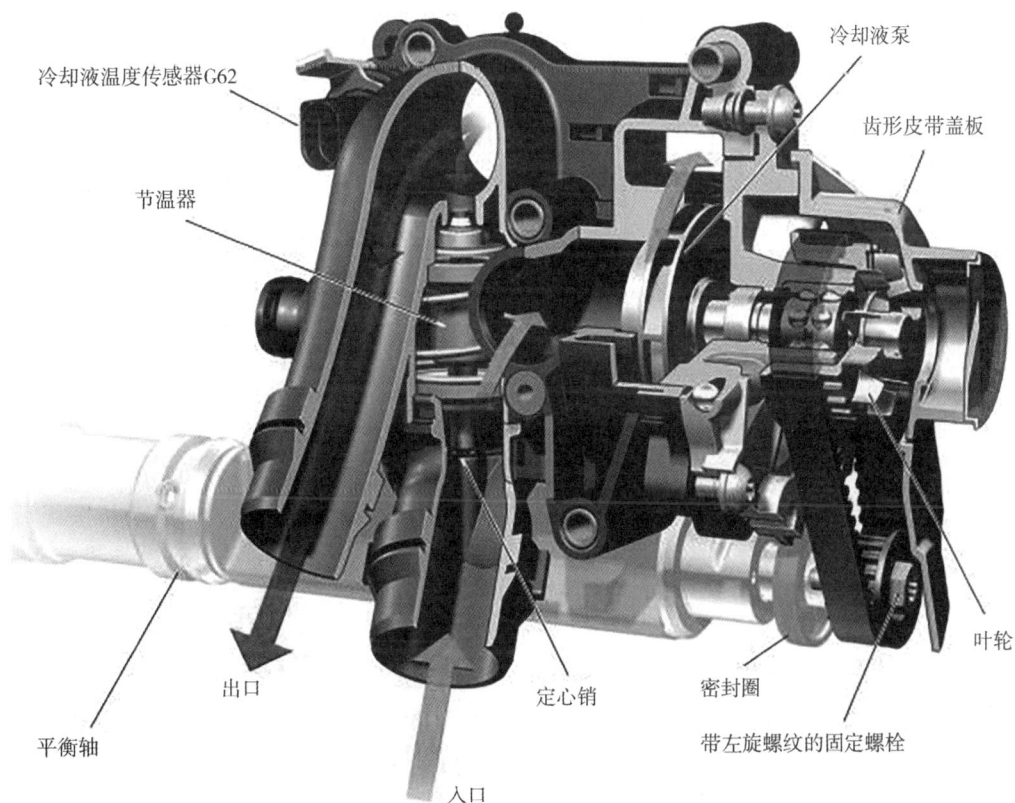

去往暖风装置热交换器

机油滤清器

机油冷却器

出口　入口

冷却液泵模块/节温器

冷却液温度传感器G62

冷却液泵

节温器

齿形皮带盖板

叶轮

平衡轴

出口

定心销

密封圈

带左旋螺纹的固定螺栓

入口

图 2 - 4 - 13　冷却液泵模块/节温器

冷却液泵、冷却液温度传感器 G62 和节温器组成了一个整体模块。这个模块固定在进气管下方的发动机壳体上。机油冷却器与冷却液泵模块通过管路相连。

冷却液泵模块安装在进气侧，由一根平衡轴通过皮带传动装置驱动。由于皮带传动装置传动比大于 1，冷却液泵转速小于曲轴转速，扭矩增大，能够带动冷却液进行循环。

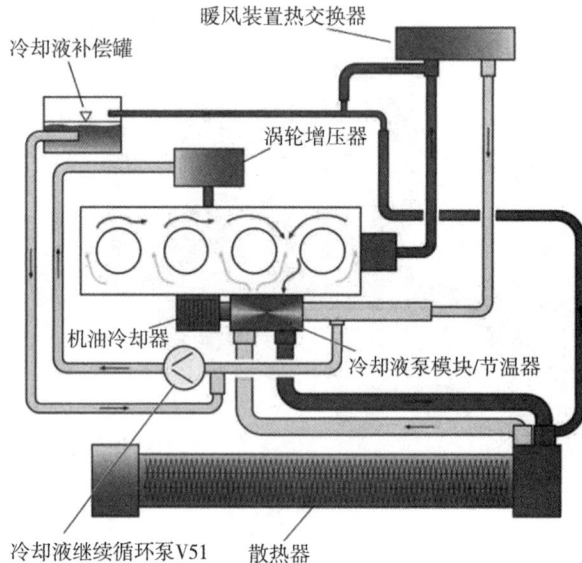

图 2-4-14　冷却液循环路线及方向

冷却循环中，冷却液从散热器流至冷却液泵，冷却液泵将冷却液泵入发动机缸体。冷却液从发动机缸体的进气侧流至排气侧，在这个过程中流经气缸。然后，冷却液流至发动机盖，并从排气侧至进气侧进行冷却。变热的冷却液汇入一个腔室内，并流向冷却液泵，泵内有节温器，根据此时的冷却液温度，冷却液流入散热器内进行冷却（超过 95 ℃ 时节温器打开）或直接流入泵内（节温器关闭）。在这个过程中一部分冷却液会通过发动

图 2-4-15　冷却液继续循环泵 V51

机缸体中的一个小通道输送到机油冷却器冷却机油，还有一部分冷却液会从气缸盖的一个通道流向暖风装置热交换器和冷却液补偿罐。

冷却循环系统具有一个冷却液继续循环泵 V51 用于冷却液再循环。在发动机关闭后，这个泵用于保护涡轮增压器，防止其过热和机油在涡轮轴上烧结。电动泵由发动机控制单元控制，并在发动机停机后最长运行 15 分钟。在控制过程中，泵将冷却液从散热器输送至涡轮增压器。

冷却循环系统中还有一个增压空气冷却泵 V188，它是一个电动冷却液泵，因为该车增压系统经过改进，压力变高，所以需要一个额外的冷却泵。该泵将增压模块中增压空气冷却器内已经变热的冷却液输送到低温冷却器中。

该泵的供电插头具有三根线，电源、搭铁和 PWM 控制信号线。ECU 检测增压冷却器出口温度和压力信号，压力高于 1300 mbar 或冷却液温度高于 50 ℃ 就开启该泵。

发动机控制单元通过控制 PWM 占空比信号控制 V188。泵的电子元件通过这个信号

计算出 ECU 要求的转速后启动电机。如果该泵功能正常，那么泵的集成电路会将泵当前的转速信息反馈给发动机控制单元。在该泵的整个运行进程中，上述过程在反复地重复着。如果泵的电子装置识别出故障，那么 PWM 占空比信号就会发生改变，发动机控制单元会对这个改变了的信号做出评估，根据故障类型做出相应的反应。

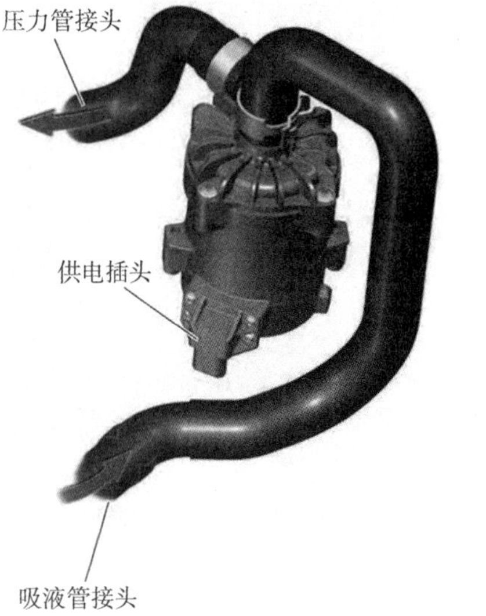

二、冷却风扇的电子控制

迈腾 B8 电控冷却系统主要由冷却液温度传感器 G62、散热器出水口温度传感器 G83、冷却风扇控制单元 J293、散热器风扇 V7 和 V177、进气温度传感器 G42 等构成。部分车型中还有进气温度传感器 G299。图 2-4-18 为冷却风扇控制电气原理图。发动机控制单元采集各传感器数据，经过计算以后通过 PWM 占空比信号传输到冷却风扇控制单元 J293，J293 通过 PWM 占空比信号控制风扇转动。当进气温度传感器失效时，为保护发动机，冷却风扇也会接通高速运转。

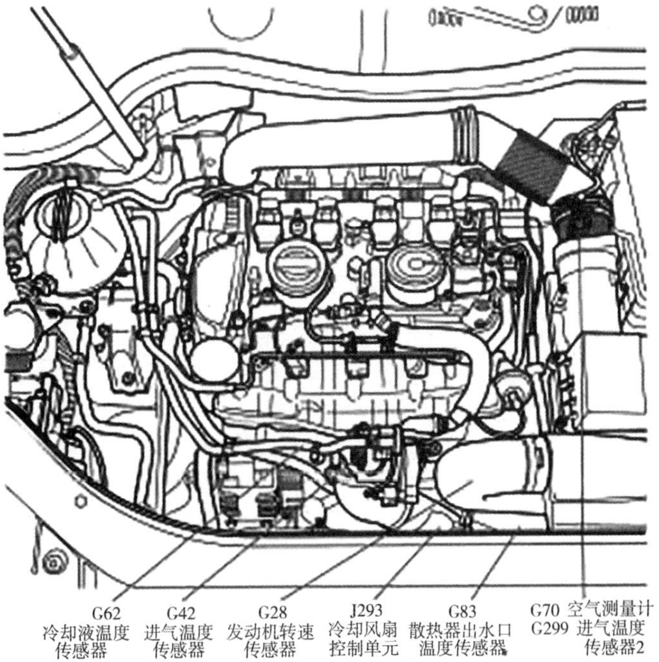

图 2-4-16 增压空气冷却泵 V188

图 2-4-17 冷却系统部件安装位置

传感器 　　　　　控制单元 　　　　　执行器

G28发动机
转速传感器

G299进气温度
传感器

G42进气温度
传感器

G62冷却液
温度传感器

G83散热器出水口
温度传感器

J255空调控制单元
G267空调面板
温度旋钮电位计

J623 MED17.5
发动机控制单元

J293
冷却风扇
控制单元

V7散热器风扇

V177散热器风扇2

J533
数据总线
诊断接口

动力CAN

舒适CAN

诊断接口

来自ABS J104
的车速信号

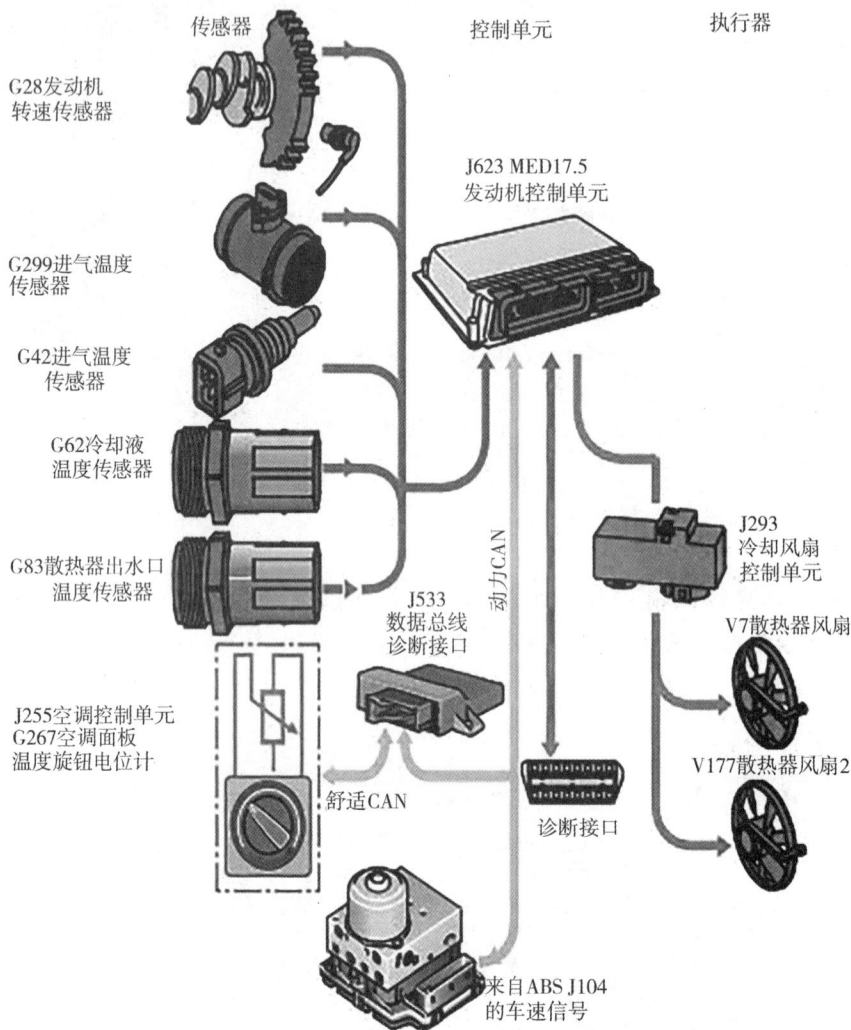

图 2 - 4 - 18　冷却风扇控制电气原理图

任务延伸

　　由于很多车辆的单项行程小于 15 公里，尤其当外界温度很低时，冷启动时候的热量分配就显得非常重要。创新热能管理系统（ITM）是大众为新汽车发动机和变速箱开发的智能冷启动和预热程序，ITM 对冷却液流动进行了专门的程序控制，使发动机和变速箱能够以尽量小的燃油消耗达到最佳的工作温度，并且使车内得到更快的预热。冷启动时发动机产生的热量能够智能分配给发动机、变速箱及车厢内，使得乘客的舒适程度与发动机和变速箱的性能达到一种平衡。

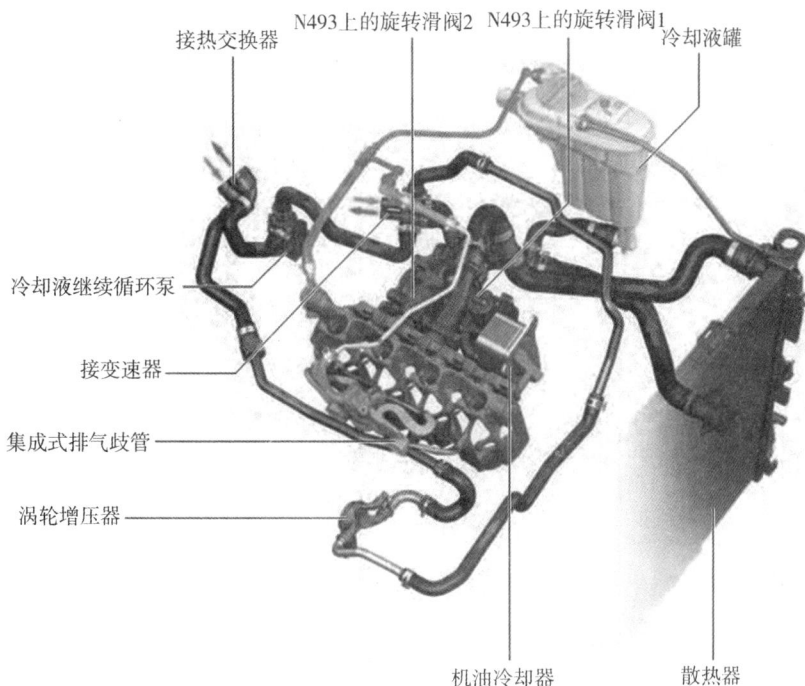

图 2 - 4 - 19 1.8TSI 纵置发动机冷却液循环管路

ITM 的改进主要是在原来的基础上采用新的冷却液泵模块，内部有一个温度调节元件 N493。空调和变速箱控制单元向发动机控制单元的 ITM 热管理器发出信号，提供各自的热量需求，发动机控制单元的热管理器对这些要求进行权重划分，以该权重为基础，发动机控制单元控制冷却液继续循环泵 V50（V51）及发动机温度调节元件 N493 等产生动作，进行相应的热量调节。

1. 发动机温度调节元件 N493 结构及原理

无论纵置还是横置发动机上，N493 采用同样型号。N493 驱动两个机械连接的旋转滑阀调节角度，进而调节冷却液流向。旋转滑阀角度调节是由发动机控制单元内的特性曲线决定的。

发动机控制单元 J623 通过 PWM 占空比信号驱动 N493 上的直流电机，电机通过涡轮涡杆传动装置驱动旋转滑阀 1，旋转滑阀 1 控制机油冷却器、散热器和气缸盖内部的冷却液流向，不控制变速器机油冷却器、废气涡轮增压器和暖风回流的冷却液。旋转滑阀 2 通过一个滚柱齿轮与旋转滑阀 1 连接，在某特定角度会与旋转滑阀 1 接触和脱开，在旋转滑阀 1 转角 145°时，旋转滑阀 2 开始接触并转动，此时流经气缸体的冷却液开始流动，在旋转滑阀 1 转角达到约 85°时旋转滑阀 2 脱开并保持最大位置，缸体内冷却液循环回路全部打开。

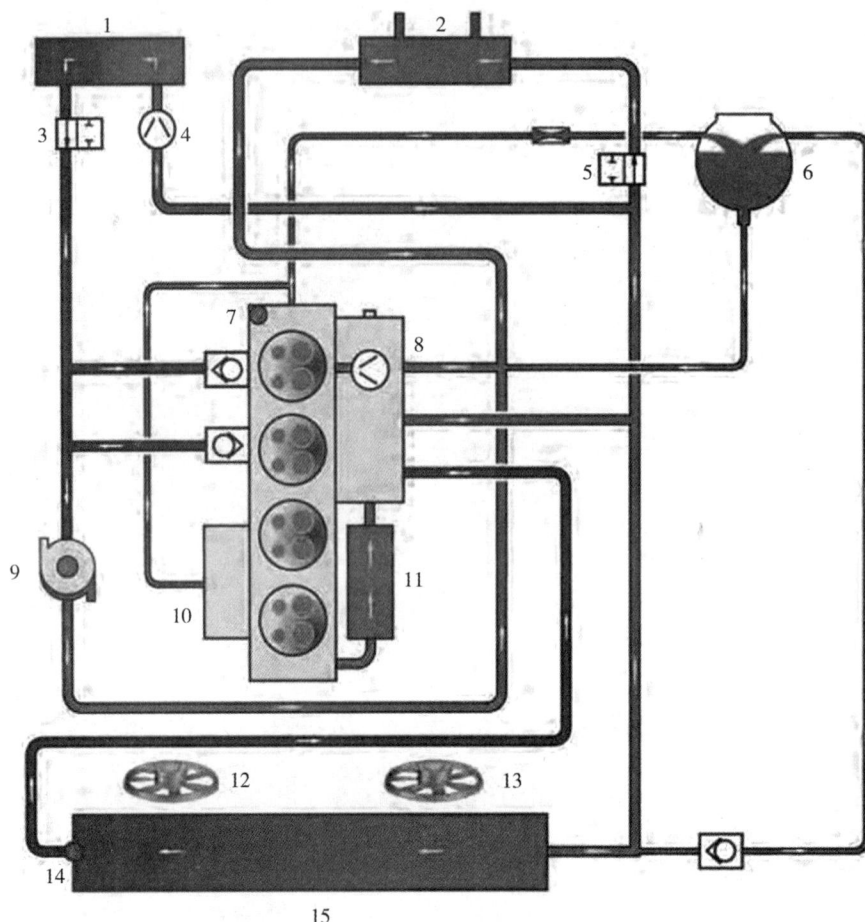

1.暖风装置热交换器　2.变速器机油冷却器　3.自动空调冷却液截止阀N422　4.冷却液继续循环泵V50（V51）
5.变速器冷却液阀N488　6.冷却液罐　　　　7.冷却液温度传感器G62　8.带有发动机温度调节元件N493的冷却液泵
9.废气涡轮增压器　　10.集成式排气管　11.发动机机油冷却器　12.散热器风扇V7
13.散热器风扇V177　14.散热器出水口温度传感器G83　　　　　15.散热器

图2-4-20　1.8TSI纵置发动机冷却液循环路线及方向

　　发动机越热，旋转滑阀的转动角度就越大，冷却液流动越快。为了准确识别旋转滑阀角度及故障判别，旋转滑阀上装有一个角度传感器，角度数据会传给发动机控制单元作为反馈控制及故障判断依据。

发动机出口　发动机入口

旋转滑阀2

发动机温度调节
元件N493

去往散热器
的供液管

来自机油冷却器的回流管　　　旋转滑阀1　　　　　　　皮带传动

涡轮涡杆传动装置　　　　　　　　　　　　　水泵

来自暖风、废气涡轮增压器和变速器的回流管

来自散热器的回流管

图 2 - 4 - 21　发动机温度调节元件 N493 结构

2. 发动机温度调节元件 N493 的调控流程

（1）预热

发动机预热时，旋转滑阀 1 转到 160°的位置。旋转滑阀 1 会封闭发动机机油冷却器和主散热器回流管开口。旋转滑阀 2 会封闭通向缸体的开口。自动空调冷却液截止阀 N422和变速器冷却液阀 N488 暂时关闭。冷却液继续循环泵 V51 不通电。冷却液不进行循环。根据负荷和转速情况，冷却液能迅速被加热至最高 90 ℃。

（2）车内加热

如果有车内加热请求，自动空调冷却液截止阀 N422 和冷却液继续循环泵 V51 通电激活，冷却液能够流经缸盖、废气涡轮增压器和暖风装置热交换器。

（3）小流量

当在缸体内的冷却液静止时（就是不流动时），为防止缸盖（集成式排气歧管）和涡轮增压器过热，将旋转滑阀 1 转到约 145°的位置上。从该位置起，齿轮机构会带动旋转滑阀 2 运动，旋转滑阀 2 开始打开。少量冷却液经缸体进入缸盖，流经涡轮增压器，再经旋转滑阀模块流回水泵。还有一部分冷却液，在需要时会经冷却液截止阀 N82 流向暖风装置热交换器。冷却液继续循环泵 V51 仅在"有加热要求时"，才会激活工作。

（4）预热机油

在旋转滑阀 1 到达 120°的位置时，机油冷却器接口开始打开。与此同时，旋转滑阀 2 也继续打开，流经缸体的冷却液流就越来越大。针对性地接通发动机机油冷却器，可以额外加热发动机机油，尽快达到工作状态。

（5）预热变速器油

在发动机热到足够程度后，最后打开变速器冷却液阀 N488，以便用过剩的热来加热变速器机油。变速器机油加热功能接通分两种情况，不用暖风的话，冷却液温度达到 80 ℃时接通；使用暖风的话，冷却液温度达到 97 ℃时接通。

（6）大循环

在转速和负荷很小时，把冷却液温度调至 107 ℃，以使发动机摩擦最小。随着负荷和转速升高，将冷却液温度调低，最低可至 85 ℃，旋转滑阀 1 就在 85°和 0°之间根据冷却需要来进行调节。在 0°这个滑阀位置时，主散热器回流接口完全打开。

（7）停止发动机后继续循环

为防止涡轮增压器过热和机油在涡轮轴上烧结以及气缸盖过热，会按特性曲线启动冷却液继续循环功能。该功能在发动机关闭后，最多可工作 15 分钟。旋转滑阀转至"继续循环位置"（160－255°）。在需要以最大能力来工作（255°）且冷却液温度较低时，主散热器回流接口打开，去往缸体的接口被旋转滑阀 2 封闭。另外，冷却液继续循环泵 V51 和冷却液截止阀 N82 也都激活了。冷却液这时分成两个分流：一个经缸盖流向 V51，另一个经涡轮增压器流经旋转滑阀，随后再流经主散热器而流回冷却液继续循环泵 V51。此时缸体没有冷却液流过。

3. 发动机温度调节元件 N493 故障工况

如果转角传感器损坏了的话，那么该旋转滑阀就会开至最大位置（发动机冷却能力最强）。如果直流电机损坏或者旋转滑阀卡死，那么根据旋转滑阀位置情况，N493 会激活转速限制和扭矩限制功能。

如果旋转滑阀内的温度超过 113 ℃，那么旋转滑阀内的膨胀式节温器就会打开通向主散热器的一个旁通支路，这样的话冷却液就可以流经主散热器，出现故障时也可以继续行驶。

更换 N493 以后必须进行自适应匹配。

4. 变速器冷却液阀 N488

变速器冷却液阀 N488 用于控制发动机中的热冷却液去往变速器机油冷却器的液流。未通电时，该阀由机械弹簧保持打开状态，需要时可以通电关闭。在发动机启动时，该阀是关闭的。当冷却液温度达到 80 ℃时，去往变速器的冷却液通道被打开，在达到 90 ℃时该通道被关闭。这样可以使变速器在最佳温度下进行工作。

5. 自动空调冷却液截止阀 N422

该冷却液截止阀在纵置发动机且无驻车加热的车上才有。该阀会打开或者关闭通向暖风装置热交换器的冷却液通路，该阀的结构与变速器冷却液阀 N488 相同。未通电时，该阀由机械弹簧保持打开状态，冷却液可以流动，需要时可以通电关闭。发动机启动后该阀关闭。如果有暖风请求、继续循环冷却请求和智能起停请求的话，该阀打开。这种开—关操作是由自动空调控制单元 J255 来完成的。为此，更换自动空调冷却液截止阀 N422 必须正确进行自适应匹配。

6. 冷却液截止阀 N82

冷却液截止阀 N82 由发动机控制单元操控。该阀在发动机冷机时会根据控制单元的设置或者自动空调控制单元 J255 的信号来切断流经暖风装置热交换器的冷却液液流，让发动机快速升温。

7. 冷却液继续循环泵 V51（V50）

发动机横置的车上装备该泵，其结构与纵置发动机车上的泵 V50 是相同的。V51 由发动机控制单元借助于 PWM 占空比信号来控制。V50 由空调控制单元借助于 PWM 占空比信号来控制。

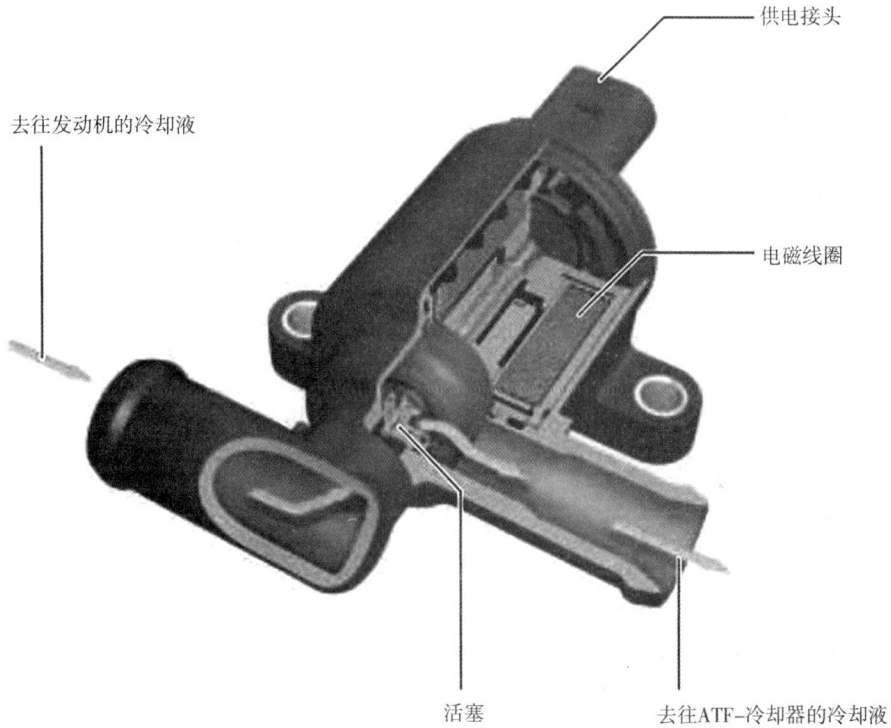

图 2-4-22　变速器冷却液阀 N488

模块三

学习情境一　燃油供给系统检测维修

任务导向

学习任务一　汽油机混合气制备

汽油喷散成雾状并蒸发，按一定的比例与空气混合，然后进入气缸燃烧。这种按一定比例混合的汽油和空气的混合物，称为可燃混合气。可燃混合气中燃料含量的多少称为可燃混合气的浓度。可燃混合气的浓度常用空燃比和过量空气系数来表示。

一、可燃混合气浓度对发动机的影响

1. 空燃比：可燃混合气中空气质量与燃油质量之比为空燃比（A/F）。

2. 过量空气系数：过量空气系数是燃烧 1 kg 燃料实际供给的空气质量与理论上完全燃烧 1 kg 燃料所需的空气质量之比，常用符号 α 或 λ 表示。

由上面的定义可知：无论使用何种燃料，$\alpha=1$ 的可燃混合气即为理论混合气（又称标准混合气）；$\alpha<1$ 的为浓混合气；$\alpha>1$ 的则为稀混合气。

3. 可燃混合气浓度对发动机工作的影响：

表 3-1-1　可燃混合气浓度对发动机工作的影响

混合气	过量空气系数 α	发动机功率 P	燃油消耗率	原因	发动机工作情况
火焰传播上限	0.4	—	—	太浓火焰无法传播	混合气不燃烧，发动机不工作
过浓混合气	0.43—0.88	减小	显著增加	燃烧不完全	排气管冒黑烟，燃烧室积炭，排气污染严重
稍浓混合气	0.85—0.95	最大	增大 18%	燃烧速度快，压力大，热损失小	—
理论混合气	1	减小 2%	增大 4%		—

126

混合气	过量空气系数 α	发动机功率 P	燃油消耗率	原因	发动机工作情况
稍稀混合气	1.05—1.15	减小 8%	最小	燃烧完全	加速性能变差，经济性好
过稀混合气	1.13—1.33	显著减小	显著增大	燃烧速度慢，压力小，热损失大	发动机过热，加速性能变差
火焰传播下限	1.4	—	—	油太少，火焰无法传播	混合气不燃烧，发动机不工作

4. 发动机不同工况对混合气浓度的要求

表 3 - 1 - 2　发动机不同工况对混合气浓度的要求

工况	混合气性质	工作环境	对 α 的要求
启动工况	极浓	冷车启动，曲轴转速慢（50—150 r/min），发动机温度低，汽油雾化、蒸发不良，部分汽油在进气歧管内形成油膜，进入气缸的燃油量少	必须供给多而浓的混合气 α＝0.4—0.6
暖机工况	极浓→过浓	发动机温度逐渐升高，雾化条件稍有改善	供给的混合气由 α＝0.4—0.6 过渡到 α＝0.6—0.8
怠速工况	过浓	节气门开度小，进气量小，发动机转速低，汽油雾化、蒸发条件仍然很差	需要少而浓的混合气，提高燃烧速度
小负荷工况	稍浓	发动机输出功率小（25% 以下负荷），节气门稍开，混合气量小；气缸残留废气比例高，对混合气有稀释作用	混合气浓度稍浓 α＝0.7—0.9
中等负荷工况	经济	发动机负荷在 25%—85% 之间，工作范围大，时间长，节气门开度适中，转速高，汽油雾化、蒸发好	经济混合气 α＝1.05—1.15
大、全负荷工况	浓	需要克服很大的阻力，节气门开度在 85% 以上，进气量很多	多而浓的混合气，功率混合气 α＝0.85—0.95
加速工况	过浓	节气门开度突然加大，发动机转速迅速提高，由于空气流量比汽油喷出量增加快得多，致使混合气瞬间过稀，会导致熄火	需额外加浓，α＝0.7—0.9

二、汽油机的燃烧过程

火花塞跳火后，可燃混合气被点燃，形成火焰中心，火焰按一定的速率向整个燃烧室呈球状向外传播，火焰前锋到达待燃混合气时将其引燃，直到燃烧完毕，这种称为正常燃烧。正常燃烧时动力性和经济性达到最佳，排放污染最低。可分为三个阶段：

1. 着火阶段，是指从电火花跳火到形成火焰中心的阶段，也叫滞燃期。

2. 急燃期，是指火焰由火焰中心烧遍整个燃烧室的阶段，也可称为火焰传播阶段。急燃期终点一般为最高压力点，压力升高很快。

3. 后燃期，从急燃期终点至燃料基本完全燃烧为止，是湍流火焰前锋后面没有完全燃烧掉的燃料以及附在气缸壁面上的混合气层继续燃烧的阶段。

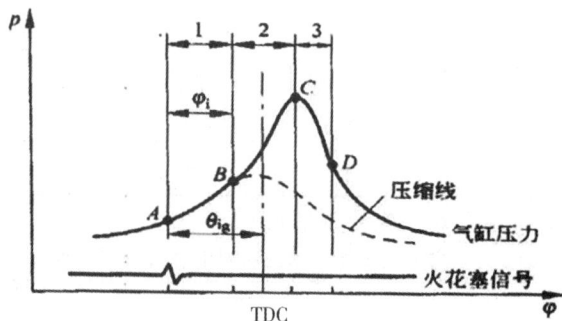

图 3-1-1 汽油机燃烧过程曲线

汽油机的非正常燃烧包括以下两种：

1. 爆燃

在火焰传播过程中，火焰前锋面尚未到达之前，未燃混合气已达到自燃的条件，在其内部产生多个火焰中心，引起爆炸式的燃烧，发出尖锐的金属敲击声，这种现象称为爆燃。

2. 表面点火

不靠火花塞点火，而由燃烧室内炽热表面（如排气门头部、过热的火花塞、炽热的积炭）点燃混合气而引起的不正常燃烧，称为表面点火。

三、汽油机燃料供给系统的发展

汽油机混合气制备装置主要包括进气供给装置和燃油供给装置，目前混合气制备过程大多数发生在气缸内部，还有少部分低端车型发生在进气歧管后部，进气门之前。

汽油机燃料供给系统发展至今，经历了化油器供油、电控单点喷射供油、电控多点喷射供油、电控缸内直喷供油四个阶段，如图 3-1-2 所示。

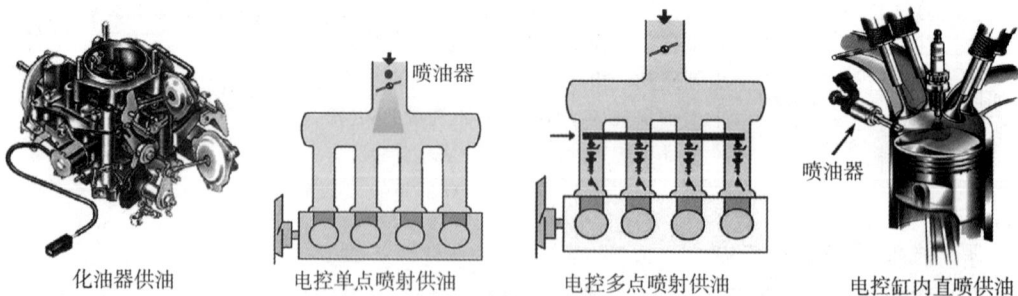

化油器供油　　电控单点喷射供油　　电控多点喷射供油　　电控缸内直喷供油

图 3-1-2 汽油机燃料供给系统的发展

缸内直喷技术 FSI

目前各汽车生产厂家在绝大部分发动机上都采用了缸内直喷技术，只有少部分低端车型采用进气歧管多点喷射技术。FSI 是按需供给的燃油系统，此系统中，电控燃油喷射系统在任何时候仅按发动机实际需求供给燃油，从而极大地节省了燃油。

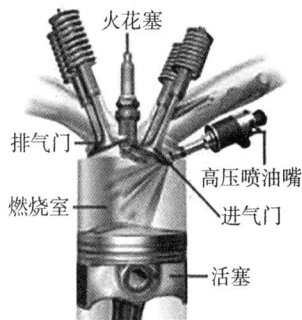

图 3-1-3　缸内直喷技术

所谓缸内直喷就是指直接往气缸内喷射汽油，进行燃烧。如图 3-1-3 所示。缸内直喷发动机根据发动机负荷工况，可以自主选择两种运行模式。在低负荷时为分层稀薄燃烧，在高负荷时则为均质燃烧。

（1）分层稀薄燃烧：该技术是在气缸做吸气冲程时，先喷出一小部分的燃油，与空气混合成稀混合气，气缸做压缩冲程时，再喷出一部分燃油，形成一团浓混合气，这团浓混合气先被火花塞点燃，再将火焰扩散，点燃周围较稀的混合气。可燃混合气只分布在火花塞周围，也就是说，空燃比是 14.7∶1 的混合气集中在火花塞周围，空燃比小于 14.7∶1 的稀混合气在浓混合气外围，接触气缸壁的部分则是纯净的空气。这种混合气制备方式被形象地称为"分层稀薄"。混合气层的大小范围精确地反映了瞬时发动机动力的需求，并且喷油就发生在点火前瞬间。分层燃烧时过量空气系数 α 值能够达到 4，可见发动机在中、低速时燃油是多么节省。另一个优点是，在燃烧时空气层隔绝了热，减少了热量向汽缸壁的传递，从而减少了热量损失，提升了发动机的热效率。

迈腾和奥迪车型安装的 EA888 发动机曾经采用分层稀薄燃烧技术，这种方式虽然特别节能，但 NO_x 排放过多，污染十分严重，尾气排放处理比较困难，并且需要安装昂贵的 NO_x 传感器，因此大众集团放弃了分层稀薄燃烧技术。如图 3-1-4 所示。

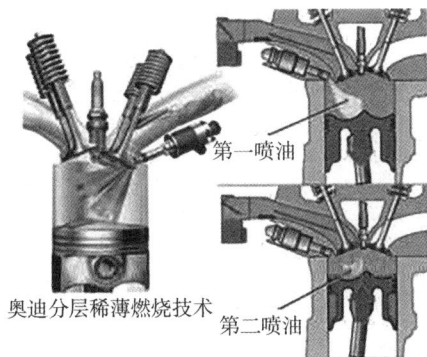

图 3-1-4　分层稀薄燃烧

图 3-1-5　均质燃烧

分层稀薄燃烧技术燃油要喷射两次，分别是在进气冲程和压缩冲程。

（2）均质燃烧：在高负荷时，燃油喷射一次，与进气冲程同步，如图 3-1-5 所示，燃油得到完全雾化，使混合汽均匀地充满燃烧室，充分燃烧，发动机动力得到淋漓尽致地发挥。均质燃烧有着和传统喷射发动机相同的空燃比，即 14.7∶1，此时的 α 值是 1。而燃油的蒸发又使混合气降温，防止爆震的发生。也就是说在均质燃烧情况下，在获得高动力输出和扭矩值的同时付出了较低的燃油消耗。

学习任务二　汽油机燃油供给装置

大多数低端车型的燃油供给系统主要由燃油箱、电动燃油泵、燃油滤清器、燃油分配管、电压驱动轴针式喷油器、压力调节器等组成，燃油供给压力一般维持在 3—4 bar 左右。高端车型一般采用集成式燃油泵总成、高压燃油泵、压力传感器、电流驱动孔式喷油器等，燃油压力可以达到 100—200 bar。

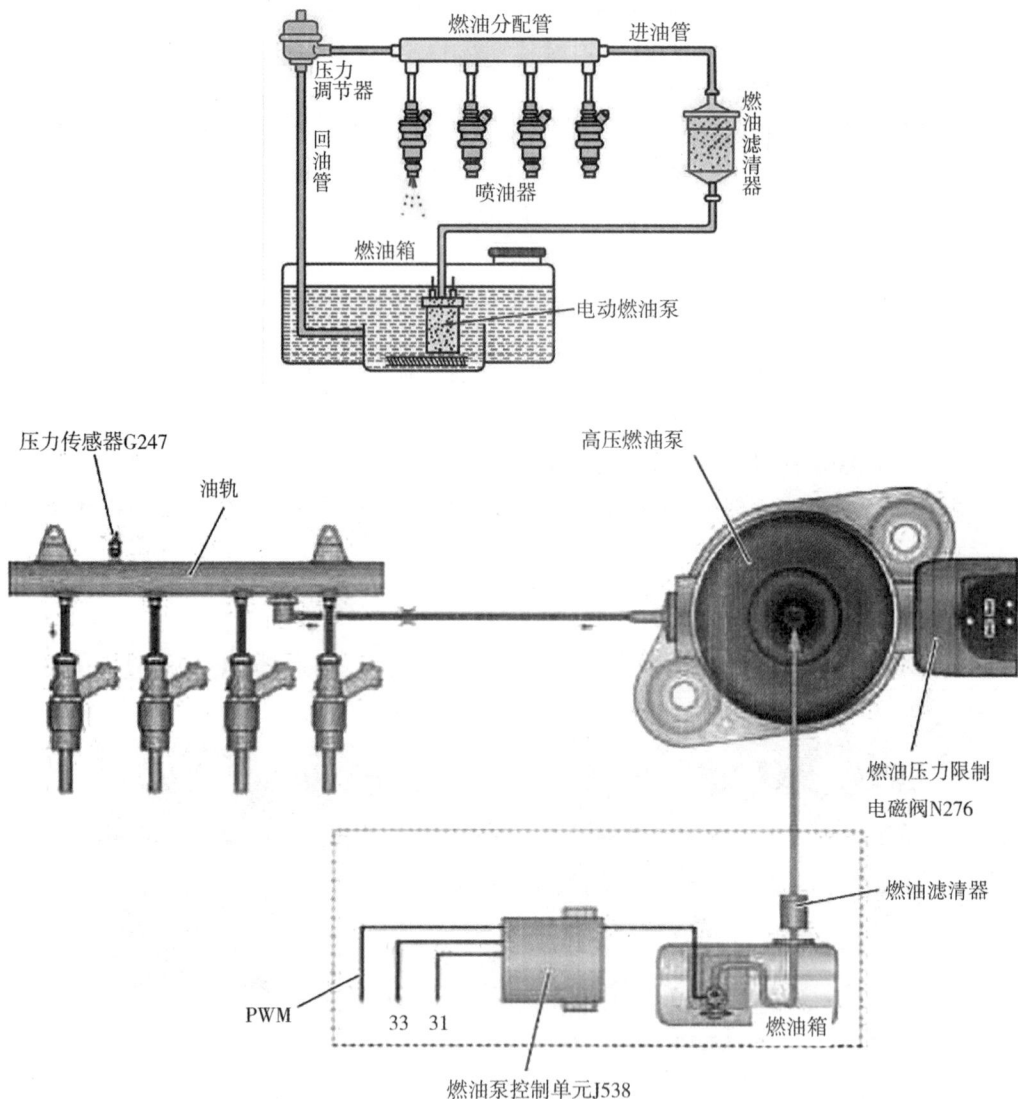

图 3-1-6　燃油供给系统

一、燃油箱

汽车燃油箱的主要作用是用来存放汽车行驶所需燃油，现代轿车上的燃油箱也用来安装电动燃油泵。早先的汽车燃油箱大都是金属燃油箱。由于金属燃油箱在环保、安全性能等方面存在着很多缺陷，而塑料燃油箱具有重量轻、防腐能力强、造型随意、安全性高等优点，现在大多采用塑料燃油箱。塑料燃油箱通常包括单层和多层结构，目前最常见的多层燃油箱一般为六层。图 3 - 1 - 7 所示为塑料燃油箱。

供油和传感器单元

图 3 - 1 - 7 塑料燃油箱

二、电动燃油泵

电动燃油泵由小型直流电动机驱动，其作用是提供燃油喷射所需的压力燃油。现在几乎所有的电喷车都采用内装式叶片泵，有些老式车型也采用外装式滚柱泵。

叶片泵由电动机和泵体两大部分组成。如图 3 - 1 - 8 所示，它包括电动机、滤清器、叶轮、单向阀、减压阀等主要零部件。叶轮被电动机驱动运转时，转子周围小槽内的燃油跟随转子一同高速旋转。由于离心力的作用，燃油出口处油压增高，同时在进口处产生一定的真空，从而使燃油从进油口吸入并被泵向出油口。

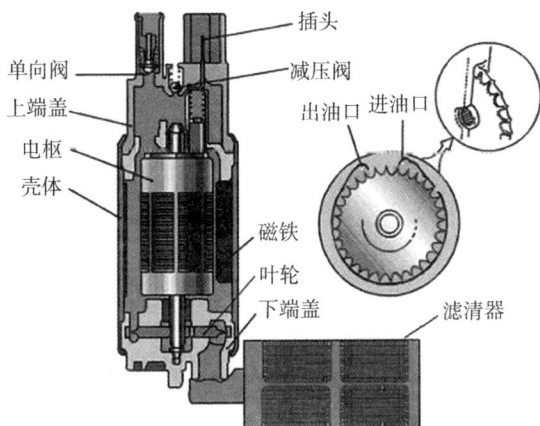

图 3 - 1 - 8 叶片泵

图 3 - 1 - 9 燃油滤清器

电动燃油泵中的燃油泵和电动机都浸在燃油中，燃油不断穿过燃油泵和电动机，燃油泵本身及电动机中的线圈、电刷、轴承等部位都靠燃油来冷却或润滑，因此电动燃油泵绝对禁止在无油的情况下运转，以免烧坏。

三、燃油滤清器

燃油滤清器的作用是滤去燃油中的杂质，以防止污物堵塞喷油器针阀等精密机件。

燃油滤清器装在电动燃油泵之后的输油管路中，由纸质滤芯再串联一个棉纤维过滤网制成。滤网有很好的滤清效果，能滤去直径大于 0.01 mm 的杂质，其外壳为密封式铝壳或铁壳，有一定的耐压能力。如图 3 - 1 - 9 所示。

在正常使用情况下，这种燃油滤清器的使用寿命较长，视燃油清洁情况，汽车每行驶 30000 km 以上时需要更换。

四、压力调节器

1. 压力调节器结构

压力调节器的结构如图 3 - 1 - 10 所示，主要由膜片、校正弹簧、回油阀门、壳体等组成。

压力调节器的作用是根据进气歧管压力的变化来调节进入喷油器的燃油压力，使两者保持恒定的压力差，这样，从喷油器喷出的燃油量便只取决于喷油器的开启时间，使 ECU 能通过控制喷油时间的长短来精确地控制喷油量。

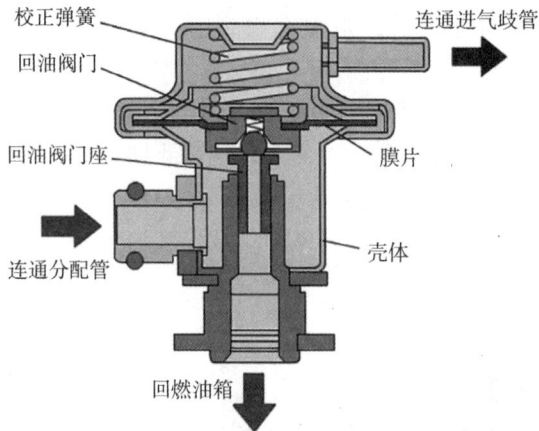

图 3 - 1 - 10　压力调节器结构

2. 压力调节器工作原理

压力调节器的膜片把金属壳体组成的内腔分为弹簧室和燃油室，弹簧室内有一根通气管与进气歧管相连，使供油系统中的油压不仅取决于弹簧力，还取决于进气歧管内的气体压力。当怠速时进气歧管压力低，输入的燃油压力高于弹簧力与进气歧管压力之和，燃油向左推动膜片压缩弹簧，回油阀门开度较大，使部分燃油流回油箱，油路中的油压降低。全负荷时进气歧管压力升高，输入的燃油压力与弹簧力和进气歧管压力达到平衡，膜片向右退回一些，回油阀门开度减小，油压升高。这样，喷油压力随进气歧管的压力而变化，从而使喷油压力与进气歧管压力之差保持不变。

五、燃油分配管

燃油分配管的功用是将燃油均匀地、等压地分配给各个喷油器；另外，燃油分配管还有储油蓄压的作用。如图 3 - 1 - 11 所示。

图 3 - 1 - 11　燃油分配管

六、喷油器

1. 喷油器的作用

喷油器是电喷发动机燃油喷射系统的重要部件，其功能是根据发动机电控单元（ECU）发出的控制信号，喷射一定数量雾化良好的燃油。目前，电喷发动机大都采用电磁式喷油器。

2. 喷油器的类型

（1）喷油器按结构的不同可分为轴针式、孔式。

（2）按电阻值分类：高阻值喷油器：电磁线圈电阻值为 13—17 Ω；低阻值喷油器：电磁线圈电阻值为 2—3 Ω。

（3）按电磁线圈的驱动方式分类：电压驱动式、电流驱动式。电压驱动式是指 ECU 利用恒定的脉冲电压驱动喷油器喷油。电流驱动式喷油器驱动脉冲信号，开始时是用一个较大的电流，使电磁线圈产生较大的吸力，以迅速打开喷口，随后用较小电流保持喷口的开启状态，从而防止电磁线圈过热，因此其驱动效果较好。

（4）根据供油位置或供油方式的不同，可分为上部供油式喷油器和下部供油式喷油器。

3. 轴针式喷油器

工作过程：当喷油器的电磁线圈没有电流通过时，针阀在弹簧的作用下将喷油器的阀口关闭，喷油器不喷油。当电磁线圈通电时，线圈产生磁场，电磁吸力将衔铁吸起上移，与衔铁一体的针阀同时上移，喷油器的阀口被打开，燃油从精密的环形喷口以雾状喷出。喷油器用专门的 O 形密封圈安装，该密封圈为橡胶成型件，具有隔热作用，能防止喷油器中的燃油产生气泡，有助于提高发动机的高温启动性能。喷油器经燃油管，或使用带保险夹头的连接插座与燃油分配管连接。

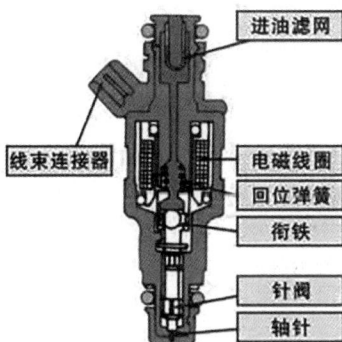

图 3-1-12　轴针式喷油器

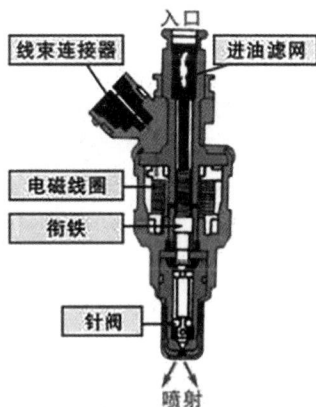

图 3-1-13　孔式喷油器

4. 孔式喷油器

组成：孔式喷油器的针阀是由钢球、导杆和衔铁用激光束焊接成整体制成的。

工作过程：为了保证燃油密封，轴针式针阀必须有较长而空心的导向杆，而球阀具有自动定心作用，无须较长的导向杆，因此，球阀式的针阀质量轻，且具有较高的燃油密封能力，明显优于轴针式针阀。当喷油脉冲输入电磁线圈时，产生电磁吸力，固定在针阀上的衔铁向上吸起，针阀抬离阀座，燃油开始通过计量孔喷出。当喷油脉冲终止时，吸力消失，针阀在弹簧力作用下返回阀座，于是喷油结束。因此，每次的喷油量取决于输入电磁线圈的电流脉冲宽度。

七、压力传感器

压力传感器在燃油供给过程中检测燃油压力，形成电信号传给 ECU，ECU 根据驾驶员及工况要求及时调节燃油供给压力。

学习任务三　迈腾 B8 电控燃油供给系统

随着环保法规的限制越来越多，固体颗粒污染物的危害越来越被人们重视，以前的EA888 发动机采用缸内直喷技术，炭烟污染物排放量很高。为了解决这个问题，最新的EA888 三代采用了双喷射技术，MPI（SRE 进气歧管燃油喷射）－FSI 技术，即同时布置两组喷油器，一组进气歧管喷射，另一组缸内直喷，目的是在不提高污染物排放的同时尽量省油。低压管路压力维持在 6 bar 左右，高压系统压力从 B7 的 150 bar 提高到 200 bar。

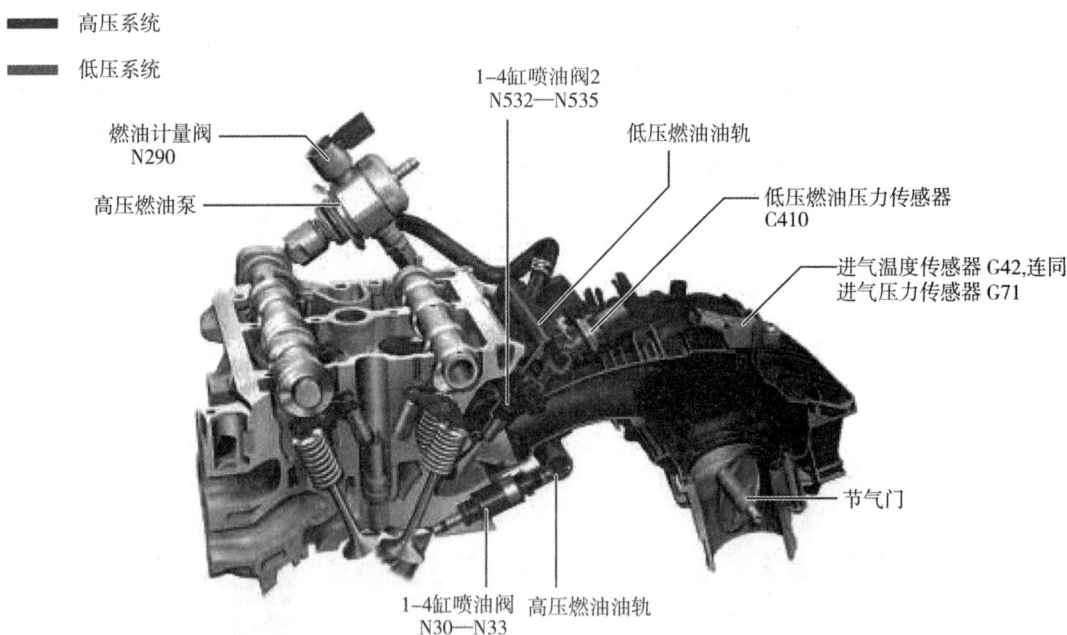

图 3-1-14　燃油供给系统

一、燃油喷射模式

在大众的双喷射系统中，进气冲程和压缩冲程均有喷射。燃油喷射共四种工作模式：MPI（SRE）单次、FSI（缸内直喷）单次、FSI 双重喷射，FSI 三重喷射。发动机在什么情况下用什么模式来工作，是通过特性曲线内的计算来决定的。为了使得炭烟排放最少以及爆震趋势减轻，喷射的次数和种类在热力学的基础上进行了优化。

1. 发动机启动

当发动机处于冷态且冷却液温度低于 45 ℃ 时，每次发动机启动，就在压缩循环中通过 FSI 系统进行三重直喷。

2. 暖机和催化转化器加热

在此阶段，在进气和压缩循环中进行双重喷射。点火点有一定的延迟，进气歧管风门关闭。催化转化器加热阶段首次喷油和第二次喷油的比为 7∶3。其后的暖机阶段燃油喷射量中的主要部分（约 80%）是与进气同步喷入的。其余部分（约 20%）是在压缩阶段喷入的。发动机暖机阶段的双重喷射发生在发动机转速低于 3000 rpm 时。

3. 发动机在部分负荷范围下运行

如果发动机温度高于 45 ℃，并且发动机处在部分负荷工况下，则发动机切换到 SRE 模式。进气歧管风门在大多数情况下保持关闭，燃油油滴有充分的时间雾化并与空气混合，从而减少微粒、炭烟的形成以及二氧化碳的排放量，降低油耗。

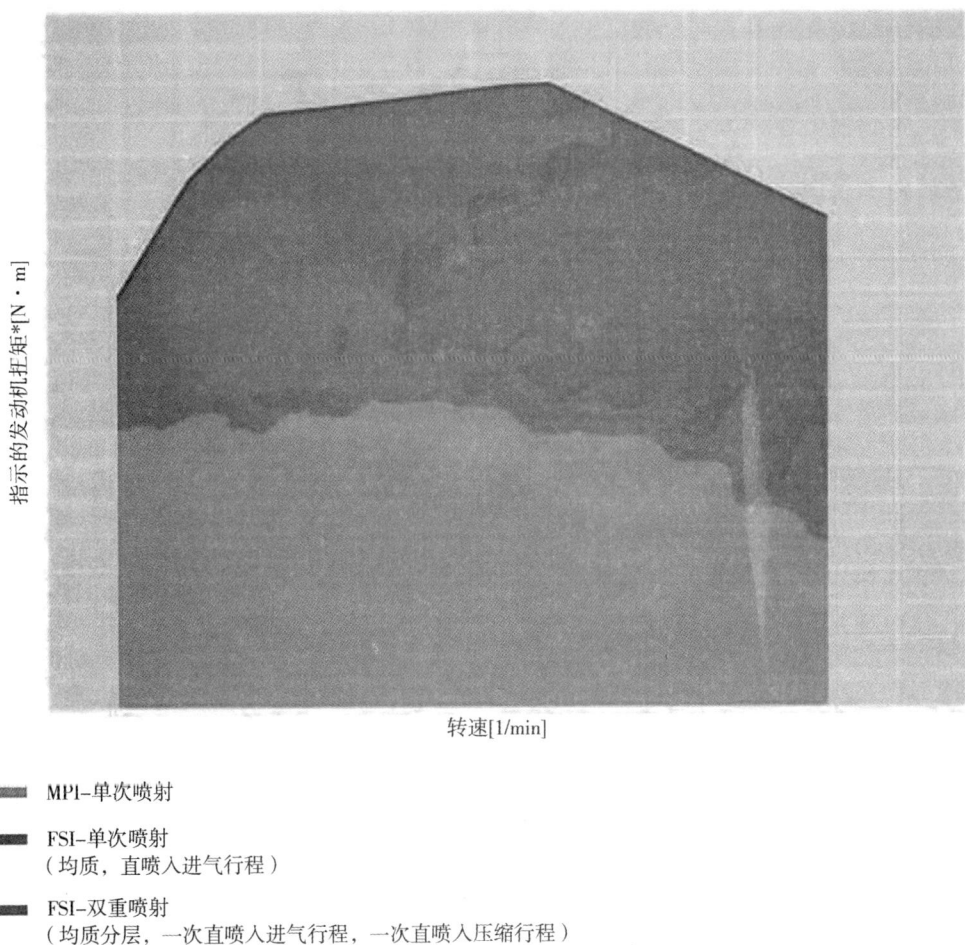

MPI-单次喷射

FSI-单次喷射
（均质，直喷入进气行程）

FSI-双重喷射
（均质分层，一次直喷入进气行程，一次直喷入压缩行程）

图 3-1-15 喷射类型的特性曲线

4. 发动机在全负荷下运行

此工况下，需要发动机具有高性能，系统切换到高压模式，在进气和压缩循环中进行双重喷射。

5. 紧急运行功能

如果任意喷油系统发生故障，发动机使用另一系统时需由发动机控制单元驱动，从而确保车辆仍可继续行驶。此时组合仪表中的红色发动机指示灯亮起。

6. 冲洗功能

在长时间使用 MPI 模式工作时，为了防止高压喷油器的燃油烧焦，会使用冲洗功能，也就是说会短时激活 FSI 单次模式。

二、燃油供给系统组成及循环路线

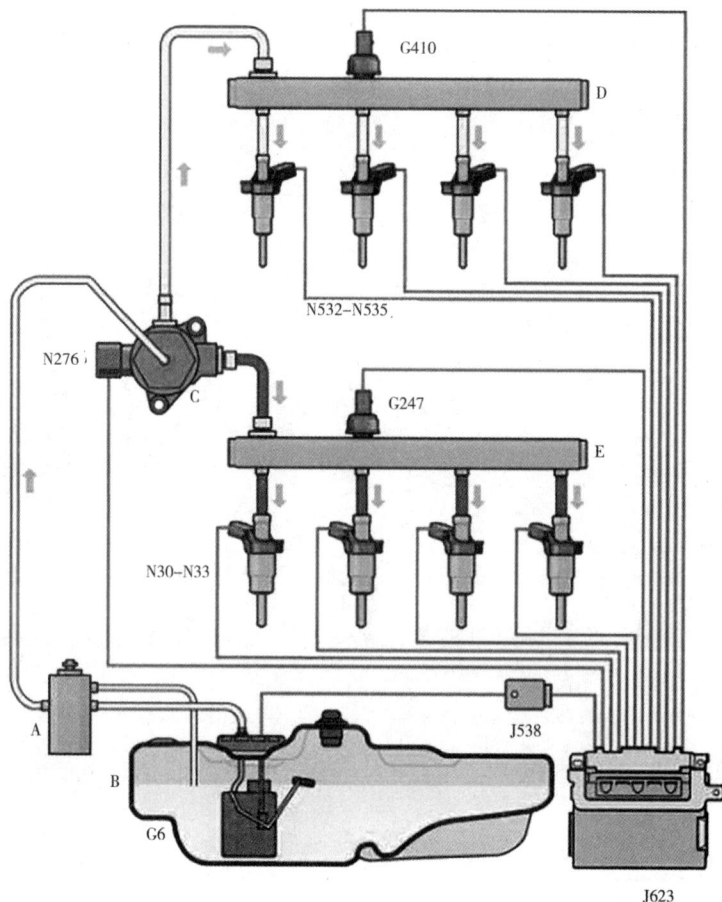

图例

G6	燃油泵	A	燃油滤清器
G247	压力传感器	B	燃油箱
G410	低压燃油压力传感器	C	高压燃油泵
J538	燃油泵控制单元	D	低压燃油油轨
N276	燃油压力调节阀	E	高压燃油油轨
N30—N33	喷油阀，气缸 1—4		
N532—N535	喷油阀 2，气缸 1—4		
J623	发动机控制单元		

图 3-1-16　燃油供给系统组成及循环路线

B8 的燃油供给系统可以分为低压和高压两部分，低压部分由燃油泵 G6、低压管路、低压燃油油轨、低压燃油压力传感器 G410、低压喷嘴 N532—N535 组成。高压部分由高压燃油泵、高压燃油油轨、压力传感器 G247、高压喷嘴 N30—N33、燃油压力调节阀 N276 组成。整个系统由发动机控制单元 J623 控制，J538 接受 J623 的信号调节燃油泵的输送效率。

1. 燃油泵 G6 及燃油泵控制单元 J538

燃油泵总成上装有油位传感器，是一个滑动变阻器，直接与仪表板上的燃油表相连。J623 传输给 J538 一个占空比信号，J538 据此判断需求的燃油量。燃油泵控制单元 J538 通过一个占空比信号调节燃油泵的转速，通过调节转速来调节燃油压力及流量。

现代燃油泵总成集成了油位传感器、粗滤器、细滤器、单向阀、限压阀、燃油泵等，与燃油箱安装在一起，寿命很长，10 万公里内基本都不需要更换。燃油泵一般是双级泵，分为前置级和主级。

第一级（前置级）泵从油箱的底部抽取燃油并将燃油送入储油器。这样就可保证即使剩的燃油很少了，也可以供油。

第二级（主级）泵直接从储油器中抽取燃油。带有泵的储油器和浸入式传感器固定在油箱底部。

图 3 - 1 - 17　燃油泵 G6

2. 压力传感器 G247、低压燃油压力传感器 G410

G247 和 G410 安装在传感器油轨上，用来测量燃油系统的燃油压力，并把信号传递到发动机控制单元。发动机控制单元接收并分析此信号，通过燃油压力调节阀调节燃油分配管的压力。

三、高压燃油泵（迈腾 B8）

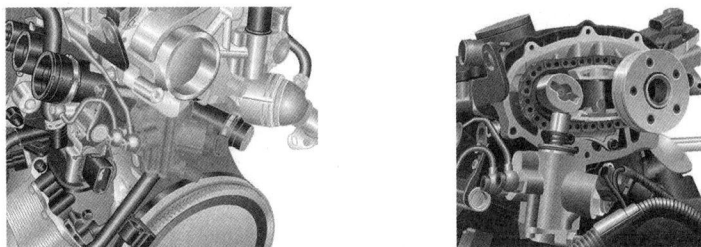

图 3 - 1 - 18　迈腾 B8 高压燃油泵

高压燃油泵由凸轮轴边缘的三凸轮或四凸轮驱动，泵上安装有限压阀，使用电磁阀调节压力大小。

高压燃油泵上带有燃油压力调节阀 N276，高压燃油泵用螺栓拧在气缸盖上。高压燃油系统根据发动机情况产生燃油压力（30—200 bar）。该泵是一个流量调节式单缸高压燃油泵，它将燃油泵入燃油分配器内，使泵入量刚好满足喷射所需。这样可以降低有些工况下高压燃油泵的驱动功率和耗油量。取消了高压燃油泵上的回油管后，多余的燃油通过限压阀从内部流回到低压侧的供油管路内。高压燃油泵通过进气凸轮轴上的一个多凸轮驱动。

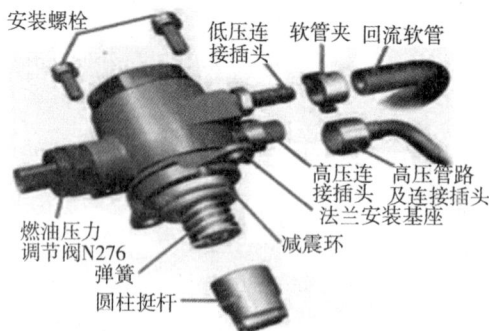

图 3 - 1 - 19　高压燃油泵结构

限压阀集成在高压燃油泵上，可以在受热膨胀或在功能故障时保护零部件不受燃油的高压。这是一个弹簧按压阀，在燃油压力超 190 bar 时打开。当阀门打开时，燃油从高压端流入低压端。根据发动机负载，压力可在 30 bar 到 200 bar 之间任意调节。如图 3 - 1 - 20 所示。

（1）吸油行程　在整个吸油行程期间，燃油压力调节阀 N276 被发动机控制单元控制通电。通过由此产生的电磁场，进油阀克服弹簧力而打开。燃油泵活塞向下运动。这样，在泵腔内就产生了压差。燃油就从低压侧流入泵腔。如图 3 - 1 - 21 所示。

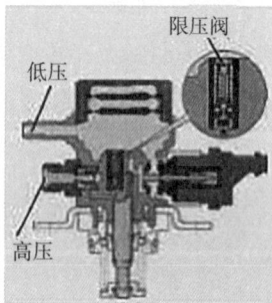

图 3 - 1 - 20　限压阀

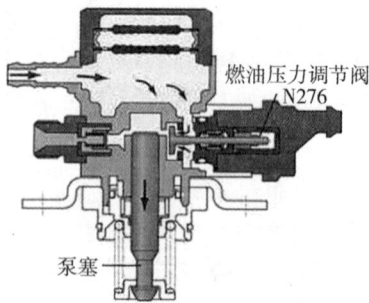

图 3 - 1 - 21　吸油行程

（2）燃油回流　为了使供油量符合实际需求，进油阀即使在泵活塞开始向上运动时也保持打开状态。多余的燃油就从泵活塞被压回低压区。由此，会产生相应的波动，波动通过集成在泵中的压力缓冲器和进油管中的一个节流阀予以抵消。如图 3 - 1 - 22 所示。

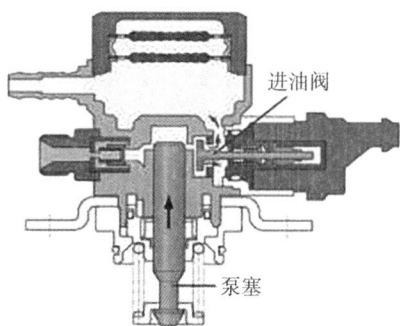

图 3 - 1 - 22　燃油回流过程　　　　　　　　图 3 - 1 - 23　供油行程

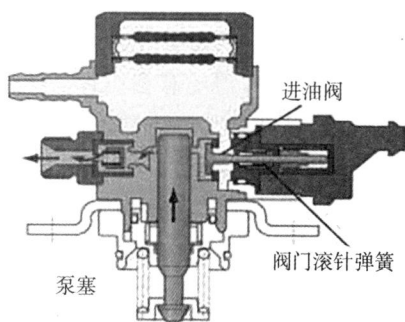

（3）供油行程　在供油行程开始时，将燃油压力调节阀断电。这样，在泵腔内正在上升的压力以及阀门滚针弹簧力的作用下，进油阀被关闭。燃油泵活塞向上运动，从而使泵腔内的压力逐渐上升。如果泵腔内的压力超过燃油分配器中的压力，则出油阀打开，燃油被泵压到燃油分配器中。如图 3 - 1 - 23 所示。

四、喷油器

喷油器采用 6 孔高压喷嘴模式的结构，可在节气门全开时或在预热催化转化器阶段的双喷射过程中，避免油束覆盖整个活塞顶部。混合气更为合适，大大降低了碳氢化合物的排放，当发动机冷却时也减少了发动机机油中夹带的燃油。

发动机控制单元控制喷油器迅速提升到 65 V，快速打开针孔，然后提供一个幅值为 12 V 的占空比信号控制喷油器的打开时间。其额定电流为 2.6 A 到 12 A 之间。

任务延伸

奥托循环、阿特金森循环、米勒循环

大多数的内燃机采用的都是奥托循环，所谓奥托循环，就是进气压缩做功排气。曲轴转两圈，发动机进行四个冲程，完成一次完整循环。四个冲程中活塞的行程都相等。

德国奥迪公司在发动机上首次采用了一种新的燃烧方式——米勒循环。其目标也非常明确，就是要降低燃油消耗，具体实施方式就是缩短压缩过程。

在内燃机的开发史上，早就有类似的用于改善汽油机效率的措施了，比如阿特金森（Atkinson）循环。

在 1882 年，英国人 James Atkinson（詹姆斯·阿特金森）设计了一种发动机，该发动机可以大大提高内燃机的热效率，同时还可以绕开奥托开发的四冲程发动机专利。在阿特金森发动机上，所有四个冲程都是在曲轴转一圈内通过曲柄连杆的特殊结构来实现的。由于曲轴运动必然导致活塞有两次向上的运动，阿特金森就把活塞行程设计成不同的长度，采用了较短的压缩行程和较长的做功行程。

曲柄连杆机构的压缩比小于膨胀比。活塞在做功和排气时，其行程是大于进气和压缩行程的。进气门关闭很晚，在压缩行程下止点后。这样的好处在于较大的膨胀比可以提高发动机效率。工作行程持续时间较长，这样的话耗费在废气中的热量就减少了。但是不利之处在于，在转速较低时，发动机的输出扭矩会很小。

阿特金森发动机需要有相对较高的转速，以保证输出必要的功率，防止出现"发动机憋死"。要想实现阿特金森循环，需要有复杂的曲柄连杆机构才行。

进气和压缩行程之间的活塞处于下止点（UT）   做功和排气行程之间的活塞处于下止点（UT）

进气时的活塞行程   做功时的活塞行程

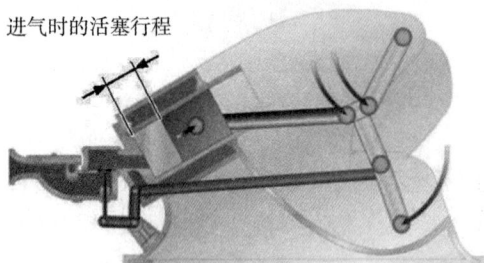

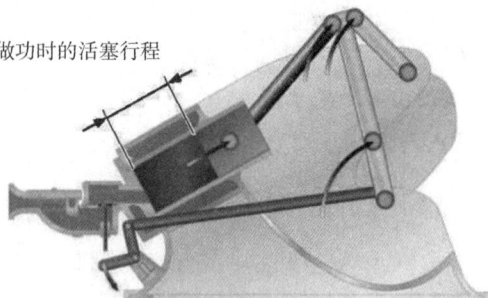

图 3 - 1 - 24   阿特金森循环

米勒循环也能改变压缩比和膨胀比。该循环是发明人米勒（Miller）在 1947 年申请专利的。

米勒这项发明的目的，是想把阿特金森循环用到"正常"曲轴式发动机上，并利用其积极的一面。这样的话，就可以不必使用阿特金森循环上的那种复杂的曲柄连杆机构了。

在采用米勒循环的发动机上，气门机构的控制比较特殊。这种特殊性体现在提前关闭进气门上（与正常奥托循环相比较而言）。这会导致进气量减少，压缩压力基本保持不变的同时压缩比减小和膨胀比增大。

米勒循环的优点是通过改变气门开启时间，可以增大膨胀比，提高发动机工作效率；减小压缩比，降低废气中氮氧化物排放量。

米勒循环的缺点是转速较低时扭矩很小，由于减小了有效压缩比，因此效率有所降低。这个缺点可以通过增压空气和冷却来补偿，还需要凸轮轴调整配气相位。

大众新的 2.0T FSI 发动机上的这种新 TFSI 燃烧方式，就是一种改进型的米勒燃烧方式。因此，尽管排量大，但是与第三代 1.8T FSI 发动机相比，耗油量仍然较低。

这种燃烧方式就被称作"延长了做功冲程的燃烧方式"，大众称之为"B 循环"。从原理上讲，其实不是延长了做功过程，而是缩短了压缩过程。

B 循环通过奥迪气门升程系统（AVS）来改变进气气门的开启时间。气门升程系统作用到一个凸轮上，一方面可以改变气门打开时间（提前关闭进气门），另一方面还可以让进气门打开程度小一些。

气门位置和活塞位置的对比

部分负荷时

- 基本压缩大
- 进气门关闭得早
- 气门开启时间短
- 废气排放量非常低

全负荷时

- 进气门关闭得晚
- 气门开启时间长
- 扭矩大
- 功率高

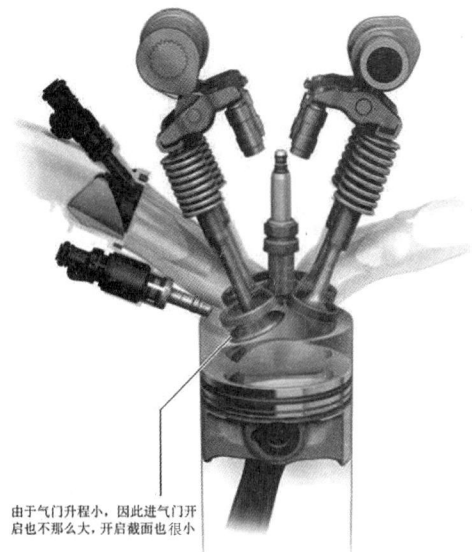

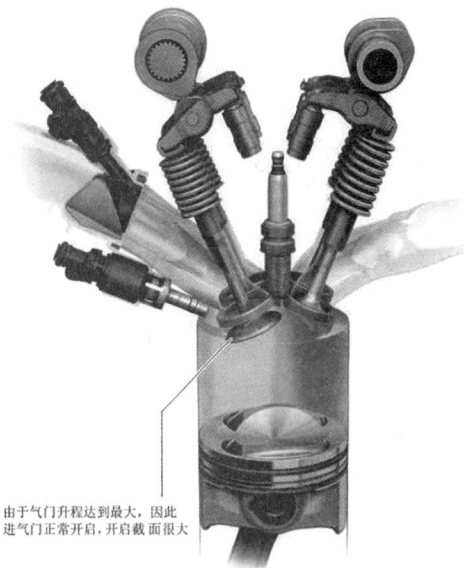

由于气门升程小，因此进气门开启也不那么大，开启截面也很小

由于气门升程达到最大，因此进气门正常开启，开启截面很大

图 3 - 1 - 25　米勒循环

学习情境二　进气系统检测维修

任务导向

学习任务一　混合气进气装置

混合气进气装置的功用是将新鲜、纯净的空气按需供入气缸，调节进入气缸气流，并尽可能使各气缸进气量保持一致，为在气缸内或进气歧管内进行混合气制备提供物质基础。从功能上可以分为混合气进气装置与混合气调节装置。

一、空气滤清器

空气滤清器是发动机进气系统的前端，一般位于前进气格栅后面，它主要过滤空气中的杂质，使发动机能够吸入清洁空气。

空气滤清器分为干式和湿式两种，其中干式是轿车车型上最常用的，它的材料为滤纸或无纺布。为了增加空气通过面积，滤芯大都加工出许多细小的褶皱。当滤清器轻度污损时，可以使用压缩空气吹净，当滤清器污损严重时应当及时更换新芯。一般来说，空气滤清器没有准确的更换时间，它是根据车辆使用的环境来确定的，具体需查看车辆保养手册。

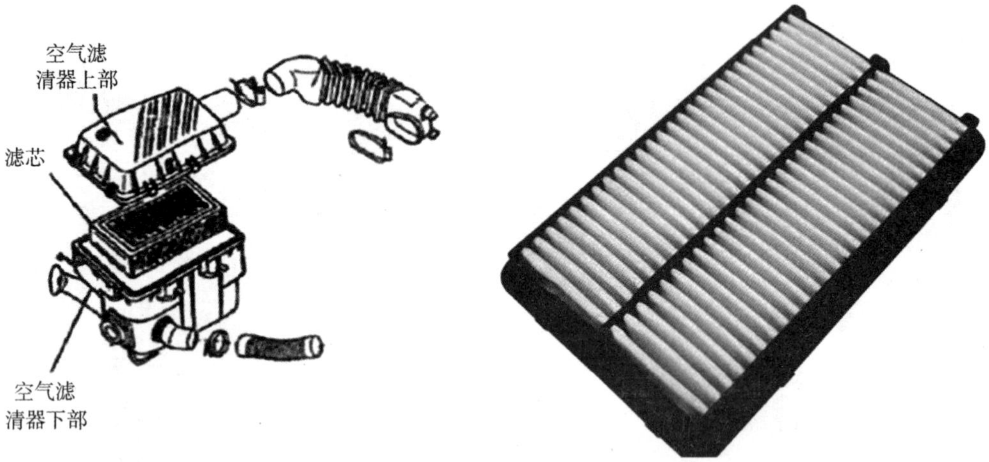

图 3-2-1　空气滤清器及滤芯

二、进气管路

发动机进气系统各部件之间进行连接时，使用波纹管软进行连接，防止刚性连接应力过大导致损坏。

图 3-2-2　进气管路

三、进气歧管

进气歧管指气缸盖进气道之前的进气管路。它的功用是将空气或燃油混合气分配到各缸进气道。进气歧管必须将空气或燃油混合气尽可能均匀地分配到各个气缸，为此进气歧管内气体流道的长度应尽可能相等。为了减小气体流动阻力，提高进气能力，进气歧管的内壁应该光滑。

学习任务二　混合气调节装置

发动机在吸气冲程时，活塞向下移动，气缸内产生负压。进气管路内的空气或燃油混合气受负压影响，进入气缸内。汽车行驶过程中会遇到各种工况，不同工况下发动机需求的进气量不同。驾驶员改变加速踏板角度，传递给发动机 ECU 相应信号，发动机 ECU 通过采集空气流量计、压力传感器等的信号数据，经过计算后，控制节气门的开度、涡轮增压系统的转速，以此来改变进气量，控制发动机的运转。发动机冷车怠速运转时，部分空气经附加空气阀或怠速控制阀绕过节气门进入气缸。

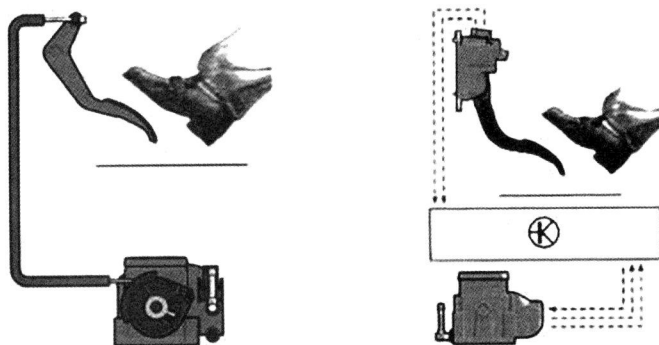

图 3-2-3　传统节气门与电子节气门

　　一般轿车的节气门都是由脚踏板带动的油门拉线控制的，但这种拉线控制的节气门在急加速等特殊工况时有进气迟滞现象，也就是说在急加速等特殊工况时，节气门的开度信号通过节气门位置传感器已送出，但实际进入气缸的空气并没有及时跟进，而且节气门处在气流扰动下并不是很平稳，因此空气量并不稳定，加速不理想、不稳定。而电子节气门可根据节气门位置信号利用 PCM 直接驱动直流电动机快速做出响应，及时地将节气门打开所需的开度，而且电子节气门在自身减速机构的自锁作用下，不会因为气流的扰动而波动，以保证发动机的进气量和转速的稳定。

一、电子节气门及加速踏板位置传感器

　　电子节气门是汽车发动机的重要控制部件，由发动机、转速传感器、节气门体等构成，采用电子节气门控制系统，可以使节气门开度得到精确控制。电子节气门总成主要包括节气门体、直流电机、两个节气门位置传感器、减速齿轮和回位弹簧。其中电机由来自PCM 的占空比信号控制，ECU 通过调节 PWM 信号的占空比来控制电机转角的大小，电机的方向则是由和节气门相连的复位弹簧控制的。当占空比一定，电机输出转矩与复位弹簧阻力矩保持平衡时，节气门开度不变；占空比较大时，电机输出转矩克服复位弹簧阻力矩，节气门开度增大，反之占空比减小时，电机输出转矩和节气门开度也随之减小。当发动机怠速运转时，节气门打开一定角度，维持发动机持续运转。

　　节气门体总成内设有两个节气门位置传感器，一个用于向 PCM 发送实际的节气门开度，而另一个则用于检测控制传感器的异常，以确保传感器的可靠性。节气门体的树脂盒内装入了两对电位计；节气门体内的两对电刷根据节气门的移动量来接触可变电阻器，触

点上变化的电压信号被发送到 PCM。部分新式节气门体内部取消了可变电阻器，采用了非接触的霍尔效应转角传感器，提高了可靠性及使用寿命。

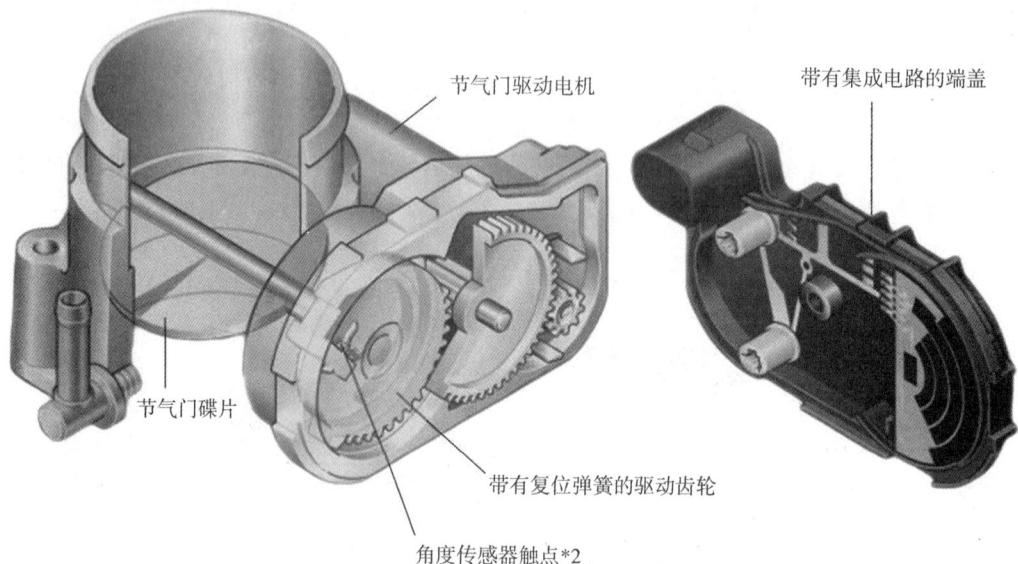

图 3-2-4　节气门结构

　　加速踏板位置传感器将驾驶员需要加速或减速的信息传给电子节气门控制单元，控制单元依据该信息计算出最佳节气门的开度，加速踏板位置传感器的信息对节气门开度不断进行修正，使节气门开度符合驾驶员所需要的理想开度。电子节气门控制单元还和发动机控制单元、自动变速器控制单元进行通信以便对喷油次数、换挡点、变速器主油压等进行精确控制。ECU 能够计算驾驶员所要求的扭矩，再根据计算的扭矩对节气门的开启和关闭进行控制。电子节气门系统取消了节气门拉索，由传感器向发动机提供加速踏板位置信号，提高了节气门操纵系统的传输效率及准确性。

二、加速踏板位置传感器检测

　　加速踏板模块由加速踏板、机械部件、金属片、两个感应式加速踏板位置传感器及带集成电路的盖板组成。加速踏板位置传感器由一个励磁线圈、金属片、接收线圈和信号处理电路组成，励磁线圈产生磁场，当油门踏板被踩下时，机械部件带动金属片在励磁线圈产生的磁场中做直线运动，接收线圈中感应出相应的电压，经信号处理电路处理后送往 ECU。

机械部件　金属片　　　　　　励磁线圈

印制电路板　接收线圈区域

油门踏板未踩下

机械部件　金属片

印制电路板

油门踏板已踩下

发动机控制单元

电子分析装置

砺磁线圈

金属片

接收线圈

金属片的交变电磁场

励磁线圈的交变电磁场

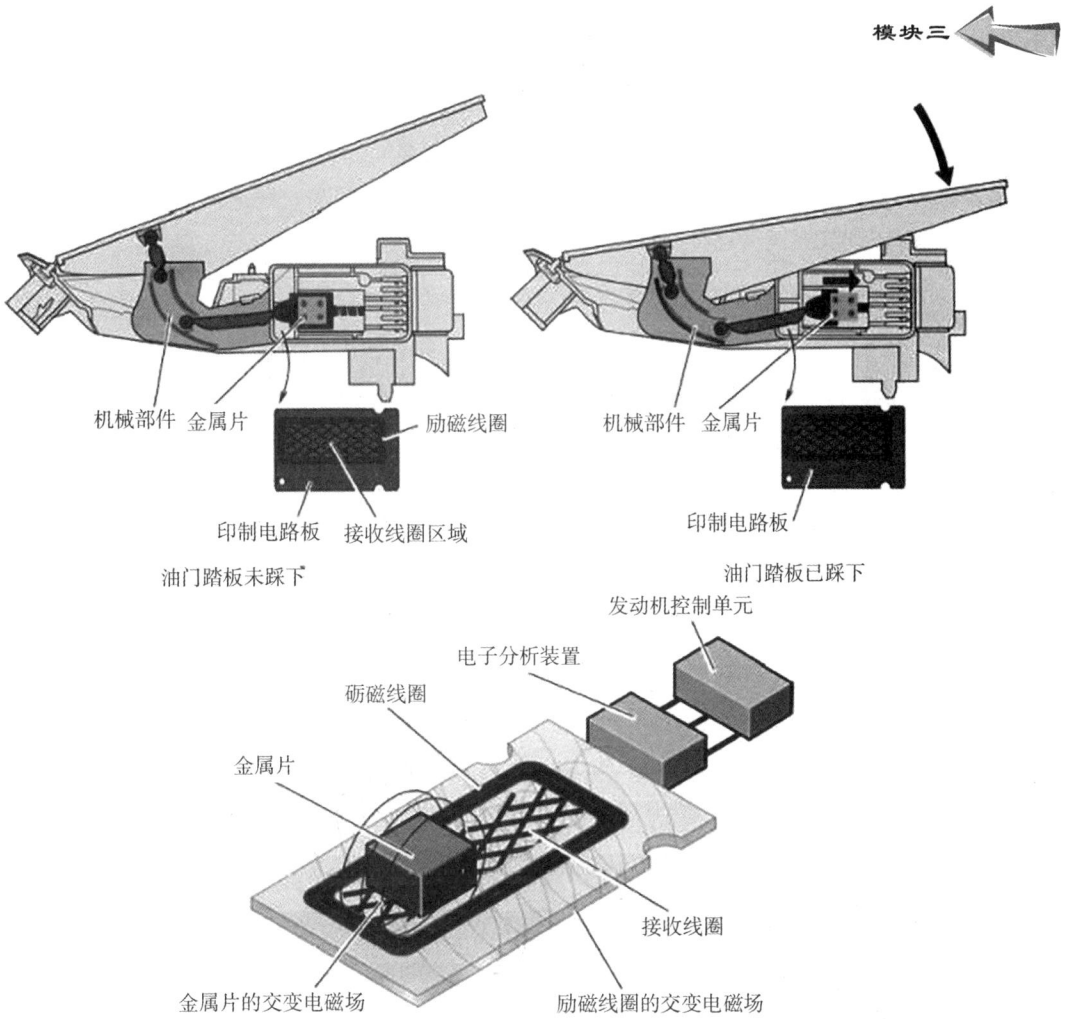

图 3-2-5　加速踏板模块

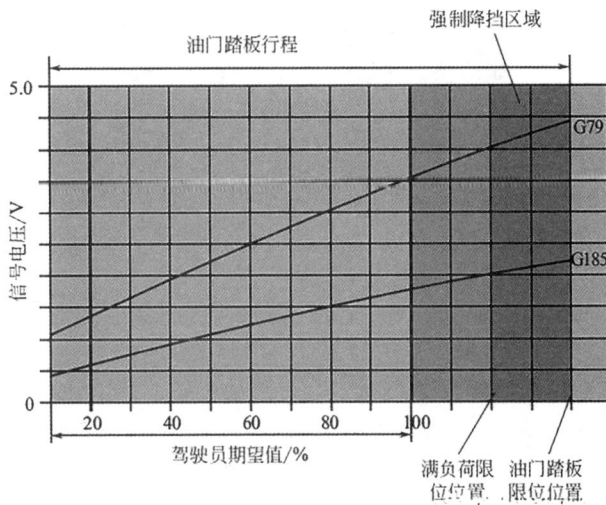

强制降挡区域

油门踏板行程

信号电压/V

5.0

G79

G185

0

20　40　60　80　100

驾驶员期望值/%

满负荷限位置　油门踏板限位位置

图 3-2-6　加速踏板位置传感器电压特性曲线图

两个加速踏板位置传感器有不同的电压特性，方便 ECU 进行安全检查。一个传感器失效时，如果另一个传感器信号在怠速区域，发动机进入怠速状态，如果另一个传感器在负荷工况，发动机转速上升会变缓。如果两个传感器同时失效，发动机以大约 1500 r/min 的转速高怠速运转。

三、热膜式空气流量计、进气温度传感器和进气压力传感器

世界各地的气温和气压差异非常大，在进气过程中空气流量会受到温度和压力的影响而不稳定，冬季和夏季节气门打开相同时间内进入的空气流量是不同的，低海拔和高海拔地区节气门打开相同时间进入的空气流量也不同。

在理想状态下，空燃比的值为 1。使 1 kg 燃料充分燃烧，内燃机需要 14.7 kg 的空气。只有在理想状态下，废气中的有害物质才可能被三元催化转化器几乎全部清除。为了使发动机控制单元能够在各种运行状态下设定正确的空燃比，也需要掌握进气的准确信息。

为了维持发动机稳定运转，发动机 ECU 十分有必要知道当前确切的空气流量以及在此基础上如何进行修正。发动机电控系统通常使用空气流量计来检测空气流量，同时利用进气温度传感器和进气压力传感器的数据对空气流量数据进行修正。

1. HFM6 热膜式空气流量计

HFM6 热膜式空气流量计用于识别进气空气质量。发动机控制单元根据其信号准确地识别进气空气质量，这些信号用于计算点火时间点、喷射时间、喷油量等。热膜式空气流量计安装在空气滤清器和节气门之间。

图 3 - 2 - 7　热膜式空气流量计

热膜式空气流量计由测量管和传感器电子单元及传感器元件组成，通过测量旁路中的空气来测量空气质量。通过其特殊的结构，空气流量计可以测量吸入的空气质量。污染物、机油蒸汽和湿气侵入传感器元件会导致测量结果出错；特别设计的测量管和阻流边的构造能防止污物进入传感器电子单元。

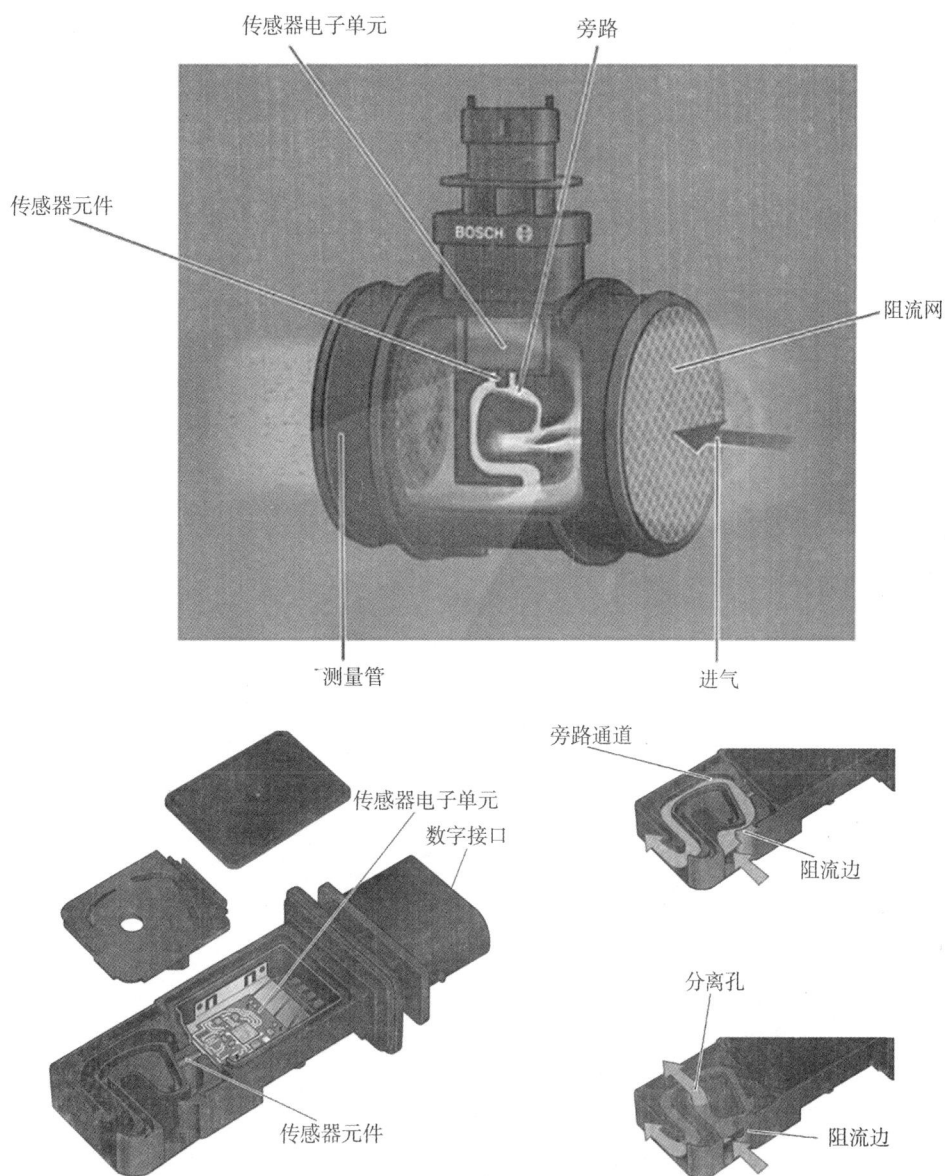

图 3 - 2 - 8　热膜式空气流量计构造

空气通过阻流边后在其后方产生负压，在这个负压的作用下，空气分流被吸入旁路通道，以进行空气流量测量，污染物通过分离孔被重新导入进气管中。这样的测量结果更精准，传感器元件不容易损坏。

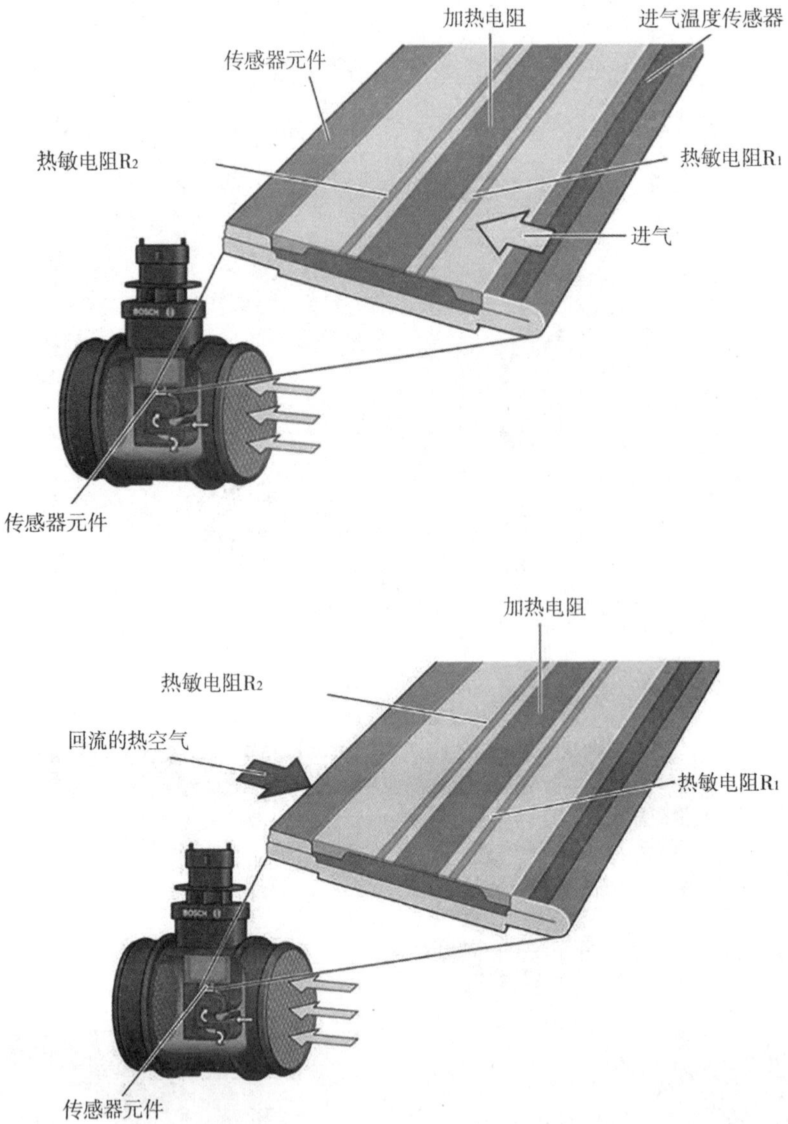

图 3 - 2 - 9　传感器元件构造

　　传感器元件位于传感器电子单元旁边，并伸入空气旁路内。在传感器元件上有一个加热电阻，两个热敏电阻，R_1 和 R_2，以及一个进气温度传感器。在传感器元件的中部，加热电阻通电加热直到高于进气温度 120 ℃并保持，由于加热电阻在传感器元件中部，从中间到边缘的温度是逐渐降低的，热敏电阻 R_1、R_2 与加热电阻之间的距离相等，R_1、R_2 电阻温度大约相同且低于加热电阻一定度数。进入的空气流过传感器元件表面，带走表面的热量。气流流过两个热敏电阻有先后顺序，先流过的热敏电阻表面降温幅度比较大，又因为中间还会流经加热电阻，所以后流过的热敏电阻温度还会保持原样。电子模块通过 R_1 和 R_2 的温度差识别出进气空气流量和流向。例如当进气温度为 30 ℃时，加热电阻被加热至 150 ℃。无进气流时，R_1 和 R_2 的温度均为 90 ℃。当有进气流时 R_1 的温度约为 50 ℃，

R_2 的温度大约为 90 ℃，电子模块通过 R_1 和 R_2 的温度差就能计算出进气空气流量和流向。

节气门碟片关闭时，吸入的空气受其阻碍会回流到空气流量计。如果回流的空气流量未检测，则测量空气流量结果不精确。回流的空气碰到传感器元件，流过两个热敏电阻的顺序与测量进气时方向相反。此时 R_2 温度比 R_1 温度低，电子模块通过 R_1 和 R_2 的温度差识别出回流的空气流量和流向。

图 3-2-10 中 R_H、R_K、R_A、R_B 组成惠斯顿电桥的四个臂，将正温度系数的热线电阻 R_H 与温度补偿电阻 R_K 同置于所测量的通道中，使 R_H 与气流的温差维持在一个水平。当气流加大时，由于散热加快，R_H 降温阻值变化，电桥失去平衡，这时集成电路会改变 R_H 上的电流使电桥恢复平衡，R_H 与 R_A 串联，R_A 上电流变化引起 R_H 上的电压变化，取 R_A 上的电压变化为测量信号。该信号与空气流量成正比，经过换算后得出当前进气量。发动机控制单元通过计算周期长度来识别测得的空气质量。

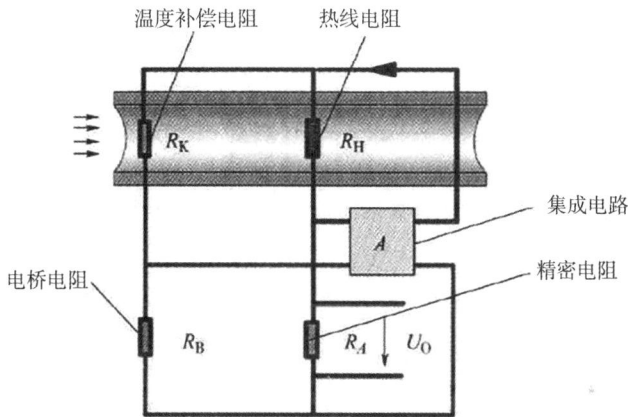

图 3-2-10 电阻温度差测量空气流量原理（惠斯顿电桥）

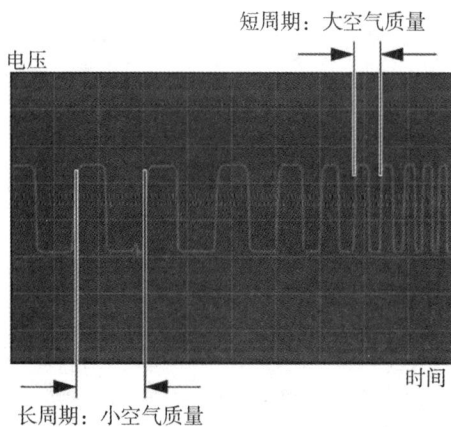

图 3-2-11 空气流量计频率信号

2. 进气压力传感器（迈腾 B8）

进气压力传感器的功能是测量歧管的真空压力，并将压力信号转变成电子信号输送给发动机控制单元，作为控制喷油脉冲宽度和点火正时的主要参考信号。在带有废气涡轮增压系统的车型上安装有一个进气歧管压力传感器，这个传感器一般命名为增压压力传感器，其作用是监控增压压力，当压力过高时，ECU 会适当减小涡轮转速，降低增压压力和增压温度，以保护发动机。

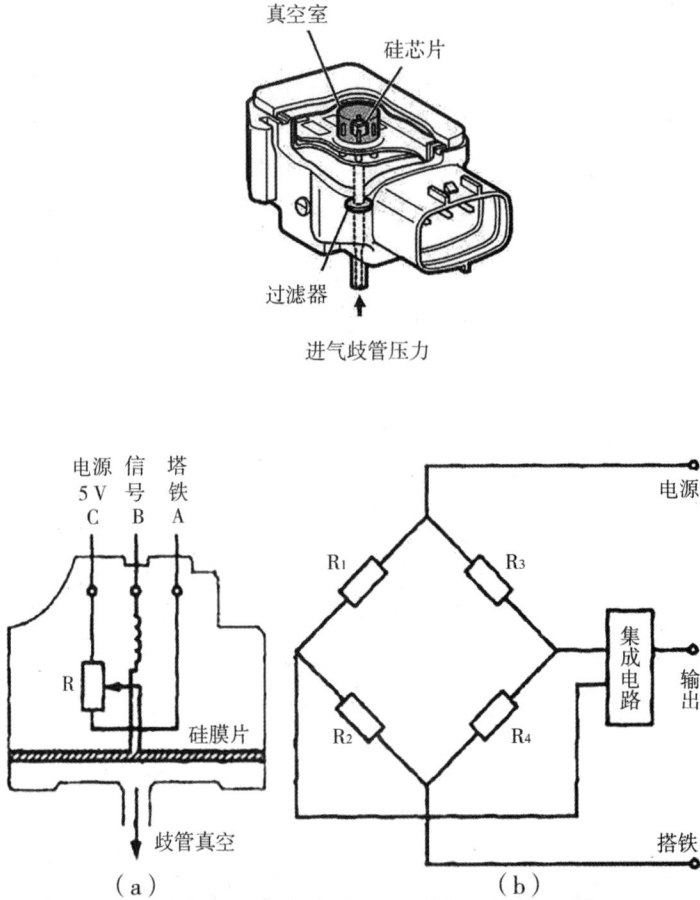

图 3-2-12　进气歧管压力传感器结构及原理（惠斯顿电桥）

进气歧管内的进气压力使硅芯片连同压电电阻发生机械变形，使其阻值发生改变，惠斯顿电桥失去平衡，经集成电路处理后，形成与进气压力呈线性关系的电压信号。

四、涡轮增压器及中冷器

1. 涡轮增压器

增加发动机所能燃烧的燃料和空气是提升发动机动力最可靠的方法之一。增加燃料和空气的方法是增加气缸数、增大气缸容积或提高转速，可有时这些方法并不可行。涡轮增压器可以显著提升发动机的马力，而不会大幅度增加发动机重量，这也是涡轮增压器如此受欢迎的一个重要因素。

涡轮增压器是用来提高发动机功率和减少排放的重要部

图 3-2-13　涡轮增压器

件，其本身不是一种动力源，它利用发动机排气后的剩余能量来工作，向发动机提供更多的压缩空气，使之达到最佳运转性能。涡轮增压器安装在发动机的排气管上，发动机气缸排出的废气推动涡轮叶轮转动，再带动压缩机将气体在进入气缸前预先进行压缩，提高进入气缸的气体密度，减小气体的体积。这样，在单位体积内，气体的质量就大大增加了，可以在有限的气缸容积内喷入更多的燃油进行燃烧，使燃油燃烧更充分，从而达到提高发动机功率、降低排放、减少污染的目的。另外，涡轮增压器还可以使发动机在高原工作时获得功率补偿。

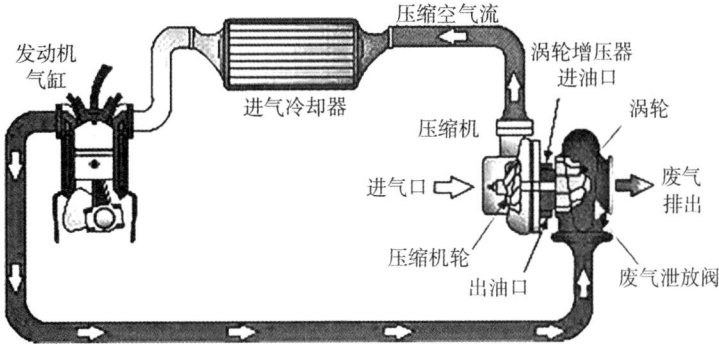

图 3 - 2 - 14   涡轮增压器工作原理

涡轮增压器通常能够产生 41—55 Kpa 的气压，发动机中注入的空气大约会增加 50%，理论上发动机内部动力可增加 50%，但受密封、摩擦等因素影响上述结果并不能完全实现，实际动力可能增加 30—40%。

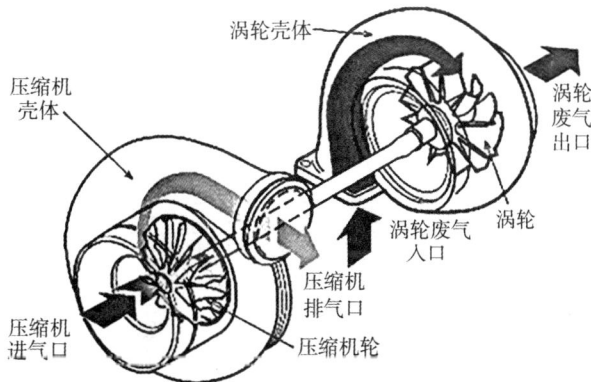

图 3 - 2 - 15   压缩机构造

气缸排出的尾气流过涡轮叶片，使涡轮旋转。流过叶片的尾气越多，涡轮旋转速度就越快。在连接涡轮的轴另一端，压缩机将空气抽到气缸中。压缩机是一种离心泵，它在叶片的中心位置吸入空气，并在旋转时将空气甩到外面。

涡轮在涡轮机中的最高转速为每分钟 150,000 转，这相当于大多数汽车发动机转速的 30 倍。同时由于与排气管相连，涡轮的温度通常非常高。为了适应高达 150,000 转/分的转速，绝大多数的涡轮增压器使用的是液压轴承。这类轴承能使轴浮于一层薄薄的油膜上，这些油从轴四周恒定抽入。这种设计可以起到两个作用：一方面能够降低轴和一些其他涡轮增压器部件的温度，另一方面能够减小轴在旋转时遇到摩擦。

涡轮增压器的一个问题在于使用涡轮增加发动机动力过程中，将涡轮装在排气管内会增加排气管内的空气阻力，这意味着发动机在排气冲程时，不得不克服更高的负压。这会稍微减少发动机在燃烧时产生的动力，导致功率降低。

涡轮增压器的另一个主要问题是当踩下油门时，发动机不会立即产生增压，而是需要几秒时间使涡轮提升转速，之后才能产生增压。这样就产生了延时感，即踩下油门后，要等涡轮转速上升，汽车才会加速前进。这种现象被称为涡轮迟滞。

减少涡轮迟滞的方法之一是减小旋转件的惯性，这主要通过减少旋转件的重量来实现。陶瓷涡轮叶片比大多数涡轮增压器中使用的钢制涡轮叶片要轻，使得涡轮能更快地加速，从而降低涡轮迟滞。一些涡轮增压器用滚珠轴承代替液压轴承来支承涡轮轴，但并不是普通的滚珠轴承，而是用高级材料制造出的高精度轴承，用以应对涡轮增压器的速度和温度。涡轮轴旋转时，这类滚珠轴承承受的摩擦力小于大多数涡轮增压器的液压轴承。同时还可以使用略小、略轻的轴。

小型涡轮增压器在发动机低转速时能更快地产生增压，但发动机处于高转速工况时需要更多空气，这时小型涡轮增压器无法产生足够的增压。大型涡轮增压器可以在发动机高速运转时产生较多的增压，但因为其涡轮和压缩机偏重，以致加速缓慢，从而产生较严重的涡轮迟滞。同时，发动机高速运转时，更多的尾气会经过涡轮，还可能存在使涡轮转速过快的危险。为此有些发动机同时使用两个不同尺寸的涡轮增压器，较小的一个可较快地提高转速，降低涡轮迟滞，而较大的一个在发动机高速旋转时再介入从而产生更多增压。双涡轮增压发动机通常都装备在直列6缸或V型等排量较大的发动机上。

利用废气旁通阀可防止发动机高速运转时涡轮旋转过快。废气旁通阀是一个阀门，它使排出的废气绕过涡轮叶片排出。废气旁通阀能感知增压压力，如果压力过高，废气旁通阀打开使得一部分尾气不经过涡轮叶片排出，从而降低涡轮叶片的转速。

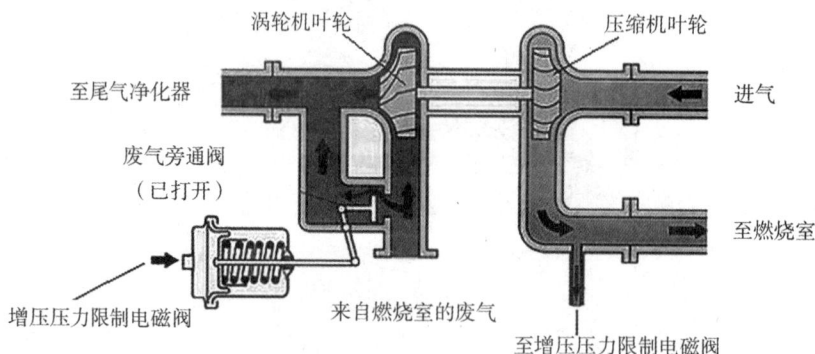

图 3-2-16　废气旁通阀工作原理

另一种技术是"双增压"技术。机械增压有助于低转速时的扭力输出，但是高转速时功率输出有限；废气涡轮增压在高转速时拥有强大的功率输出，但低转速时则力不从心。发动机设计师们于是把机械增压和废气涡轮增压结合在一起，来解决两种技术各自的不足，同时解决低速扭矩和高速功率输出的问题。

2005 年，大众开始将这套技术装配到量产的民用车型高尔夫 1.4TSI 上，这套系统被称作"双增压"，兼顾了低速扭力输出和高速功率输出。在低转速时，由机械增压提供大部分的增压压力，在 1500 rpm 时，两个增压器同时提供增压压力，其总增压值达到 2.5 bar（如果涡轮增压器单独工作，只能产生 1.3 bar 的增压压力）。随着转速的提高，涡轮增压器能使发动机获得更大的功率，与此同时，机械增压器的增压压力逐渐降低。机械增压通过电磁离合器控制，它与水泵集合在一起。在转速超过 3500 rpm 时，由涡轮增压器提供所有的增压压力，此时机械增压器在电磁离合器的作用下完全与发动机分离，防止消耗发动机功率。

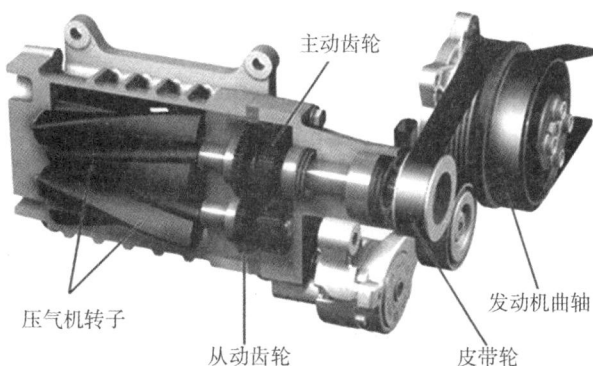

图 3 - 2 - 17　机械增压器

1.4 L 高尔夫发动机在双增压器的加持下，1.4 L 动力达到 2.5 L 发动机水平，但油耗却降低了 20%，平均油耗只有 7.2 L/100 km。最大输出功率为 125 kW，最大扭矩为 240 N·m。从 0 加速至 100 km/h 只需 7.9 秒。从 1750 rpm 到 4500 rpm 都能输出最大扭矩，适合各种工况。

还有一种能够让涡轮增压发动机在高低转速下都能保证良好的增压效果的技术——VGT（Variable Geometry Turbocharger）可变截面涡轮增压技术或者 VNT（可变喷嘴环增压器）。

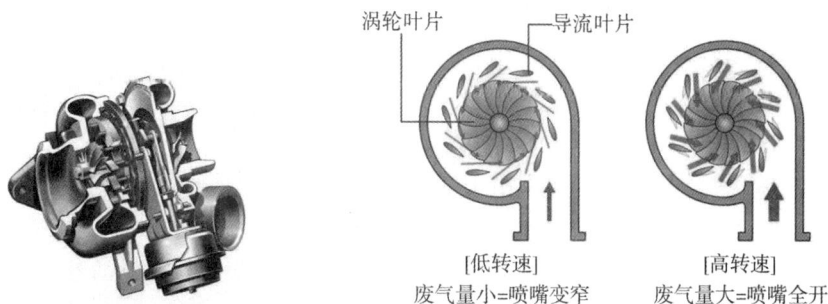

图 3 - 2 - 18　可变涡轮导流叶片技术

在柴油发动机领域，VGT 可变截面涡轮增压技术早已得到了广泛应用。由于汽油发动机的排气温度要远远高于柴油发动机，达到 1000 ℃ 左右（柴油发动机为 400 ℃ 左右），而 VGT 所使用的硬件材质很难承受如此高温的环境，因此这项技术也迟迟未能在汽油机上应用。博格华纳与保时捷联手克服了这个难题，使用了耐高温的航空材料技术，从而成功开发出了首款搭载可变截面涡轮增压器的汽油发动机，保时捷则将这项技术称为可变涡轮导流叶片技术（如图 3 - 2 - 18 所示）。

生活中，我们知道相同流量下将水管捏住只留出一个小孔，水柱流速变快，能射得更远。VGT 可变截面涡轮增压器在涡轮转子的外围加了一圈电控导流叶片，通过调整叶片的角度可以控制气体流速。缩小气流吹向涡轮转子的风口面积就能够提高气体流速，风吹得越急，涡轮也就转得越快，涡轮迟滞也就越小。在发动机转速起来后，依靠发动机废气已完全能够驱动涡轮全速转动，这时叶片全部打开，同时降低排气负压，有利于废气排出。

近年来，奥迪 SQ7 上应用了电动涡轮增压器技术，低转速时由电机控制涡轮转动，改善了涡轮迟滞现象。

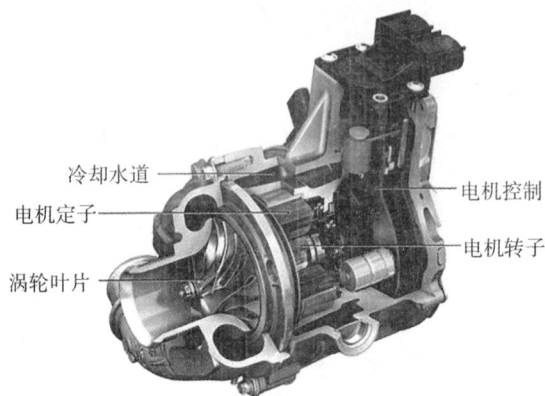

图 3 - 2 - 19　具有自驱动能力的涡轮增压器　　　　图 3 - 2 - 20　中冷器

2. 中冷器

中间冷却器（中冷器）是外观像散热器一样的附加组件，安装在汽车前格栅后边。

空气被压缩时温度升高，而空气温度升高会膨胀。因此当使用涡轮增压时，空气在进入发动机前就已经因为压缩生热而产生了一些膨胀。为了在相同气压下能够吸入更多的空气，可以通过降低温度来减小体积。同时由于空气在涡轮增压器的压迫下进入气缸，然后又被活塞进一步压缩，所以发生爆震的可能性会增大。爆震之所以会发生，是因为空气温度可能在火花塞点火之前就升高到足以点燃燃料的程度。因此必须使用中冷器降低进入气缸的空气温度。涡轮吸入的空气通过密封管路流过中冷器，而发动机冷却风扇吸入的冷风从它外部的散热片流过。压缩空气进入发动机之前，中冷器会将其冷却，这些空气密度更高，含有的空气比温度较高的同气压空气多，从而进一步提升发动机的动力，降低爆震风险。

五、可变进气歧管 PDA

可变进气歧管通过改变进气管的长度或截面积，提高燃烧效率，使发动机在低转速时更平稳、扭矩更充足，高转速时更顺畅、功率更大。

混合气是具有质量的流体，在进气管中的流动状态是千变万化的，工程上往往要运用流体力学来优化其内部设计，例如将进气歧管内壁打磨光滑减轻阻力，或者刻意制造粗糙面营造汽缸内的涡流运动。但是，汽车发动机的工作转速间隔高达数千转，各工况的进气需求不尽相同。

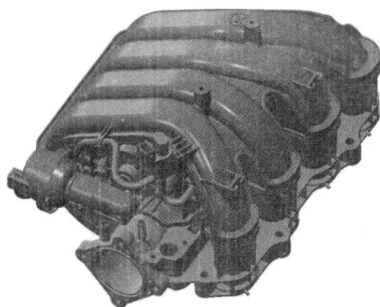

图 3 - 2 - 21 可变进气歧管

发动机在运转时，进气门不断地开启和关闭，进气门开起时，进气歧管中的混合气以一定的速度通过进气门进入汽缸，当进气门关闭时混合气受阻就会反弹，这样周而复始会产生振荡的冲击气流。如果进气歧管中混合气的振荡频率与进气门开启和关闭的时间恰好匹配，那么此时的进气效率显然最高。当转速很低时，进气门开启和关闭的时间间隔很长，冲击气流的振荡频率小，此时需要一个长一些的进气管来让冲击气流的震荡减缓。但是当转速提高的时候，这个长管中震荡的冲击气流和进气门的开启和关闭时间很显然匹配不是很好。极端情况下，可能进气门关闭的时候冲击气流正好到达进气门，这种情况进气效率很差。

如果有长短两根进气歧管，就可以解决上述问题。在低转速时短进气歧管关闭，发动机使用长进气歧管进气，高转速时则关闭长进气歧管，使用短管进气。这种技术被称为长度可变进气歧管或双通道进气歧管。

长度可变进气歧管被设计成螺旋状，分布在发动机缸体中间，气流从中部进入。当发动机在 2000 rpm 低转速运转时，黑色控制阀关闭，气流被迫从长歧管流入汽缸，当发动机转速上升到 5000 rpm 时，进气频率上升，此时控制阀开启，气流从短歧管直接注入汽缸。

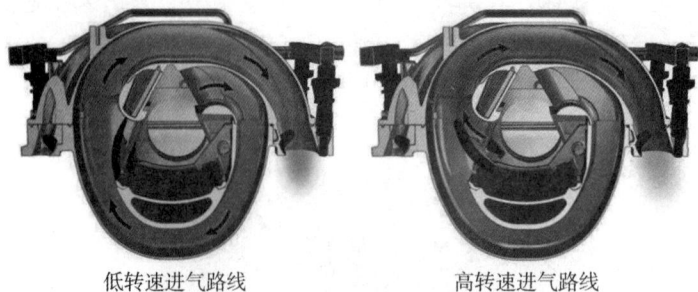

低转速进气路线　　　　高转速进气路线

图 3-2-22　长度可变进气歧管进气路线

　　上面这种方式结构简单，但是只有 2 级可调，这显然不能完全满足各个转速下发动机的进气需求。解决的办法是设计一套连续长度可变进气歧管的机构，在进气歧管内设置阀门，通过开关来控制歧管内的阀门，以此来控制进气歧管的长度，分段可调能够实现多种长度，更能适应发动机转速的要求。

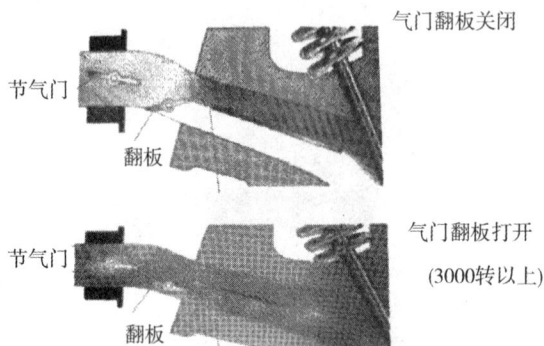

气门翻板关闭

节气门

翻板

气门翻板打开

(3000转以上)

节气门

翻板

图 3-2-23　变截面积进气歧管

　　部分车型采用的是"变截面积"的进气歧管。这样做的目的是通过改变进气歧管的截面积来改变气流的流速，更好地形成涡流，实现预设的燃烧模式（分层稀薄燃烧模式、匀质稀燃模式、匀质燃烧模式）。低速时进气歧管翻板关闭，使用较小的进气歧管截面面积，提高气缸的进气负压，也能在气缸内充分形成涡流，让空气与汽油更好地混合，高速时进气歧管翻板打开，使用较大的进气歧管截面，混合气吸入更多。

　　可变进气歧管，在发动机高速和低速时都能提供最佳配气。发动机在低转速时，用又长又细的进气歧管，可以增加进气的气流速度和气压强度，并使得汽油得以更好的雾化，燃烧更好，提高扭矩。发动机在高转速时需要大量混合气，这时进气歧管就会变得又粗又短，这样才能吸入更多的混合气，提高输出功率。

学习任务三 迈腾 B8 进气系统

一、进气系统组成及循环路线

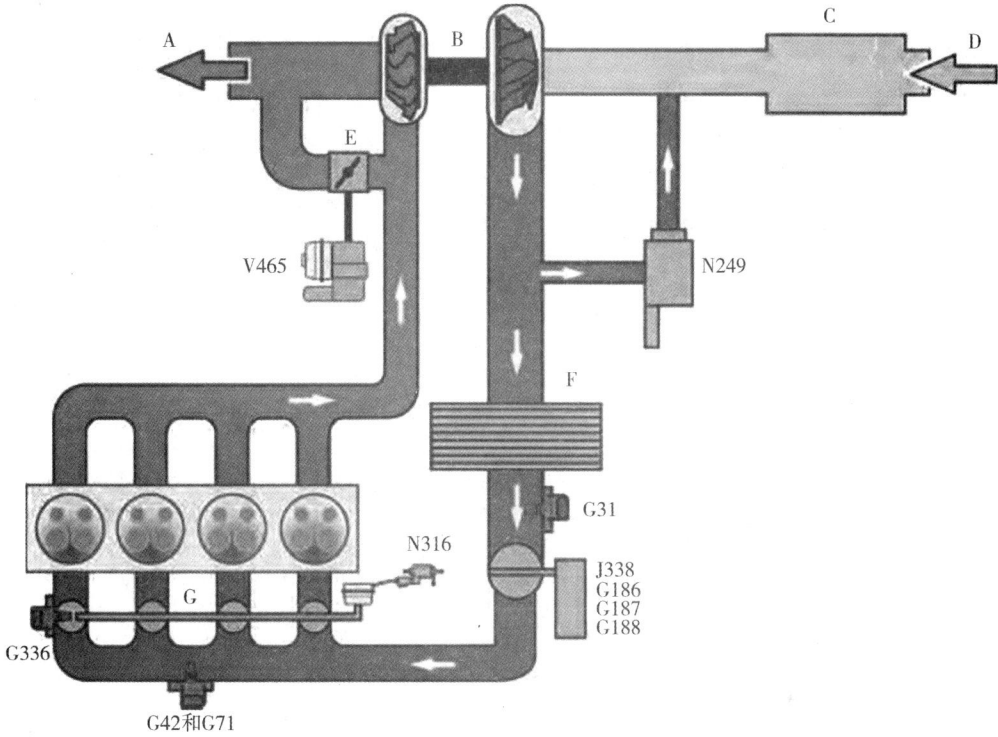

图例:

A 废气气流
B 废气涡轮增压器
C 空气滤清器
D 新鲜空气气流
E 废气泄放阀
F 增压空气冷却器
G 进气歧管翻板

G31 增压压力传感器
G42 进气温度传感器
G71 进气歧管压力传感器
G186 电子油门的节气门驱动器
G187 电子油门的节气门驱动器的角度传感器1
G188 电子油门的节气门驱动器的角度传感器2
G336 进气歧管风门电位计
J338 节气门控制单元
N249 涡轮增压器循环空气阀
N316 进气管风门阀门
V465 增压压力调节器

图 3-2-24 进气系统组成及循环路线

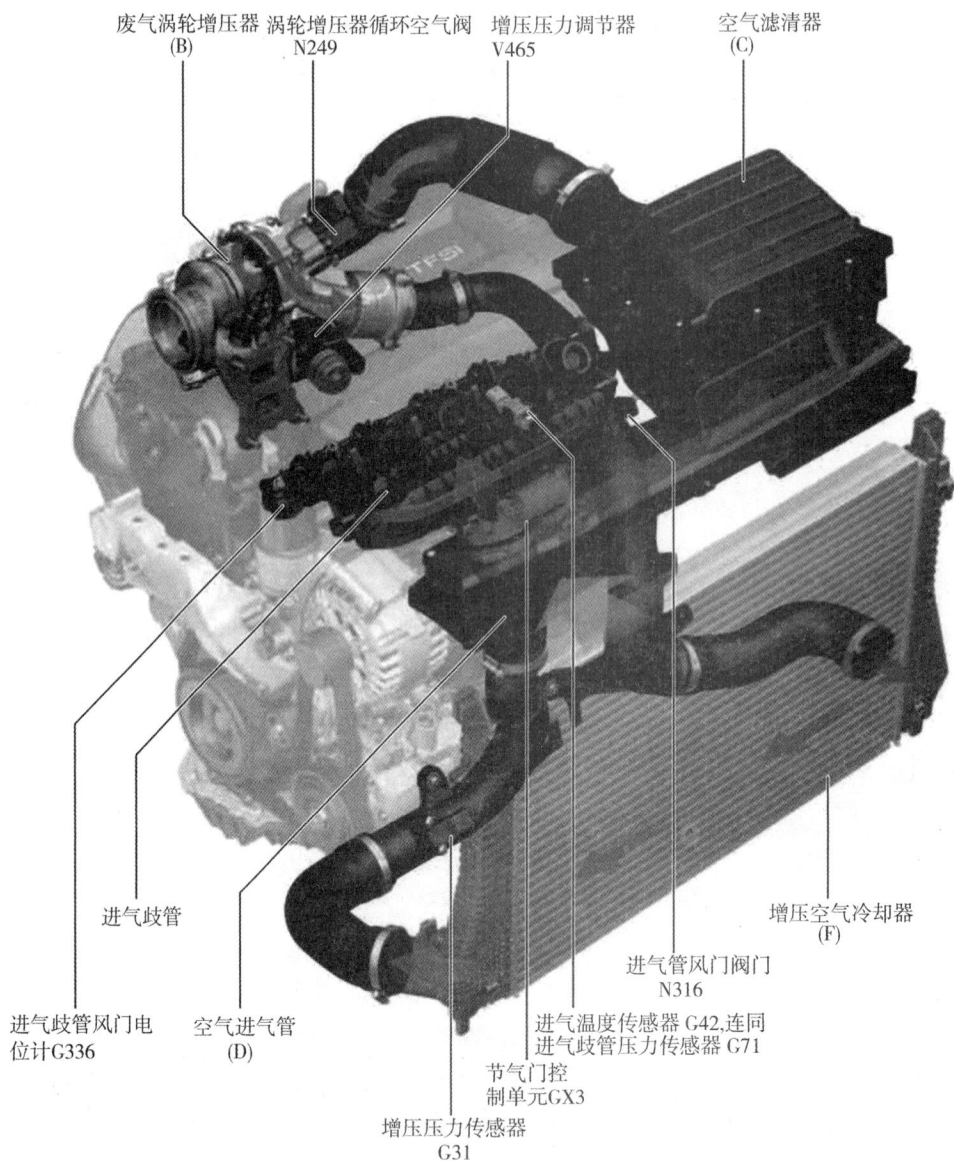

图 3 - 2 - 25　发动机进气系统总览

　　空气按照空气滤清器、废气涡轮增压器、增压空气冷却器、可变进气歧管的顺序最终进入气缸。

　　1. 废气涡轮增压器

　　气缸上的废气出口采用双通道布置，四个气缸两两一组分别排气。这种废气涡轮增压器有如下特点：废气旁通阀由增压压力调节器 V465 控制，空压机出口带有一体式脉动消音器和电控循环空气阀（涡轮增压器循环空气阀 N249），每个缸的废气都经过这里。这里成为测量废气中氧含量的最佳位置，前氧传感器安装在涡轮进气口与气缸废气出口之间，同时废气温度不至于过高，安装在这里能够让露点温度提前且让发动机启动后（六秒钟）尽早进入氧传感器反馈控制工作状态，还能更好地识别各气缸。壳体带有机油和冷却液通用接口，抗高温的涡轮转子最高可承受 980 ℃，铣削的压气机转子使得转速更稳、噪音更小。

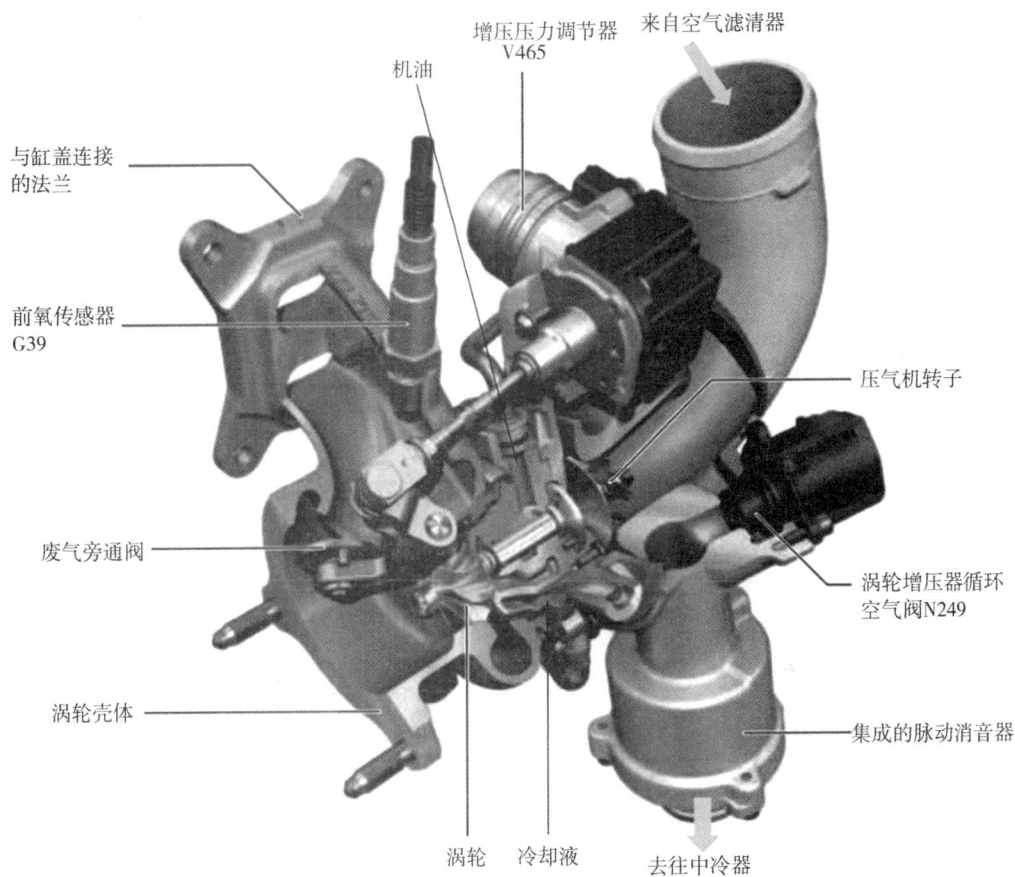

图 3 - 2 - 26　废气涡轮增压器

2. 可变进气歧管

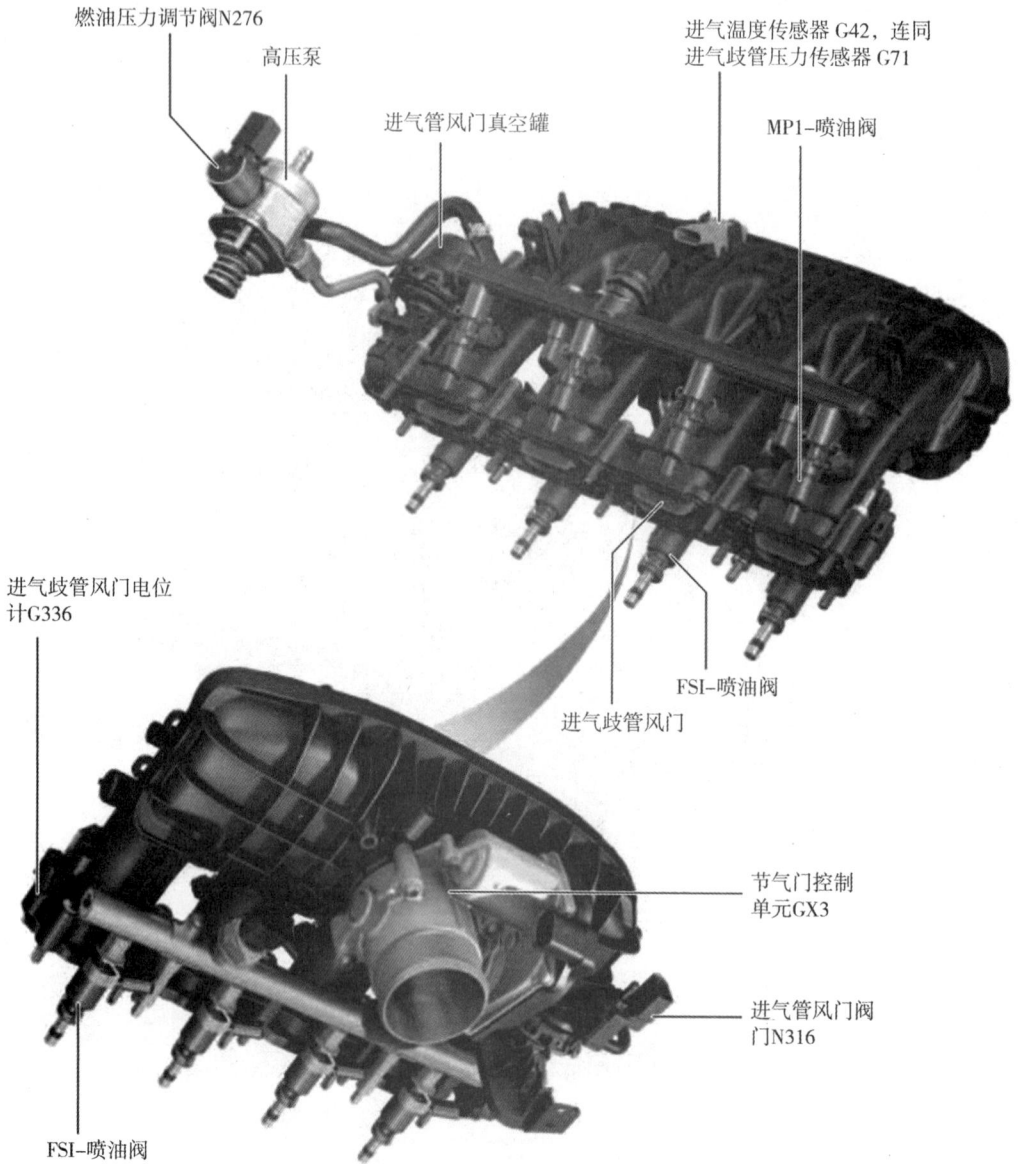

燃油压力调节阀N276

高压泵

进气管风门真空罐

进气温度传感器 G42，连同进气歧管压力传感器 G71

MP1-喷油阀

进气歧管风门电位计G336

FSI-喷油阀

进气歧管风门

节气门控制单元GX3

进气管风门阀门N316

FSI-喷油阀

图 3 - 2 - 27　可变进气歧管

　　由于增压压力较高，所以对进气歧管风门进行了优化。弯曲的不锈钢风门轴，让进气道内的凹形风门有良好的抗扭曲性能。风门在打开状态时张紧，可以将气流的冲击力降至最小。发动机低转速时风门关闭，风道截面变小，气流流速加快，有利于发动机提高负压，提高汽油雾化效果，燃烧充分，提高扭矩。配合特殊的燃烧室形状可以形成涡流，从而实现分层稀薄燃烧、均质燃烧等模式（迈腾 B8 未采用）。发动机高转速时风门打开，风道截面变大，吸入更多的混合气，实现均质燃烧模式，提高了输出功率。

二、进气系统的电子控制

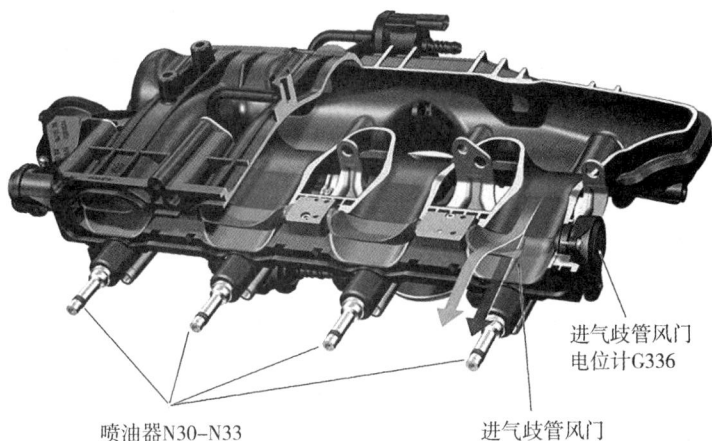

图 3 - 2 - 28　低转速小截面进气，高转速大截面进气示意图

B8 款迈腾进气系统电子控制装置由增压压力传感器 G31、进气歧管传感器 GX9（进气温度传感器 G42、进气歧管压力传感器 G71）、节气门控制单元 GX3、增压压力调节器 V465、涡轮增压器循环空气阀 N249、进气歧管风门电位计 G336、进气管风门阀门 N316 等部件组成。

1. 增压压力传感器 G31，安装在增压空气冷却器和节气门之间的空气管中，该传感器信号用于控制增压压力。

2. 进气歧管传感器 GX9，内部有进气温度传感器 G42 连同进气歧管压力传感器 G71，ECU 使用压力和温度信号来确定空气质量。

3. 增压压力调节器 V465（增压压力限制电磁阀）。

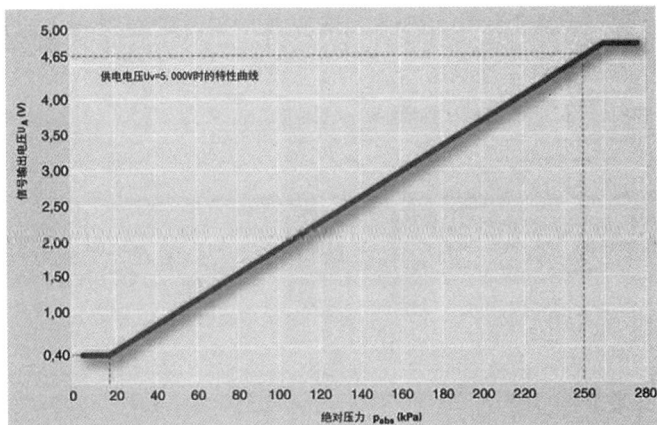

图 3 - 2 - 29　进气歧管传感器信号图

增压压力调节器，也叫电控废气旁通阀调节器，当增压压力过高时，电机转动带动推杆运动，打开废气旁通阀。电控技术相比以前的真空度控制有响应速度和精度更高的优点，并且能够不依赖当前的增压压力来实施控制。闭合力较大，可以在发动机转速低至

1500 rpm 时就达到 320 N·m 的最大输出扭矩。在部分负荷时主动打开旁通阀，可以降低基本增压压力，这样在 MVEG 循环（点火开关接通就开始检测排放污染物）测试中，可以减少 1.2g CO_2/km 排放。在催化转化器预热时主动打开旁通阀，可以使催化转化器前的废气温度增高 10 ℃，使得冷启动排放降低。由于电控废气旁通阀调节器的调节速度快，在负荷突然降低时（例如怠速滑行），可以让增压压力立即下降，这对改善涡轮增压器的声响特性尤其有利（降低排气的呼啸声）。

增压压力调节器 V465 由壳体、直流电机、减速机构、集成的非接触式位置传感器（增压压力调节器位置传感器 G581）、减速机构内的上下止点挡块、推杆上的间隙和公差补偿元件组成。

直流电机借助减速机构和推杆来让旁通阀翻板运动。在下止点时，由旁通阀翻板座上的外止点限制运动；在上止点时由壳体上的减速机构内挡块来限制运动。直流电机的操控由 ECU 来执行，操控频率为 1000 Hz。推杆可以调节，更换调节器后可以调节旁通阀翻板位置。

增压压力调节器位置传感器 G581 安装在增压压力调节器减速机构的壳体端盖上。在这个端盖上，还带有两块永久磁铁。磁铁压在弹簧座上。推杆移动时，磁铁经过非接触式霍尔传感器的磁铁（该磁铁也在壳体端盖上），电压信号经过换算后得到推杆的实际调节行程。调节行程用线性的模拟电压信号来输出给 ECU。

4. 涡轮增压器循环空气阀 N249（内循环阀）

某些工况下汽车不需要进气增压，该阀可以将增压后的空气重新导入增压前的进气道，快速卸掉进气增压压力，该阀是一个电磁－机械阀，由 ECU 控制，主要受节气门信号影响。

机械式空气再循环阀并联安装在压气机出口的软管与低压进气管之间。该阀有 3 个管接头，2 根粗管 A、C 分别与增压器压气机出口的高压软管和压气机入口的低压进气管相连接，细管 B 通过真空管与涡轮增压器循环空气阀 N249 相连接。阀内有真空膜片，当膜片室的真空度较小时，机械式空气再循环阀不开启，当有较大真空度作用于膜片上时，阀开启，增压后的部分空气又返回低压进气管。

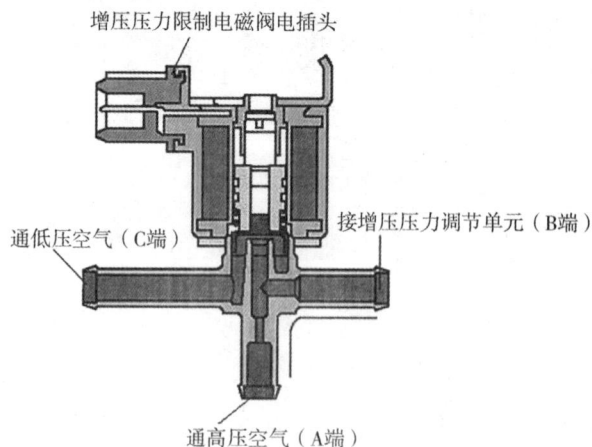

图 3-2-30　涡轮增压器循环空气阀 N249

在发动机怠速或小负荷工况时，进气歧管的真空度较大，发动机进气不需要增压，此时涡轮增压器循环空气阀不通电，进气歧管的真空度作用于机械式空气再循环阀使阀开启，增压器压气机出口的高压空气流回到低压端，此时增压器不起作用。

图 3-2-31　进气歧管

在车辆高速行驶急减速时，节气门突然关闭，增压器需要立即卸荷以降低增压压力。因在此之前一直大流量进气，进气歧管内的真空度不足以开启机械式空气再循环阀，故发动机控制单元将立即给涡轮增压器循环空气阀 N249 通电，使真空罐与机械式空气再循环阀接通，在真空罐强大的真空吸力作用下阀开启，增压器被卸荷。增压器卸荷的目的是使增压器压气机室至节气门前存在的高压压力瞬间被卸掉，使压气机叶轮旋转的阻力不至于过大，这样一是能减轻高压气体对压气机叶轮的冲击，二是能使涡轮增压器保持较高的转速，使增压器在需要时能迅速地向发动机提供所需的增压压力，减小涡轮增压器的"迟滞"现象。

5. 进气管风门阀门 N316 和进气歧管风门电位计 G336

N316 是个由 ECU 控制的电磁阀，借助进气管风门真空罐以电控气动助力方式操纵。同时 ECU 通过进气歧管风门电位计 G336（非接触式霍尔转角传感器）来检测风门位置。

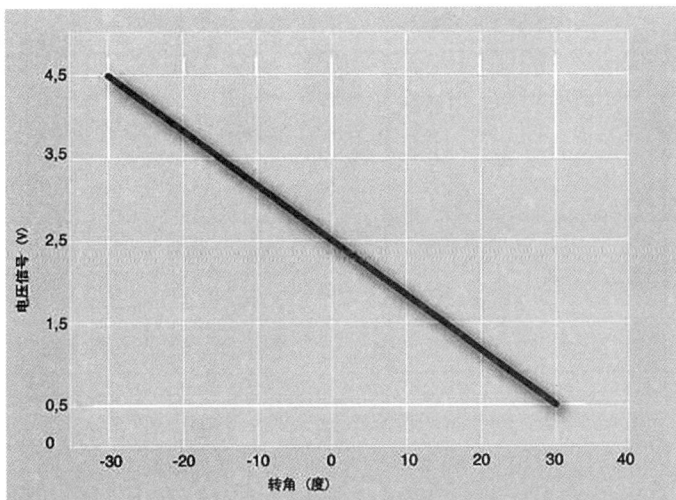

图 3-2-32　进气歧管风门电位计信号图

任务延伸

一、28BYJ-48 步进电机

首先我们来看一下 28BYJ-48 步进电机名称的来历。

28 表示步进电机的有效最大外径是 28 mm。

B 表示步进电机。

Y 表示永磁式。

J 表示减速型（减速比 1∶64）。

48 表示四相八拍。

28BYJ-48 的含义为外径 28 毫米四相八拍式永磁减速型步进电机。

28BYJ-48 的内部结构示意图如下所示。它的里圈有 6 个齿，分别标注为 0—5，叫作转子。顾名思义，它是要转动的，转子的每个齿上都带有永久的磁性，是一块永磁体，这就是"永磁"的概念。外圈是定子，它是保持不动的，实际上它是跟电机的外壳固定在一起的，上面有 8 个齿，每个齿上都缠上了一个线圈绕组，正对着的 2 个齿上的绕组又是串联在一起的，也就是说正对着的 2 个绕组总是会同时导通或关断，如此就形成了 4 相。在图中分别标注为 A—B—C—D，这就是"四相"的概念。

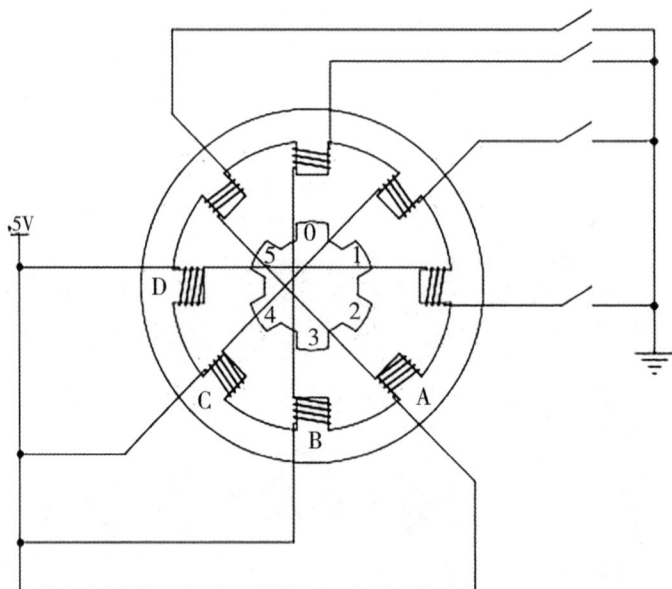

图 3 - 2 - 33　28BYJ-48 步进电机结构

28BYJ-48 步进电机的工作原理：假定电机的起始状态如图 3 - 2 - 33 所示，按逆时针方向转动，起始时是 B 相绕组的开关闭合，B 相绕组导通，那么导通电流就会在正上和正下两个定子齿上产生磁性，这两个定子齿上的磁性就会对转子上的 0 和 3 号齿产生最强的吸引力，转子的 0 号齿在正上、3 号齿在正下，处于平衡状态。此时我们会发现，转子的 1 号齿与右上的定子齿也就是 C 相的一个绕组呈现一个很小的夹角，2 号齿与右边的定子齿也就是 D 相绕组呈现一个稍微大一点的夹角，很明显这个夹角是 1 号齿和 C 绕组夹角的 2 倍，同理，左侧的情况也是一样。

我们把 B 相绕组断开，而使 C 相绕组导通，很明显，右上的定子齿将对转子 1 号齿产生最大的吸引力，而左下的定子齿将对转子 4 号齿产生最大的吸引力。在这个吸引力的作用下，转子 1、4 号齿将对齐到右上和左下的定子齿上而保持平衡，如此，转子就转过了起始状态时 1 号齿和 C 相绕组那个夹角的角度。

接下来，断开 C 相绕组，导通 D 相绕组，过程与上述的情况完全相同，最终将使转子 2、5 号齿与定子 D 相绕组对齐，转子又转过了上述同样的角度。

很明显，当 A 相绕组再次导通，即完成一个 B—C—D—A 的四节拍操作后，转子的 0、3 号齿将由原来的对齐到上下 2 个定子齿变为对齐到左上和右下的两个定子齿上，即转子转过了一个定子齿的角度。依此类推，再来一个四节拍，转子就将再转过一个齿的角度，8 个四节拍以后转子将转过完整的一圈，而其中单个节拍使转子转过的角度就很容易计算出来了，即 360°/（8＊4）＝11.25°，这个值就叫作步进角度。上述这种工作模式就是步进电机的单四拍模式——单相绕组通电四节拍。

有一种更优性能的工作模式，那就是在单四拍的每两个节拍之间再插入一个双绕组导通的中间节拍，组成八拍模式。比如，在从 B 相导通到 C 相导通的过程中，假如 B 相和 C 相同时导通一个节拍，这个时候，B、C 两个绕组的定子齿对它们附近的转子齿同时产生相同的吸引力，这将导致这两个转子齿的中心线对比到 B、C 两个绕组的中心线上，也就是新插入的这个节拍使转子转过了上述单四拍模式中步进角度的一半，即 5.625 度。这样，就使转动精度增加了一倍，而转子转动一圈则需要 8＊8＝64 拍了。另外，新增加的这个中间节拍，还会在原来单四拍的两个节拍引力之间又增加一倍引力，从而大大增加电机的整体扭力输出，使电机更"有劲"。

除了上述的单四拍和八拍的工作模式外，还有一个双四拍的工作模式——双绕组通电四节拍。其实就是把八拍模式中的两个绕组同时通电的那四拍单独拿出来，而舍弃掉单绕组通电的那四拍。其步进角度同单四拍是一样的，但由于它是两个绕组同时导通，所以扭矩会比单四拍模式大，在此就不做过多解释了。

八拍模式是这类四相步进电机的最佳工作模式，能最大限度地发挥电机的各项性能，也是绝大多数实际工程中所选择的模式。

接下来，我们来了解一下"永磁减速型步进电机"中这个"减速"的概念。图 3-2-34 是这个 28BYJ-48 步进电机的拆解图，从图中可以看到，位于最中心的那个白色小齿轮才是步进电机的转子输出，64 个节拍只是让这个小齿轮转了一圈，然后它带动大齿轮转动，这就是一级减速。右上方的白色齿轮的结构，除电机转子和最终输出轴外的 3 个传动齿轮都是这样的结构，由一层多齿和一层少齿构成，而每一个齿轮都用自己的少齿层去驱动下一个齿轮的多齿层，这样每两个齿轮就构成一级减速，一共四级减速，那么总的减速比是多少呢？即转子要转多少圈最终输出轴才转一圈呢？

图 3 - 2 - 34　28BYJ-48 步进电机内部拆解图

电机参数表中的减速比为 1：64，转子转 64 圈，最终输出轴才会转一圈，也就是需要 $64×64＝4096$ 个节拍输出轴才转过一圈。4096 个节拍转动一圈，那么一个节拍转动的角度即步进角度就是 $360°/4096$。步进角度参数为 $5.625/64$，两个值是相等的。

不管哪个厂家生产的电机，只要型号是 28BYJ-48，其标称的减速比就都是 1：64。但实际上，经过拆解计算发现，真实准确的减速比并不是这个值，而是 1：63.684。得出这个数据的方法也很简单，实际数一下每个齿轮的齿数，然后将各级减速比相乘，就可以得出结果了，实测的减速比为（32/9）（22/11）（26/9）（31/10）≈63.684，从而得出实际误差为 0.0049，即约为百分之 0.5，转 100 圈就会差出半圈。

按照 1：63.684 的实际减速比可以得出转过一圈所需要的节拍数是 4076。尽管如此，但实际上误差还是存在的，因为上面的计算结果都是约等得出的，实际误差大约是 0.000056，即万分之 0.56，转一万圈才会差出半圈，误差已经可以忽略不计。

那么厂家的参数为什么会有误差呢？要解释这个问题，我们得回到实际应用中，步进电机的目的是控制目标转过一定的角度，通常都是在 360° 以内。28BYJ-48 步进电机最初的设计目的是用来控制空调的扇叶，而扇叶的活动范围是不会超过 180° 的，所以在这种应用场合下，厂商给出的近似整数减速比 1：64 已经足够精确了。

二、罗茨增压器

限于内部空间以及其他因素，很多车型采用的是机械式罗茨增压器来替代废气涡轮增压器，例如各种跑车、赛车等。这种增压器的优点主要有：

1. 需要时可立即获得增压压力；

2. 增压压力是连续供给的，且随转速升高而增大；

3. 寿命长，保养方便；

4. 结构紧凑，节省空间；

5. 节省燃油；

6. 发动机扭矩增大快，提前可达到最大扭矩值，因此起步性能好；

7. 压缩空气到汽缸的路径非常短，空气体积小，因此反应非常快；

8. 废气特性好。（原因：催化转化器可以更快地达到工作温度。而对于使用废气涡轮增压器的发动机来说，一部分热能要用于驱动废气涡轮增压器，这部分热能就损失掉了。）

缺点主要是生产成本高，重量大、噪声大，驱动增压器需要消耗部分发动机功率。

图 3 - 2 - 35　罗茨增压器

它是一种旋转活塞式结构的装置。该装置采用挤压原理工作，内部并无压缩过程。该增压器有一个壳体，壳体内有两个轴（转子）在转动。这两个转子采用机械方式来驱动，如曲轴驱动。这两个转子是由壳体外的齿轮来传动的（传动比相同），两个转子同步转动，但旋向相反。于是两个转子工作起来就像在"彼此啮合"。现代的罗茨增压器（如奥迪车上用的型号）是螺旋式增压器，使用的是四叶片式转子，两个转子的每个叶片与纵轴呈160°布置，因此供气更连续、波动更小。罗茨增压器一直工作，在任何转速时都能达到相对于这个转速的最大增压压力。但是，并非所有工况都需要增压空气，因此，必须有相应的措施调节增压压力。在较旧的系统上，采用电磁离合器来关闭皮带驱动机构，从而达到限制增加压力的目的。但是这样功率损失太大，新的车型一般采用类似汽油发动机废气涡轮增压器的废气旁通阀的结构来卸掉增压压力。

学习情境三　点火系统检测维修

任务导向

学习任务一　汽油机点火系统

汽车点火系统好坏对发动机的动力性、经济性、启动性能和排放等均有一定的影响。现代汽车点火系统主要以微机控制电子点火系统为主，相比较触点式、普通电子式、集成电路式，微机控制电子点火系统可控制并维持发动机点火提前角在最佳范围内，使汽油机的点火时刻更接近于理想状态，从而进一步挖掘发动机的潜能。

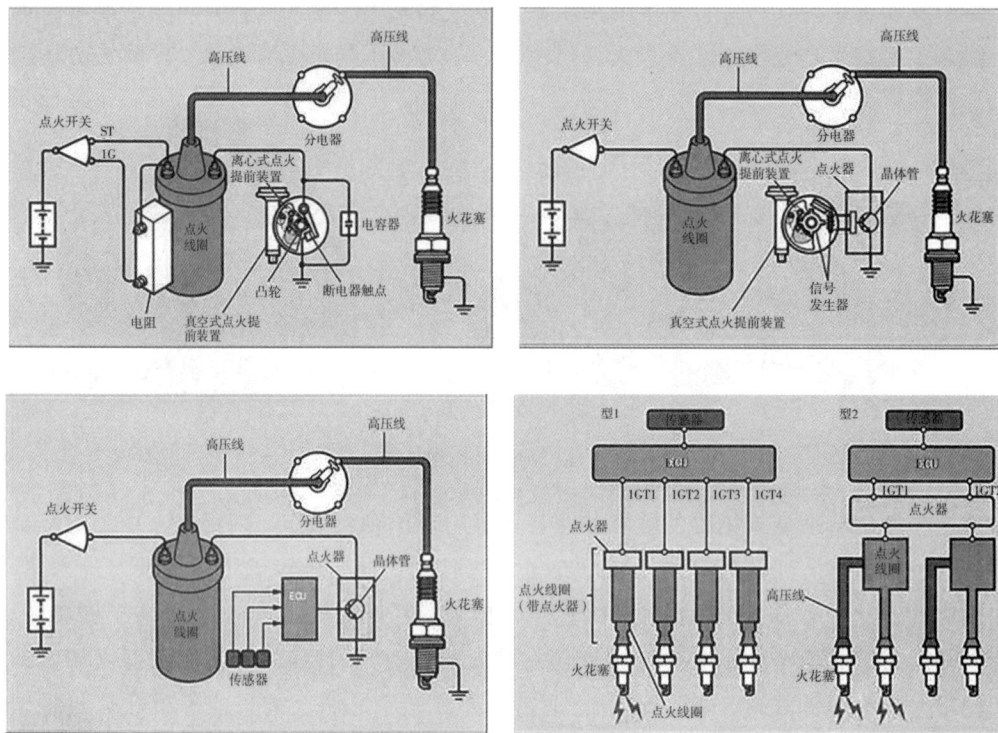

图 3 - 3 - 1 点火系统的发展

一、点火系统的作用

点火系统的作用是将蓄电池或发电机提供的低压电变为高压电，按照发动机的工作顺序和点火时间的要求，适时、准确地将高压电分配给各缸火花塞，使之跳火，点燃气缸内的可燃混合气。

二、对点火系统的要求

无论是哪一类的点火装置，均有共同的技术性能要求，即应在发动机各种工况和使用条件下保证可靠而准确地点火，为此应满足以下三个方面的要求。

1. 能产生足以击穿火花塞间隙的电压

火花塞电极击穿而产生火花时所需要的电压称为击穿电压。点火系统产生的次级电压必须高于击穿电压，才能使火花塞跳火。但过高的次级电压，将造成绝缘困难，使成本提高，一般不超过 30 kV。击穿电压的大小受很多因素影响，其中主要有：

（1）火花塞电极间隙和形状。火花塞电极的间隙越大，气体中的电子和离子受电场力的作用越小，不易发生碰撞电离，击穿电压就越高；电极的尖端棱角分明，所需的击穿电压低。

（2）气缸内混合气体的压力和温度。混合气体的压力越大，温度越低，其密度就越大，离子自由运动距离就越短，不易发生碰撞电离，击穿电压就越高。

（3）电极的温度和极性。火花塞电极的温度越高，电极周围的气体密度越小，击穿电压就越低；针状的中心电极为负极且温度较高时，击穿电压就较低。

（4）发动机的工作情况。发动机高速工作时，气缸内的温度升高，使气缸的充气量减少，致使气缸中压力减小，因而火花塞的击穿电压随转速的升高而降低。混合气体过稀和过浓时击穿电压都会升高。

2. 火花应具有足够的能量

发动机正常工作时，由于混合气压缩终了的温度接近其自燃温度，仅需要 1—5 mJ 的火花能量。但混合气体过浓或过稀，发动机启动、怠速或节气门急剧打开时，则需要较高的火花能量。

现代发动机对经济性和排气净化的要求更高，都迫切需要提高火花能量。因此，为了保证可靠点火，高能电子点火系统一般应具有 80—120 mJ 的火花能量，启动时应产生高于 100 mJ 的火花能量，如图 3 - 3 - 2 所示。

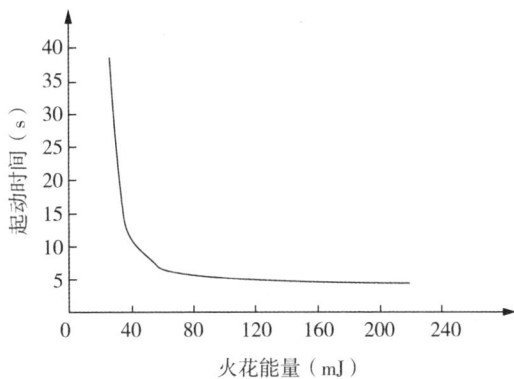

图 3 - 3 - 2　火花能量与启动时间的关系

3. 点火时刻应适应发动机的各种工作情况

点火时刻对发动机性能影响很大，从火花塞点火到气缸内大部分混合气燃烧，并产生高的爆发力需要一定的时间，虽然这段时间很短，但由于曲轴转速很高，在这段时间内，曲轴转过的角度还是较大的。若在压缩上止点点火，则混合气边燃烧，活塞边下移而使气缸容积增大，这将导致燃烧压力低，发动机功率也随之减小。因此，要在压缩接近上止点前点火，即点火提前。

从发出电火花开始至活塞到达上止点为止的一段时间内曲轴转过的角度，称为点火提前角。点火提前角过小，当活塞到达上止点时才点火，则混合气的燃烧主要在活塞下行过程中完成，即燃烧过程在容积增大的情况下进行，使炽热的气体与气缸壁接触的面积增大，因而转变为有效功的热量相对减少，气缸内最高燃烧压力降低，导致发动机过热，功率下降。点火提前角过大，由于混合气的燃烧完全在压缩过程进行，当活塞到达上止点之前即达最大，使活塞受到反冲，发动机做负功，不仅使发动机的功率降低，并有可能引起爆燃和运转不平稳现象，加速运动部件和轴承的损坏。实践证明，燃烧最大压力出现在上止点后 10—15°时，发动机的输出功率最大，此时所对应的点火提前角为最佳点火提前角。

对于某一缸而言，电火花产生的时刻应使发动机发出的功率最大、油耗最低、排放污染最少。

学习任务二　点火装置

一、微机控制电子点火系统组成

微机控制电子点火系统主要由各种传感器、电子控制器（ECU）、点火器、点火线圈、火花塞等组成。微机控制电子点火系统由晶体管点火系统发展而来，目前主流点火系统为独立点火系统（笔式点火系统），即 COP 式点火系统（Coil-on-Plug）。

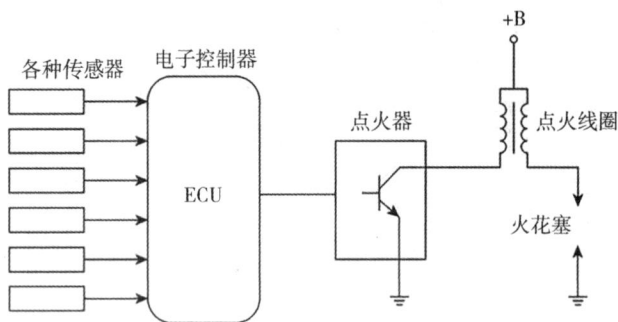

图 3-3-3　微机控制电子点火系统组成

独立点火系统

每个气缸的火花塞配一个点火线圈，单独对本缸点火，独立点火方式则可用于任意气缸数的发动机。绝大部分无分电器点火系统均采用无高压线的直接点火方式，这也是目前点火系统发展的最高阶段。独立点火可使高压电能的传递损失和电磁干扰降到最低水平，如图 3-3-4 所示。该点火系统的点火线圈次级绕组与火花塞之间的高压电路中留有 3—4 mm 的间隙，其作用是防止初级电路接通时误点火。

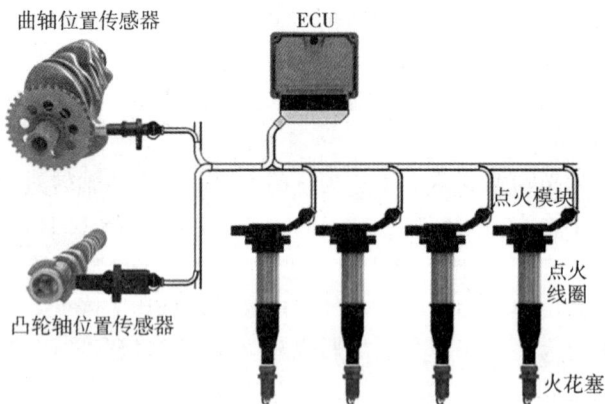

图 3-3-4　独立点火系统组成

此点火方式适合在四气门发动机上配用，该系统每个气缸的火花塞配用一个点火线圈，单独对本缸进行点火，并且可将点火线圈直接安装在火花塞顶上，这样不仅取消了分电器，而且也不用高压线，可以彻底消除分电器和高压线所带来的缺陷，分火性能最好，但结构和点火控制系统复杂。

在独立点火系统中，每个点火线圈都有一个单独的点火器，该系统点火器和点火线圈集成一体，结构如图 3-3-5 所示。因使用效果好，且维修方便，此种类型在现代汽车上广泛使用。

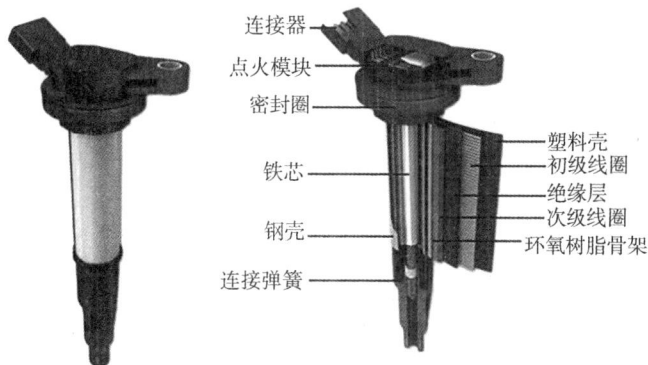

图 3-3-5　带有独立点火器的点火线圈结构

二、微机控制电子点火系统工作原理

1.最佳点火提前角的确定

微机控制电子点火系统的最佳点火提前角（即实际点火提前角）由三部分组成：初始点火提前角＋基本点火提前角＋修正点火提前角。

（1）初始点火提前角：发动机启动或转速低于 400 r/min 时的点火提前角为初始点火提前角。它由发动机的结构和曲轴传感器安装位置决定，是未经 ECU 修正的点火提前角，通常为固定值，其大小随发动机形式而异。

（2）基本点火提前角：由电子控制单元根据发动机的转速和负荷所确定的点火提前角。它是发动机运行过程中最为主要的点火提前角。发动机在正常运行期间，ECU 根据试验的发动机转速和负荷信号，在储存器数据表中选出相应的数据作为基本点火提前角。

（3）修正点火提前角：是指由电子控制单元根据发动机的冷却水温、进气温度、电源电压等信号，对点火提前角进行修正的角度。修正主要包括暖机修正、过热修正、空燃比反馈修正、急速稳定性修正和爆震修正等方面。

2.系统工作原理

发动机工作过程中，各传感器不断地检测发动机的转速、负荷、冷却水温、进气温度等信号，并将检测信号经接口电路输入电子控制器 ECU，ECU 根据这些信号参数进行查找、运算、修正，将计算结果转变为控制信号，向点火模块发出控制指令，接通点火线圈的初级电路；经过最佳的导通时间后，再发出控制指令，使点火模块切断点火线圈的初级电路，初级电流中断，在点火线圈次级绕组中产生高压电，经配电装置送到火花塞，点燃混合气。

发动机工作期间，电子控制器还不断地检测爆震传感器输出的信号，分步骤将点火提前角减小，爆震消除后又分步骤将点火提前角移回到爆震前的状态，实现点火提前角的闭环控制。

三、微机控制电子点火系统各部件功能及原理

（一）传感器

传感器用来不断地检测与点火有关的发动机工作状况信息，并将检测结果输入电子控制器，作为运算和控制点火时刻的依据。各车型使用的传感器类型、数量、结构及安装位置不同，但其作用大同小异。微机控制电子点火系统中所用的传感器主要有以下几种：

1. 曲轴位置传感器：用于检测发动机转速信号和基准缸活塞上止点位置信号（凸轮轴位置传感器），常见有磁感应式、霍尔式两种。

2. 空气流量计（绝对压力传感器）：用于检测发动机进气量，是负荷信号。

3. 水温传感器：用于检测发动机水温信号。

4. 进气温度传感器：用于检测进气温度信号。

5. 节气门位置传感器：用于检测节气门开度或全开、全闭及急加速信号。

6. 车速传感器：用于检测车速信号。

7. 氧传感器：用于检测空燃比浓稀信号。

8. 爆震传感器：用于检测发动机爆震信号。

9. 点火开关：用于检测点火开关接通及启动信号。

10. 空调器开关：用于检测空调信号。

11. 空挡开关：用于检测变速器空挡信号。

点火系统的主要基准信号来源于曲轴和凸轮轴位置传感器，其他传感器作为修正信号使用。爆震传感器检测闭环控制信号，作用与氧传感器相似。

（二）发动机转速与凸轮轴位置传感器

作用：检测发动机上止点、曲轴转角、发动机转速信号送给 ECU，以确认曲轴和凸轮轴位置以及转动速度，用来控制喷油正时和点火正时。

类型：磁感应式、霍尔式。

位置：经常安装在发动机的曲轴端、凸轮轴端、飞轮上。

1. 磁感应式凸轮轴位置传感器

（1）结构组成：主要由永磁体、感应线圈、屏蔽电缆、传感器外壳等组成。如图 3 - 3 - 6 所示。

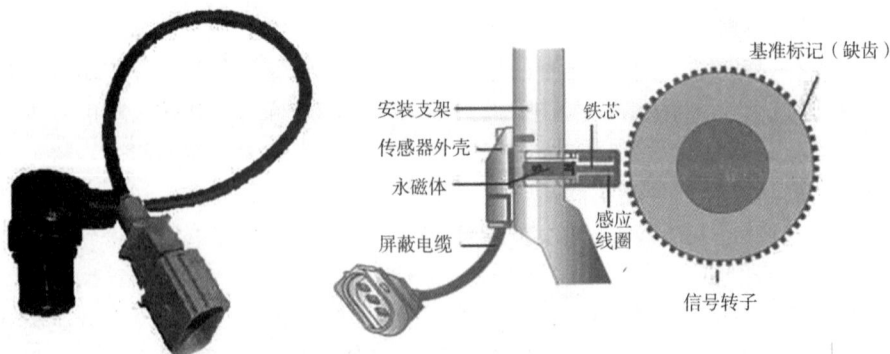

图 3 - 3 - 6 磁感应式凸轮轴位置传感器

（2）工作原理：传感器利用转子旋转使磁通量变化，从而在感应线圈里产生交变的感应电动势信号，将此信号放大后，送入 ECU。发动机速度越快，产生的感应电压幅值越高。传感器所检测的转盘上共 60 齿，其中有两齿缺失，传感器正对缺口时产生的波形即为计时基准点。

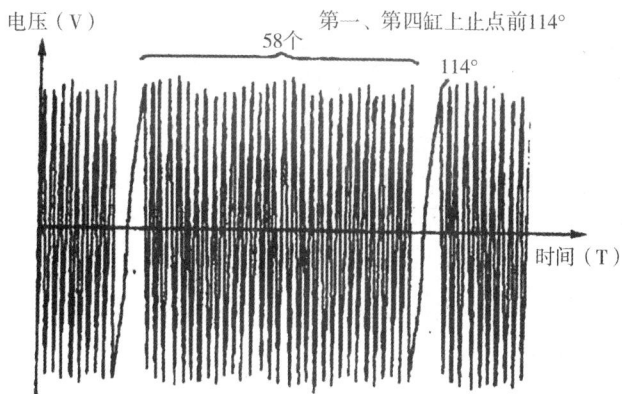

图 3 - 3 - 7　凸轮轴位置传感器的输出信号

2. 霍尔式凸轮轴位置传感器

（1）组成：由转子、永久磁铁、霍尔元件和处理电路组成。

（2）原理

图 3 - 3 - 8　霍尔式凸轮轴位置传感器

霍尔式凸轮轴位置传感器由传感头和齿圈 3 组成。传感头由永磁体 1、霍尔元件 2 和电子电路等组成，永磁体的磁力线穿过霍尔元件通向齿轮。

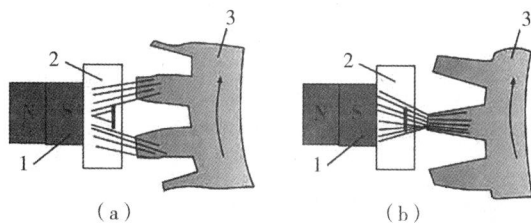

图 3 - 3 - 9　霍尔式凸轮轴位置传感器工作原理

当齿轮位于图中（a）所示位置时，穿过霍尔元件的磁力线分散，磁场相对较弱；而当齿轮位于图中（b）所示位置时，穿过霍尔元件的磁力线集中，磁场相对较强。齿轮转动时，使得穿过霍尔元件的磁力线密度发生变化，因而引起霍尔电压的变化，霍尔元件将输出一个毫伏级的准正弦波电压，经过集成电路处理后，转变成一个方波数字信号传给ECU。

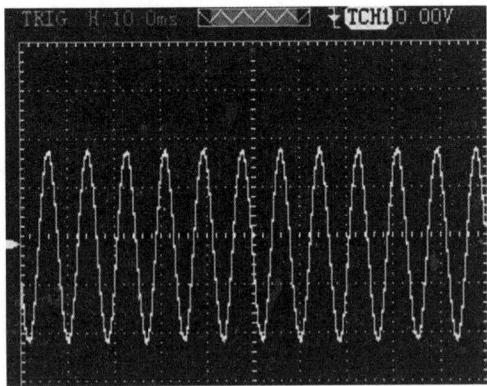

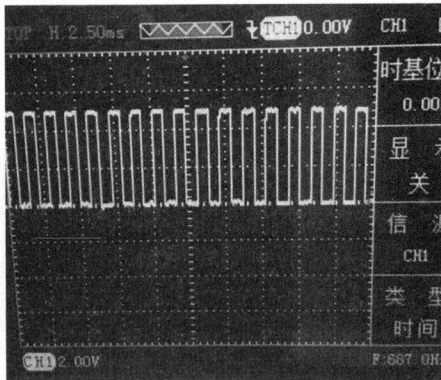

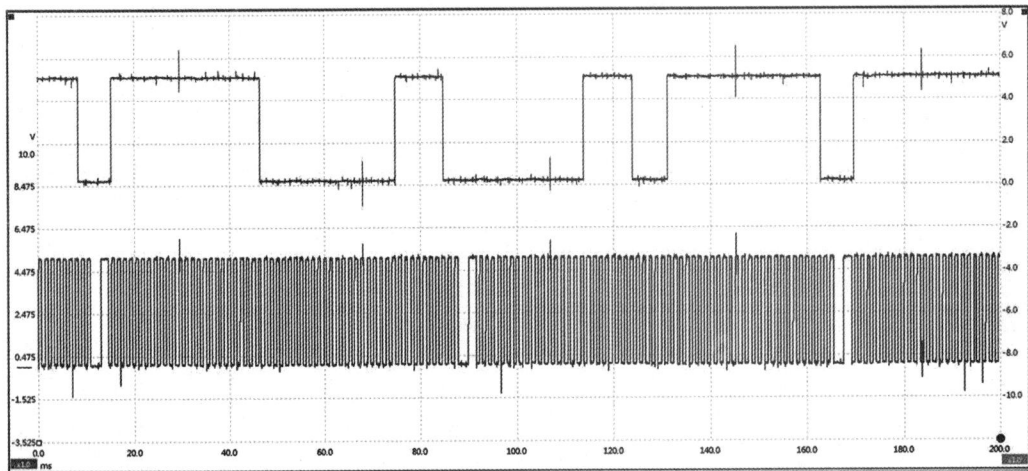

图3-3-10　霍尔式凸轮轴位置传感器的输出信号

（三）爆震传感器

爆震传感器用来检测发动机有无爆震发生。发动机ECU收到爆震信号后，延迟点火正时，抑制爆震。爆震传感器安装在发动机缸体上，通常有1个或2个，通过检测发动机振动的方法来判断有无爆震。如果发动机出现爆震，点火正时将延迟以抑制爆震。爆震传感器有磁致伸缩式和压电式两种，常见的爆震传感器为压电式爆震传感器，如图3-3-11所示。

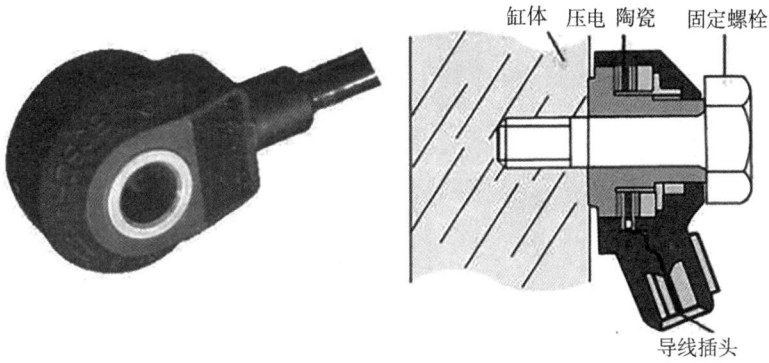

图 3-3-11　压电式爆震传感器

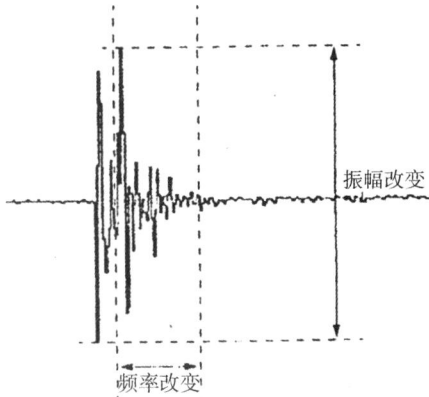

图 3-3-12　爆震传感器的输出信号

(四) 电子控制器 (ECU)

　　它是点火控制系统和喷油控制系统的中枢,作用是接收上述各有关传感器信号,并按照特定的程序进行判断、运算后,给点火电子组件输出最佳点火提前角和初级电路导通时间的控制信号。在现代发动机集中控制系统中,点火系统仅是电子控制器的一个子系统。

　　电子控制器主要由输入回路、输出回路、A/D 转换器、微型计算机以及电源电路、备用电路等组成。

(五) 点火器

　　点火器是综合控制的执行器之一,点火器的作用是根据 ECU 的指令,通过内部的大功率三极管的导通和截止,控制初级电流的通断,完成点火工作。

　　点火器由点火线圈和火花塞组成。

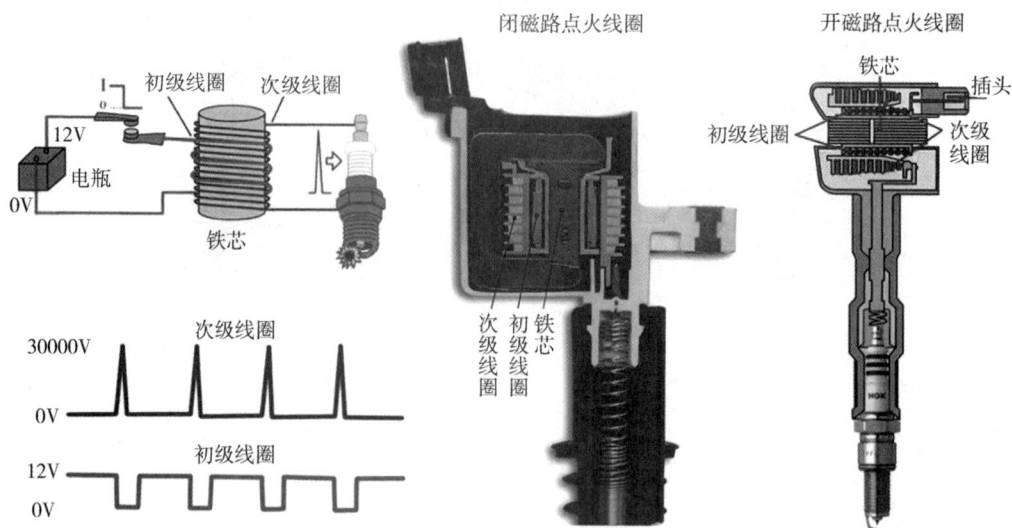

图 3 - 3 - 13　点火线圈的结构和工作原理

　　点火线圈实际就是利用电磁感应原理制成的一个变压器，它把蓄电池或磁电机输出的12伏低压电变为20000—100000伏的高压电。点火线圈主要由低压线圈（又称初级线圈）、高压线圈（又称次级线圈）、铁芯等组成。低压线圈用较粗的铜质漆包线绕制，圈数较少，线圈一端与电源相连，另一端通过 ECU 控制的三极管接地。高压线圈用较细的铜质漆包线绕制，圈数很多，线圈一端与火花塞相连，另一端与车身搭铁相连。

　　点火线圈的作用是将低压电变为高压电，电压可以达到数万伏，通过气缸内的火花塞击穿空气电离产生电火花。它根据发动机不同的转速以不同的频率反复进行储能及放能。当初级线圈接通电源时，随着电流的增长四周产生一个很强的磁场，铁芯储存了磁场能。当三极管使初级线圈电路断开时，初级线圈的磁场迅速衰减，根据楞次定律，磁力线收缩而切割了高压线圈，次级线圈就会感应出很高的电压。初级线圈的磁场消失速度越快，电流断开瞬间的电流越大，两个线圈的匝比越大，则次级线圈感应出来的电压越高。在高压线圈中装有高压二极管和高压电阻，目的是消除错误的初级线圈感应电压导致的误点火，高压二极管能够防止错误的感应电压传到火花塞上。高压电阻是一个负载，目的是消耗掉高压线圈多余的能量，防止电磁干扰和击穿。

　　随着 COP 式独立点火线圈技术的发展，点火线圈要求点火能量越来越高，反应速度越来越灵敏，点火时刻越来越精准，为此主流点火线圈采用的是 IGBT 技术与集成电路集成控制的做法。

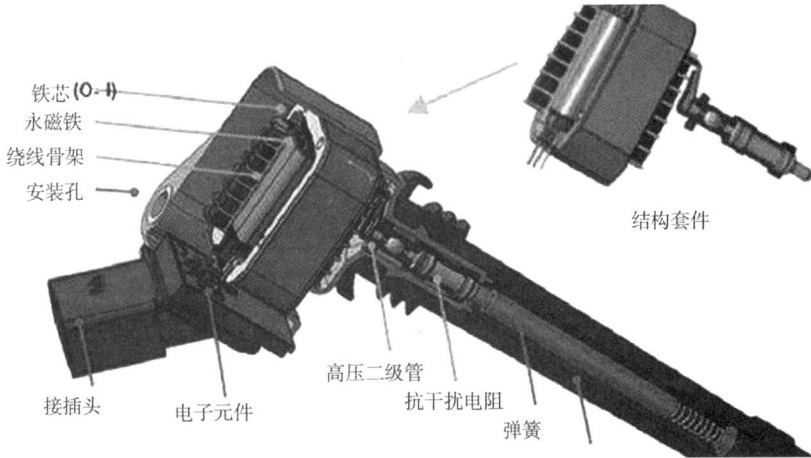

铁芯(O→I)
永磁铁
绕线骨架
安装孔

结构套件

高压二级管
抗干扰电阻
弹簧

接插头
电子元件

图 3 - 3 - 14 IGBT 点火线圈

4 针带 IGBT 的 COP 点火线圈内部带有 IGBT 模块,可实现软关闭、过电流保护功能等,当 ECU 给出错误信号时,线圈可以自动识别,同时切断供电电路,保护 IGBT 和线圈,而在此过程中不产生误点火,达到软关闭的效果。点火线圈内部集成 IGBT 的优点是,一方面只需要小电流驱动信号驱动线圈,另一方面线圈自带的电子模块可以提供各种附加的保护和滤波功能,从而使带 IGBT 的线圈在功能上更加智能和安全可靠。

国内市场目前的笔式或顶置式线圈点火能量一般在 60 mJ 以下,对于新一代发动机而言,这些点火线圈已经不能满足要求。高能紧凑型点火线圈点火能量可达到 100 mJ,次级电压可达到 3.5—4 万伏。一般采用模块化设计,安装孔的位置,接插件的类型及角度,套管的长度和弹簧的长度,都可以根据不同车型的缸盖进行匹配。点火线圈的设计寿命为 15 年/30 万公里,与整车寿命相同。

(六)火花塞

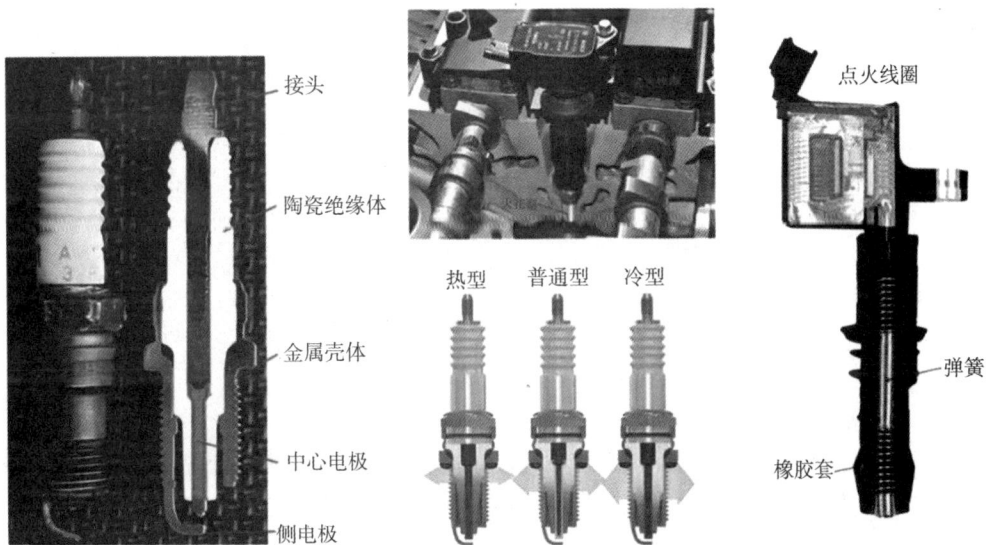

接头

陶瓷绝缘体

金属壳体

中心电极

侧电极

点火线圈

热型 普通型 冷型

弹簧

橡胶套

图 3 - 3 - 15 火花塞的结构和类型

终端螺丝帽

沟状波纹
带有五段波纹，
具有较长的绝缘距离，
能防止飞狐。

NGK及产品编号表示

陶瓷电阻体

主体金属部件
使用防高温腐蚀性强的电镀处理。

螺丝长度
（有效长度）

螺丝直径

绝缘体
使用理想的高铝合金制成，
具有火花塞所需要的优秀特性，
如绝缘性、耐热性和导热性。

R加入电阻

特殊粉末充填
气密性好，构造结实。

密封垫圈
制成特殊形状，能防止燃烧气体漏出。

嵌入铜芯
使大量的热尽早散去，无论对高速还是对低速
都有很强的适应性，是超广范围火花塞。

火花塞间隙

中心·外侧电极
用特殊镍合金制成，具
有耐热性、耐久性。

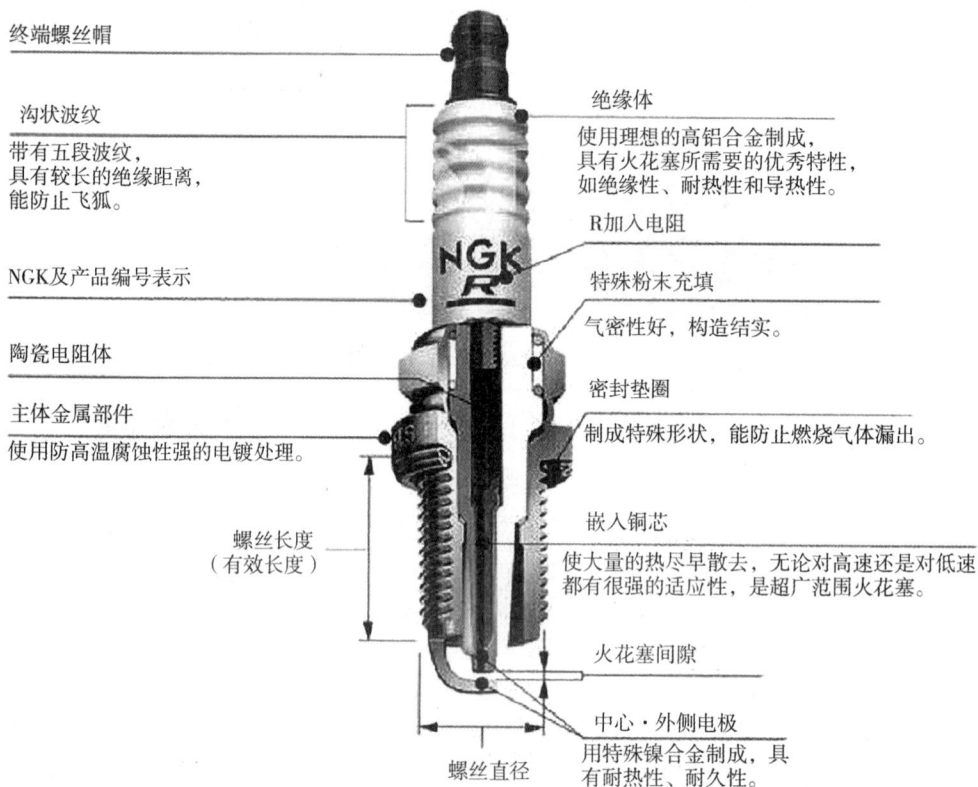

图 3-3-16　火花塞的构造

1. 火花塞的构造

火花塞分为三部分，即中央电极、钢体与侧电极、绝缘瓷芯。中央电极由镍或者镍合金制成，能承受爆发时的高温。钢体上部制成六角，以便扳手拆装，下部有螺牙，可旋入汽缸头中。绝缘瓷芯包围着中央电极。现在一般都是绝缘体突出端面，更利于散热。中央电极与侧电极（接地电极）之间的隙称为火花塞间隙，由压缩比、燃烧室形状、火花塞位置等因素决定。

2. 火花塞的作用

火花塞的作用是将点火能量快速引入燃烧室，把高压导线送来的脉冲高压电释放，并用电极间的电火花瞬间点燃经压缩的可燃性混合气，点燃的气体通过做功从而为汽车提供源源不断的动力。火花塞对点燃式发动机的运行具有决定性的影响。汽车火花塞必须保证可靠的冷启动，以及车辆在加速、高速时不出现失火和陶瓷绝缘体过热而发生提前点火的现象，并且能承受发动机在最大工况状态下连续工作。

3. 火花塞特性

火花塞的标准中通常用热值来表征火花塞的热特性，火花塞热值表示火花塞绝缘体裙部吸热与散热的平衡能力，热值越高，则吸热与散热平衡能力越强，因而热型火花塞热值低，冷型火花塞热值高。一般功率高、压缩比大的发动机选用热值高的冷型火花塞；相反，功率低、压缩比小的发动机选用热值低的热型火花塞。一般火花塞的选用是工厂通过

产品定型实验确定的，不应随意更换。

图 3-3-17　火花塞

4. 火花塞的种类

火花塞以不同的分类方法可以分成不同的类别。按照热值高低来分，有冷型和热型；按照电极材料来分，有镍合金、银合金和铂合金等。按照结构形式分，火花塞的类型大体上有如下几种：

（1）准型火花塞：其绝缘体裙部略缩入壳体端面，侧电极在壳体端面以外，是使用最广泛的一种。

（2）缘体突出型火花塞：绝缘体裙部较长，突出于壳体端面以外。它具有吸热量大、抗污能力好等优点，且能直接受到进气的冷却而降低温度，因而也不易引起炽热点火，故热适应范围宽。

（3）电极型火花塞：其电极很细，特点是火花强烈，点火能力好，在严寒季节也能保证发动机迅速可靠地启动，热范围较宽，能满足多种用途。

（4）座型火花塞：其壳体和旋入螺纹制成锥形，因此不用垫圈即可保持良好密封，从而缩小了火花塞体积，对发动机的设计更为有利。

（5）极型火花塞：侧电极一般为两个或两个以上，优点是点火可靠，间隙不需经常调整，故在电极容易烧蚀和火花塞间隙不能经常调节的一些汽油机上常常采用。

（6）面跳火型火花塞：即沿面间隙型，它是一种最冷型的火花塞，其中心电极与壳体端面之间的间隙是同心的。

此外，为了抑制汽车点火系统对无线电的干扰，又生产了电阻型和屏蔽型火花塞。电阻型火花塞是在火花塞内装有 5—10 kΩ 的电阻，屏蔽型火花塞是利用金属壳体把整个火花塞屏蔽密封起来。屏蔽型火花塞不仅可以防止无线电干扰，还可用于防水、防爆的场合。

学习任务三　迈腾 B8 点火系统

图 3-3-18 为大众迈腾独立点火系统电路，发动机控制单元 J623 根据发动机转速传感器 G28、车速传感器等传来的信号，从而控制点火线圈 N292 等工作。

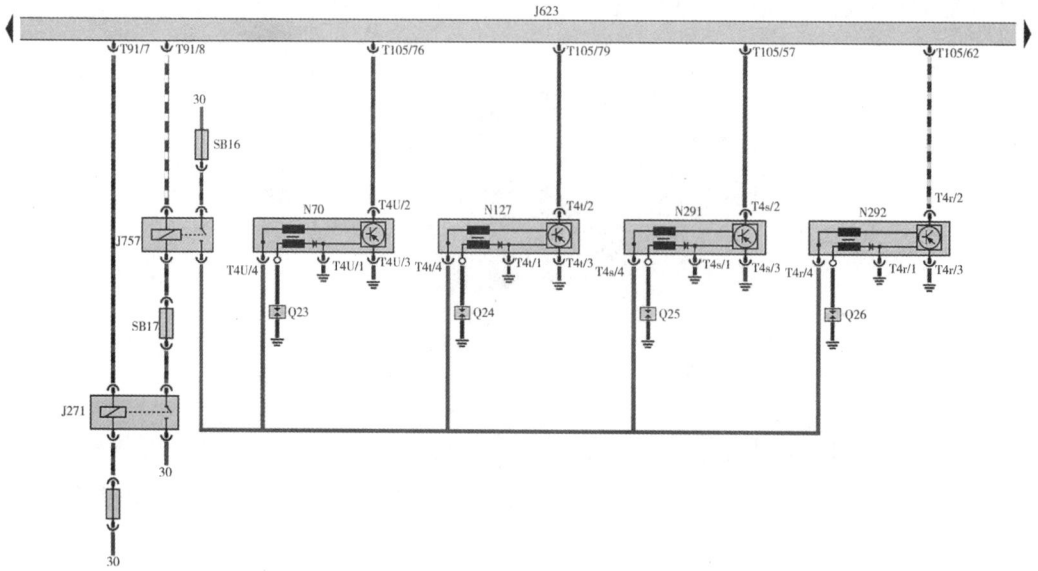

图 3 - 3 - 18   大众迈腾独立点火系统电路

任务延伸

图 3 - 3 - 19   马自达 Skyactiv-X 汽油压燃发动机

马自达对于各种发动机技术的极致追求从转子发动机时代就闻名世界，而应用火花可控压燃 SPCCI 技术的 Skyactiv-X 发动机甚至拥有了追赶新能源汽车性能和油耗的实力。

马自达 Skyactiv 创驰蓝天发动机技术始于 2011 年，第一代创驰蓝天汽油发动机称为 Skyactiv-G。它通过包括阿特金森循环在内的大量技术革新，使得 Skyactiv-G 发动机的压缩比达到了业界领先的 14：1，从而大幅优化了发动机油耗。而 2018 年投产的第二代创驰蓝天发动机被称为 Skyactiv-X，它进一步依托火花可控压燃 SPCCI 技术将压缩比提升至 15：1，在降低油耗的同时增强了发动机输出扭矩。

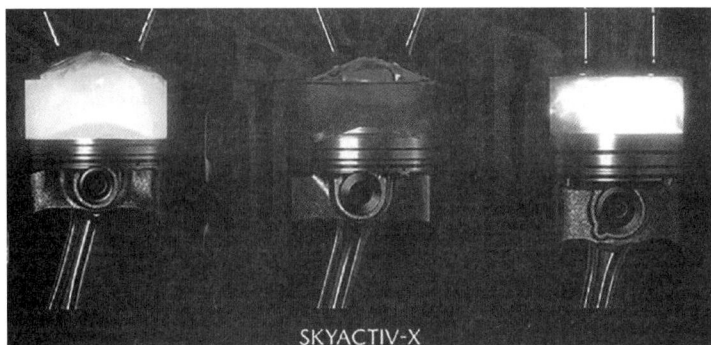

图 3 - 3 - 20　马自达 Skyactiv-X 火花可控压燃技术工作原理对比

　　火花可控压燃 SPCCI 技术的英文全称是 Spark Controlled Compression Ignition。该系统结合了柴油发动机的能效和扭矩输出优势以及汽油发动机的高转速优势。其根本创新是结合了柴油发动机压燃的快速燃烧传播特性和汽油发动机的火花塞点燃时机和能量控制特点，既保证了充足的发动机动力，又提升了燃烧效率。

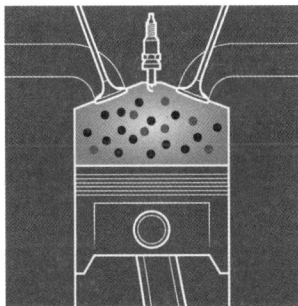

图 3 - 3 - 21　马自达 Skyactiv-X 火花可控压燃技术工作原理

　　马自达 2.0 L 的 Skyactiv-X 发动机用火花可控压燃 SPCCI 技术克服了火花点火模式（SI）和压缩点火模式（CI）之间难以顺畅切换的长期问题。在日常驾驶工况中，SI 和 CI 之间的切换已经很难察觉。由于扭矩输出的范围更加宽广，马自达得以更加高效地调整车辆的挡位分布，从而进一步改善车辆的燃油经济性并降低排放。与 Skyactiv-G 汽油发动机相比，Skyactiv-X 发动机的能效取得了 20％ 到 30％ 的提升。而 Skyactiv-X 发动机的扭矩表现已接近强劲的柴油发动机。

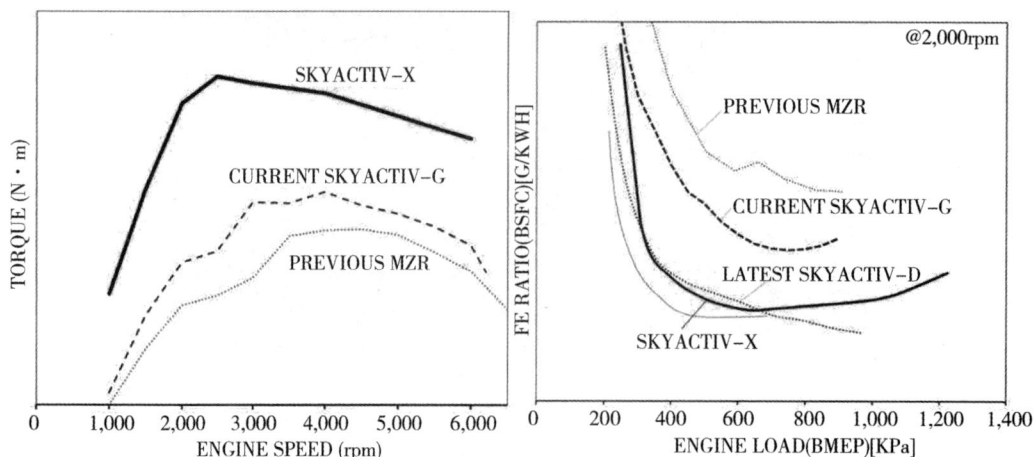

图 3 - 3 - 22 马自达 Skyactiv-X 发动机扭矩与油耗

马自达 Skyactiv-X 发动机取得成功的一大关键突破是对燃烧过程的精准控制。Skyactiv-X 发动机的每个气缸均安装了独立压力传感器，可以对温度、压力等发动机参数进行实时监测。发动机管理系统则会控制发动机的双电动可变凸轮轴、空气泵以及分离喷射系统。马自达的增压系统采用罗茨增压器，由伊顿公司专为马自达 Skyactiv-X 发动机定制。

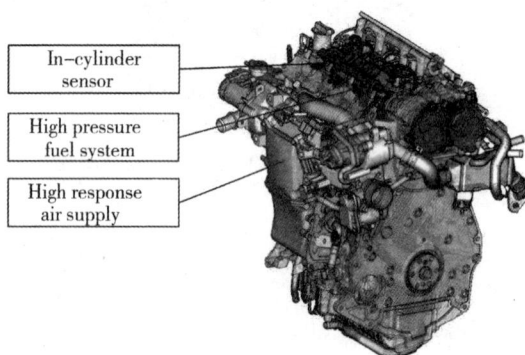

图 3 - 3 - 23 马自达 Skyactiv-X 发动机系统组成

马自达 Skyactiv-X 分 2 个步骤实现空气和燃料的混合，分别在进气冲程和压缩冲程中进行燃油喷射。此时，燃烧室内形成一个强劲的漩涡，进而产生燃料密度梯度，即 CI 外围的空燃混合物相对稀薄，而火花塞中心处的空燃混合物则较浓，有利于火球的形成。火花点火在高负荷条件下可以点燃发动机，在低负荷条件下则切换至压燃模式。当发动机到达进气边界条件时，燃烧室内将产生一个不断膨胀的火球，此时，由于点燃模式提供额外压缩力，发动机的实际压缩比会高于 15：1，进而触发 CI 模式。

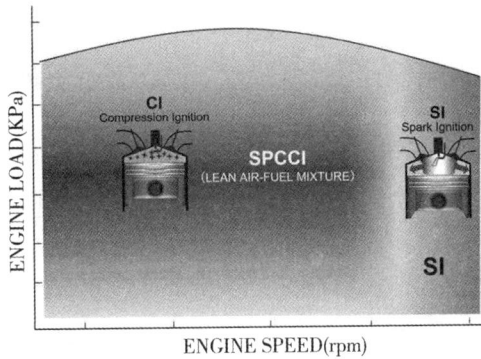

图 3 - 3 - 24 马自达 Skyactiv-X 火花可控压燃技术工况区间

综上所述，马自达 Skyactiv-X 发动机的火花可控压燃 SPCCI 技术实现了业界领先的 15：1 高压缩比，兼顾了柴油发动机的能效和扭矩输出优势以及汽油发动机的高转速优势。马自达 Skyactiv-X 发动机在输出强大扭矩的同时，燃油消耗大幅降低。

马自达的压燃发动机本质上是利用了不利的燃烧特性之一的爆震，将不可控爆震转变为可控爆震。

图 3 - 3 - 25 EcoFlash 点火系统

EcoFlash 电离式点火系统是目前业内可量产化的最先进点火技术，实际应用中传统的火花塞将不再需要，由高频点火器代替，系统通过精确控制放电电场强度来电离周围介质从而产生电离放电效果。跟传统的由火花塞所产生的单点火花相比，EcoFlash 可以生成面向整个发动机缸体内腔的电离体，跟燃油混合物不再是空间上的单点接触，而是全方位的放电效应，所以能够最大化提高燃烧的速率，具有可点燃性和燃烧稳定性，所以是追求高效率、高燃油经济性、低排放（NOx）高级发动机新型点火系统的理想选择。

学习情境四　启动系统检测维修

任务导向

学习任务一　汽车启动机

启动系统的作用是供给内燃机曲轴启动转矩，使曲轴达到必需的启动转速，使内燃机进入自行运转状态，现代汽车发动机一般都采用电动机启动。汽车启动系统主要由启动蓄电池、点火开关、启动继电器、启动机等部件组成，如图 3-4-1 所示。

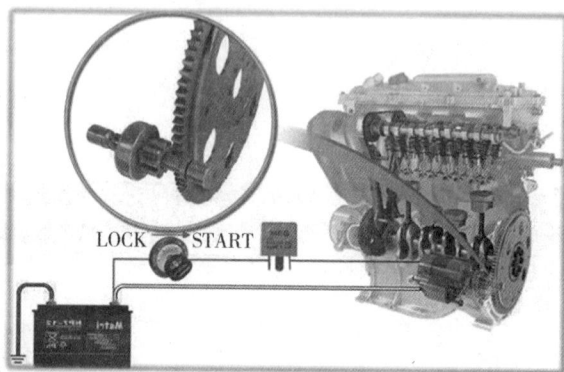

图 3-4-1　汽车启动系统组成

一、启动机结构

启动机一般由直流电动机、传动装置（单向传动机构）、控制机构（操纵机构）三部分组成，如图 3-4-2 所示。其功用是直流电动机由操纵机构控制将蓄电池的电能转换为机械能，再通过其传动机构将发动机拖转启动。

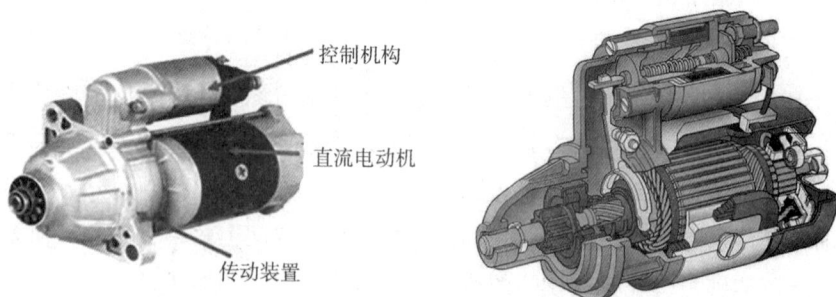

图 3-4-2　启动机整体结构

（一）直流电动机

现代汽车一般使用直流串励式电动机，这种直流电动机，其励磁绕组与电枢绕组串联。主要由电枢、磁极、电刷及电刷架、壳体及前后端盖等组成，如图 3-4-3 所示。

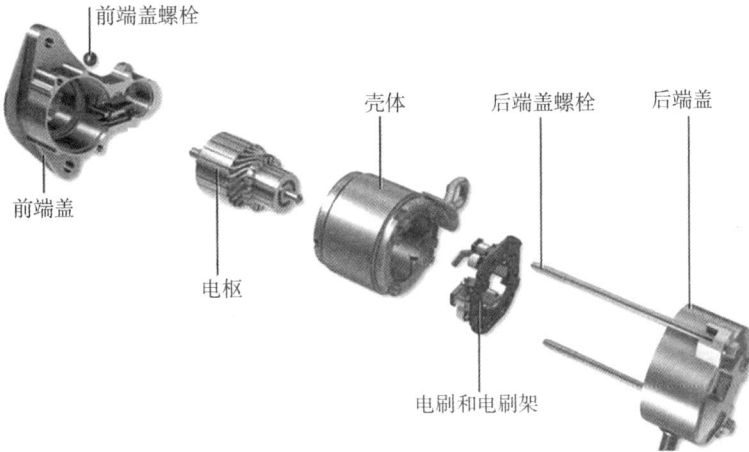

图 3-4-3　直流电动机结构

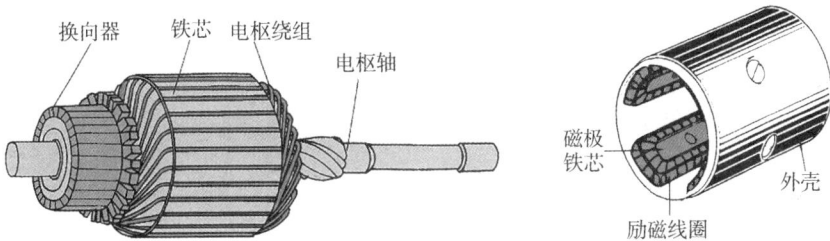

图 3-4-4　电枢结构

电枢主要由电枢轴、电枢绕组、铁芯和换向器组成，它的作用是产生电磁转矩。电枢铁芯由硅钢片叠压而成，内以花键固定在电枢轴上。铁芯槽内嵌电枢绕组，为了获得较大的电磁转矩，流经电枢绕组的电流很大（一般汽油发动机为 200—600 A，柴油发动机可达 1000 A），因此电枢绕组都用较粗的矩形裸铜线绕制。

换向器的作用是将电流引入电枢绕组并使不同磁极下导线中的电流方向保持不变。换向器由截面成燕尾的铜片围合而成。燕尾形铜片称为换向片，换向片与换向片之间以及换向片与轴承之间用云母绝缘。

磁极的作用是建立电动机的磁场，它由外壳、磁场线圈等部分组成。外壳内壁装有四个磁极（有些是二个磁极），在其上面装有磁场线圈，相对的是同极，相邻的是异极。磁场线圈用扁而粗的铜线（或小铜线并联的方法）绕成。磁场线圈采用串联或并联，一端与外壳上的绝缘接柱（即磁场接柱）相连，另一端与正电刷相连。

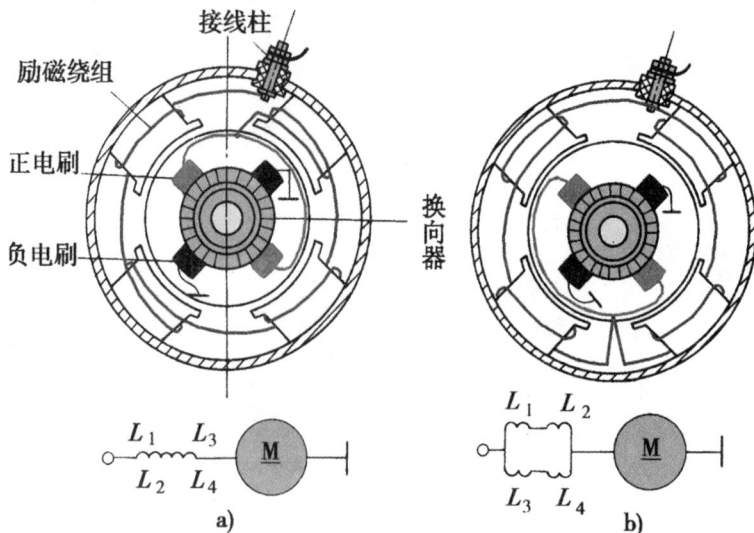

图 3 - 4 - 5　磁极工作原理

电刷组件由电刷、电刷架和电刷弹簧组成。电刷用铜粉和炭粉（或石墨）压制而成，一般有四个，相对的电刷为同极。两个负电刷搭铁，两个正电刷接磁场线圈，它们在压簧的作用下紧密地与换向器接触。

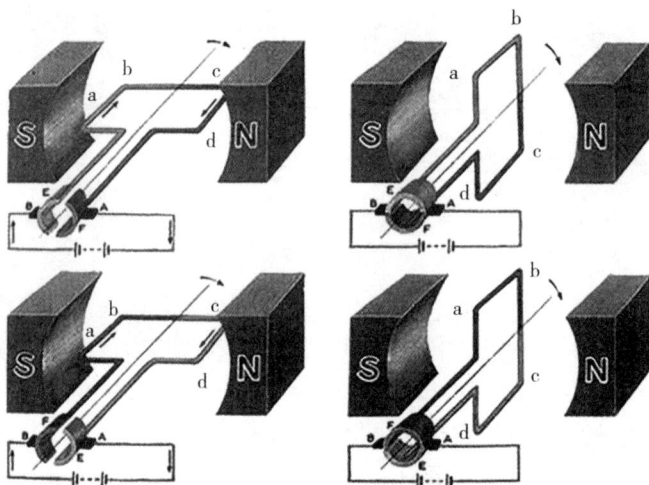

abcd 线圈　A、B 电刷　E、F 换向器

图 3 - 4 - 6　直流电动机工作原理

1. 换向器 EF 分别与电刷 BA 接触，由左手定则得 ab 受力向上，cd 受力向下，在这两个力的作用下，abcd 线圈绕中央轴顺时针旋转。

2. abcd 线圈转到 90°时，此时换向器与电刷脱离接触，线圈不受力，由于惯性原因，线圈继续顺时针旋转。

3. abcd 线圈转过了 90°后，换向器 EF 分别与电刷 AB 接触，换向器换向。线圈上电流流向发生变化。由左手定则得 ab 受力向下，cd 受力向上，abcd 线圈绕中央轴顺时针旋转。

4. abcd 线圈转到 270°时，此时换向器与电刷脱离接触，线圈不受力，由于惯性原因，线圈继续顺时针旋转。

由于换向器与电刷配合，线圈中电流方向一直变化，但受力方向没有变化，所以线圈可以一直旋转。

一个线圈的电动机虽然能够旋转，但转动力矩小，转速也不稳定，而且在某些位置时不能转动，所以，实际使用的启动电动机都是由较多的线圈和配有相应换向片构成的，同时采用多对电磁铁来产生较强的磁场。

（二）传动装置

传动装置也称为单向传动机构，由单向离合器和拨叉等部件组成，如图 3-4-7 所示。作用是在发动机启动时，使驱动小齿轮与飞轮齿圈啮合，传递电动机转矩以启动发动机，在发动机启动后自动打滑，保证电枢不致飞散损坏。

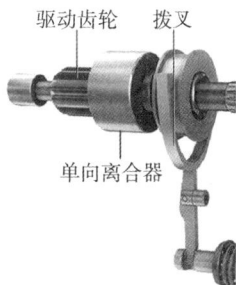

图 3-4-7 传动装置

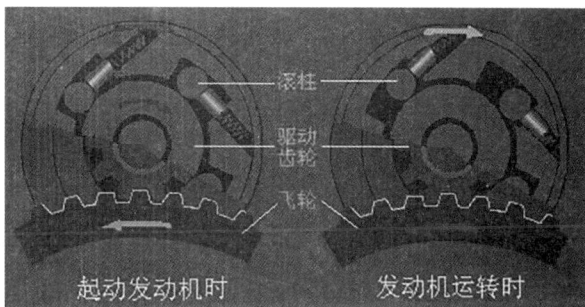

图 3-4-8 滚柱式单向离合器

启动发动机时滚柱在摩擦力的作用下，滚入楔形槽的窄端而卡死。于是启动小齿轮和传动套成为一体，带动飞轮启动发动机。

启动发动机后，由于飞轮齿环带动驱动齿轮高速旋转且比电枢轴转速高得多，驱动齿轮尾部的摩擦力带动滚柱克服弹簧张力，使滚柱滚向锲形腔室较宽的一端，于是滚柱将在驱动齿轮尾部与外座圈间发生滑摩，发动机动力不能传给电枢轴，起到分离作用，电枢轴只按自己的转速空转，避免电枢超速飞散的危险。

滚柱式单向离合器结构简单，能可靠地传递中小扭矩，因而在汽油发动机中被广泛应用。

（三）控制机构

控制机构，又称操纵机构，其作用是控制驱动齿轮和飞轮的啮合与分离，控制电动机电路的接通与切断。常用的装置有机械控制式和电磁控制式两种。

电磁开关结构：

电磁开关主要由磁力线圈（吸引线圈、保持线圈）、铁芯、回位弹簧、开关接触盘、触点等组成，如图 3-4-9 所示。

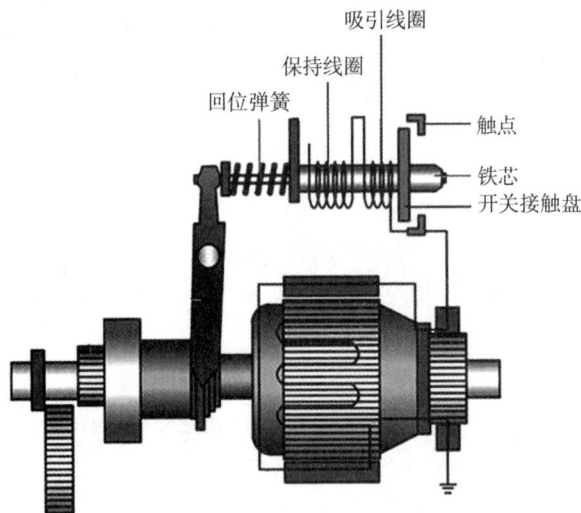

图 3 - 4 - 9　电磁开关结构

　　磁力线圈由导线粗、匝数少的吸引线圈和导线细、匝数多的保持线圈组成。吸引线圈和保持线圈并联，和励磁绕组串联；保持线圈的一端接 S 接线柱，另一端直接搭铁。

　　活动铁芯和固定铁芯安装在一个套筒内。套筒外面安装有回位弹簧，其作用是使活动铁芯等可移动部件复位。固定铁芯不动，活动铁芯可在套筒内做轴向移动。活动铁芯前端固定有推杆，推杆前端安装有开关接触盘；活动铁芯的后端通过调节螺钉和连接销装在变速杆上，与变速杆上的机件绝缘，启动机不工作时，在回位弹簧的作用下，使开关接触盘与主触点保持分开状态。开关接触盘固定在活动铁芯的前端，两个触点分别与电动机开关和蓄电池 B 接线柱制成一体。

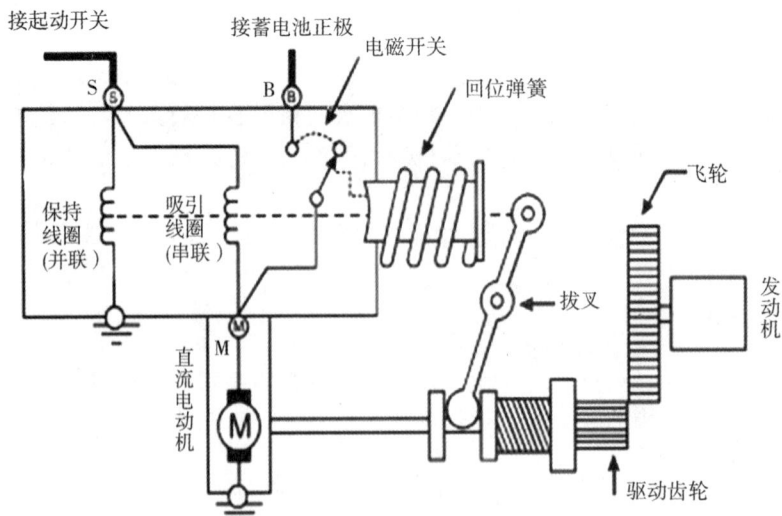

图 3 - 4 - 10　电磁开关工作原理

二、启动机工作原理

如图 3-4-11（a）所示，启动时，接通启动开关，启动机电路通电，继电器的吸引线圈和保持线圈通电，产生很强的磁力，吸引铁芯右移，并带动驱动杠杆绕其销轴转动，使齿轮移出与飞轮齿圈啮合。与此同时，由于吸引线圈的电流通过电动机的绕组，电枢开始转动，齿轮在旋转中移出，减小冲击。

如果齿轮与飞轮齿端相对，不能马上啮合，此时弹簧压缩，当齿轮转过一个角度后，齿轮与飞轮迅速啮合。当铁芯移动到使短路开关闭合的位置时，短路线路接通，吸引线圈被短路，失去作用，保持线圈所产生的磁力足以维持铁芯处于开关吸合的位置，见图 3-4-11（b）。

在发动机发动后，驱动小齿轮和直流电动机之间通过单向离合器作用切断动力传递路径；启动完毕时，驱动小齿轮与飞轮齿圈自动脱离啮合，启动机保持静止状态，见图 3-4-11（c）。

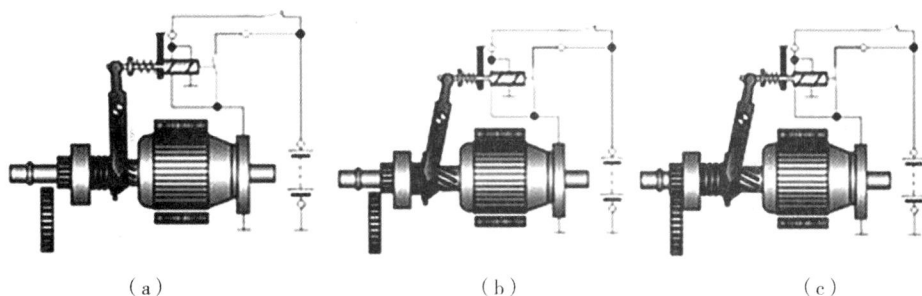

（a）　　　　　　　　　（b）　　　　　　　　　（c）

图 3-4-11　启动机工作过程

三、启动机类型

启动机的类型见表 3-4-1 所列：

表 3-4-1　启动机类型

分类方式	类型
按电动机磁场产生的方式分类	励磁式启动机
	永磁式启动机
按照控制装置分类	直接操纵式启动机
	电磁操纵式启动机
按传动机构分类	惯性啮合式
	强制啮合式
	电枢移动啮合式
按转矩传递方式分类	直接传矩式
	减速传矩式

四、启动机型号

QDJ 表示减速型启动机，QDY 表示永磁型启动机（包括永磁减速型启动机），J、Y
分别表示"减""永"。如图 3 - 4 - 12 所示。

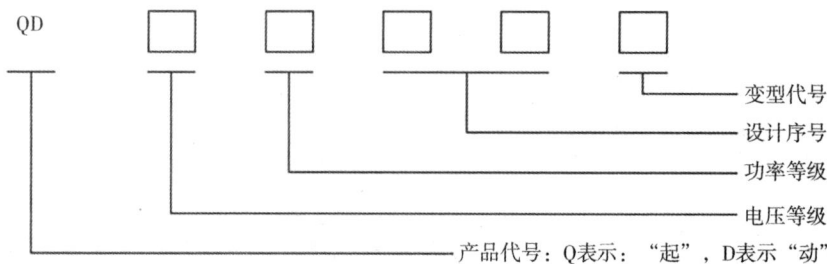

图 3 - 4 - 12　启动机型号表示的含义

电压等级：12 V 和 24 V。

功率等级见表 3 - 4 - 2 所示。

表 3 - 4 - 2　启动机功率等级

功率等级代号	1	2	3	4	5	6	7	8	9
功率（kW）	<1	1—2	2—3	3—4	4—5	5—6	6—7	7—8	>8

在电枢轴和驱动齿轮之间装有减速装置的启动机称为减速型启动机。它通过减速装置
使驱动齿轮的转速降低并使转矩增加，由于减速型启动机体积小、扭矩大，在现代汽车上
广泛应用。

（一）减速型启动机的优点

减速型启动机动力输出结构分为电枢轴和传动轴两部分。电枢轴两端用滚珠轴承支
承，负荷分布均匀，使用时间长，不易磨损，电枢较短，不易出现电枢轴弯曲、磨坏磁场
绕组的情况。采用了减速装置，在转子和驱动齿轮之间安有减速齿轮，电动机传递给启动
齿轮的扭矩就会增大。

和传统启动机相比，减速型启动机具有以下优点：

（1）启动转矩增大，启动可靠，有利于低温启动；

（2）启动机体积小，总长度可缩短 20%—30%，便于外部安装；

（3）单位重量的输出功率增加；

（4）减轻了蓄电池的负担，延长了使用寿命。

（二）减速型启动机的结构

减速型启动机主要由电磁啮合开关、减速齿轮、电动机、启动齿轮（小齿轮）及单向
啮合器等组成。图 3 - 4 - 13 为大众迈腾减速型启动机，图 3 - 4 - 14 为减速齿轮机构。

图 3 - 4 - 13　大众迈腾减速型启动机　　　　图 3 - 4 - 14　减速齿轮机构

1. 电动机

减速型启动机采用小型、高速、低转矩的电动机，其转速可达 15000—20000 r/min，按电动机磁场形式可分为永磁式和电磁式两种。

2. 减速装置

在电动机的电枢轴和输出轴之间，设置了齿轮减速装置。

（1）作用

通过转矩的倍增作用，使启动机的输出特性适应发动机的启动要求。齿轮减速比一般为 3—5。

（2）减速增矩原理

电动机的输出功率 P_i 等于电枢传给减速装置的转矩 M_i 与电枢轴的角速度 ω_i 的乘积，即

$$P_i = M_i \omega_i$$

减速装置输出轴上的功率 P_o 等于减速装置输出轴上的转矩 M_o 与其角速度 ω_o 的乘积，即

$$P_o = M_o \omega_o$$

如果忽略减速装置上的机械损失，则 $P_i = P_o$，即 $M_i \omega_i = M_o \omega_o$，由此可得

$$M_o = \frac{\omega_i}{\omega_o} M_i$$

由齿轮传动原理可知 $\dfrac{\omega_i}{\omega_o} = \dfrac{n_i}{n_o} = \dfrac{z_i}{z_o} = 3-5$，可得

$$n_i = \frac{Z_i}{Z_o} n_o$$

$$M_o = \frac{Z_i}{Z_o} M_i = （3-5） M_i$$

可以看出，经过齿轮减速机构后，输出转矩较输入转矩增加了 3—5 倍。而转速则降低了 3—5 倍。

（3）结构形式

减速装置有外啮合式、内啮合式、行星齿轮式三种，如图 3 - 4 - 15 所示。

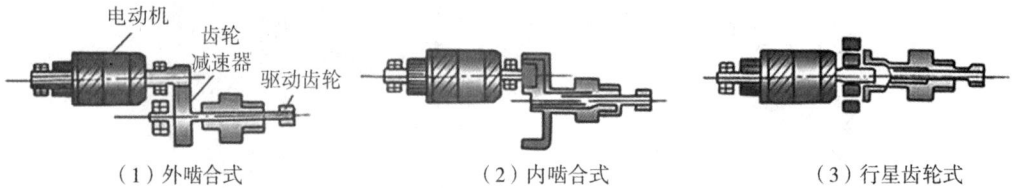

（1）外啮合式　　　　　（2）内啮合式　　　　　（3）行星齿轮式

图 3 - 4 - 15　减速装置的种类

外啮合式减速型启动机，其减速机构在电枢轴和启动机驱动齿轮之间利用惰轮做中间传动，且电磁开关铁芯与驱动齿轮同轴心，直接推动驱动齿轮进入啮合，无须拨叉。外啮合式减速机构的传动中心距较大，因此受到启动机构的限制，其减速比不能太大，一般不大于5。它具有结构简单、工作可靠、噪音小、便于维修等优点，适用于功率较小的启动机。

内啮合式减速型启动机和外啮合式一样，其主动齿轮轴和从动齿轮轴轴线平行，但偏心矩较小，约为 20 mm，故工作可靠，但噪音大，一般用于输出功率较大的启动机。

行星齿轮式减速型启动机，其主动齿轮轴与从动齿轮轴轴线重合，偏心距为零，有利于启动机的安装。因扭力负载平均分布到几个行星齿轮上，故可采用塑料内齿圈和粉末冶金的行星齿轮。由于输出轴与电枢轴同轴线、同旋向，电枢轴无径向载荷，振动小，整体尺寸小，减轻了重量又抑制了噪声，因此应用广泛。

3. 传动装置及控制机构

（1）减速启动机的传动装置

减速型启动机仍采用滚柱式单向离合器，结构形式和普通启动机相同，但耐冲击要求提高了。

（2）减速型启动机的控制机构

减速型启动机的电磁开关和普通启动机相同，但单向离合器的操纵有两种形式：

① 拨叉式：和普通启动机相同，用在行星齿轮式减速机构上。

② 直动齿轮式：驱动齿轮和引铁装在一起，用在平行轴外啮合式减速机构上。

五、汽车启动电路

汽车启动电路是现代汽车电路中重要的组成部分，因车型不同各启动电路略有差异，大体上可以分为无启动继电器的控制电路，带有启动继电器的控制电路和带有保护继电器的控制电路。启动控制电路基本组成主要有蓄电池、熔断丝、继电器、点火开关、驻车/空挡开关、启动机等。

（一）普通继电器启动系统控制电路

当汽车采用较大功率的启动机时，为了减少通过点火开关的电流强度，从而避免开关烧蚀，常用启动继电器的触点控制大电流，而用点火开关启动挡控制继电器线圈的小电流。其控制电路如图 3 - 4 - 16 所示。

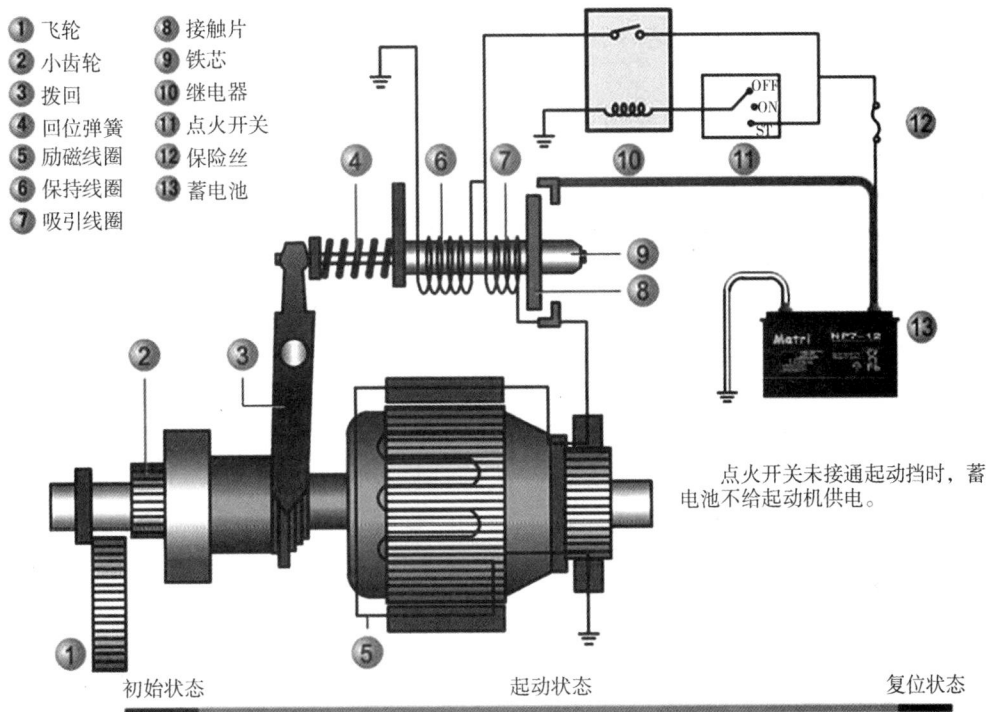

① 飞轮　　⑧ 接触片
② 小齿轮　⑨ 铁芯
③ 拨回　　⑩ 继电器
④ 回位弹簧⑪ 点火开关
⑤ 励磁线圈⑫ 保险丝
⑥ 保持线圈⑬ 蓄电池
⑦ 吸引线圈

点火开关未接通起动挡时，蓄
电池不给起动机供电。

初始状态　　　起动状态　　　复位状态

图 3-4-16　带有启动继电器的启动系统控制电路

工作过程如下：

当点火开关扭转到启动挡时，蓄电池经点火开关给继电器中的励磁线圈供电（电流很小），在电磁吸力的作用下，继电器中的常开触点闭合，这样蓄电池电流经主接线柱、继电器的触点、启动机电磁开关上的启动接线柱、吸引线圈和保持线圈流通，启动机开始正常工作。

发动机启动后，离合器打滑，只要松开点火开关，即可自动回到点火挡。此时，启动继电器中的电流中断，触点打开，切断启动机主电路，启动机停止工作。

（二）电脑控制启动系统电路

发动机启动时，电流从点火开关端子 ST1 流向驻车挡/空挡位置开关（自动传动桥）或离合器踏板开关（手动传动桥），并流向 ECM 的端子 STA（STA 信号），如图 3-4-17 所示。

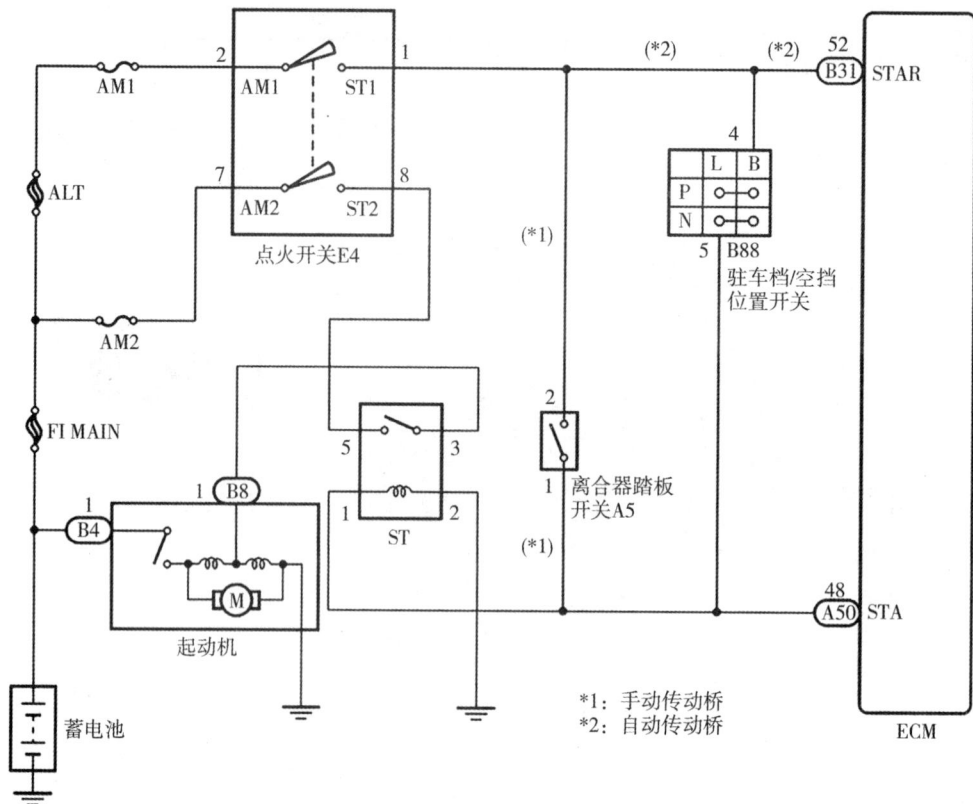

图 3 - 4 - 17　大众朗逸启动系统电路

电路分析如下（以手动传动桥为例）：

（1）发动机启动时，蓄电池正极电压施加到 ECM 的端子 STA 上。车辆行驶中，如果 ECM 检测到启动控制信号（STA），就会确定启动系统有故障。

（2）电流具体流向如下：

①蓄电池"＋"→AM1→点火开关（2—1）→离合器踏板开关 A5→启动继电器（1—2）→搭铁→蓄电池"—"。此时线圈通电使继电器开关 5—3 闭合。

②蓄电池"＋"→AM2→点火开关（7—8）→启动继电器（5—3）→启动机 B8 接线柱→搭铁→蓄电池"—"。此时启动机电磁开关闭合。

③蓄电池"＋"→启动机 B4 接线柱→直流电动机→搭铁→蓄电池"—"。

六、启动后对启动机的保护

发动机启动后，汽车发动机飞轮高速运转，如果在飞轮转动时启动机运转，启动机的啮合齿轮和发动机飞轮容易损坏。过去的汽车通常是用组合继电器来保证启动机在启动后无法通电运转的，现代的汽车通常是用两种方式，一种是组合继电器，一种是特殊点火开关。大众车系一般是双管齐下，两种都有。组合继电器能够保证即使其中一个继电器故障通电，还有另外一个作为保险，能够保证启动机的 50 线保持断开。点火开关通常设置成当汽车运行时，点火开关从 ON 挡无法拨动到 START 挡，只能从 OFF 挡转动钥匙拨动到 START 挡。目前大多数的车型都采用一键启动形式，这种按键式的点火开关一般都是由控制单元判断是否是不小心错误按下，保证启动机不会无故启动。

学习任务二　启动/关闭系统

发动机启动/关闭（自动启停）技术在大众车系中已经广泛使用。启动/关闭系统是在停车阶段可以自动关闭发动机，而在驾驶员想要起步行车时又自动启动发动机，从而达到节约燃油的目的。

启动/关闭系统的功能由发动机管理系统来执行，启动/关闭系统会评估蓄电池的充电状态，以判断是否可以再次启动发动机，这个过程被称为"启动电压预测"，即对涉及再次启动的发动机的所有特性和数值进行分析。因此，蓄电池状态和发动机特性曲线之间一直都在进行着对比，根据"启动电压预测"的具体情况，来判定启动/关闭模式是否可以使用，或者是否需要关闭某些用电器（以避免用电需求过大）。目前，涉及的是座椅、后风窗、后视镜、方向盘和辅助电加热器。

这些电器在发动机再次启动前会被关闭，在发动机启动过程中是不会工作的（被锁止了）。

一、启动/关闭系统工作模式

车辆起步后，一旦其行驶速度超过 3 km/h 的时间达到了约 4 s，启动/关闭模式就会自动激活，如图 3 - 4 - 18 所示。

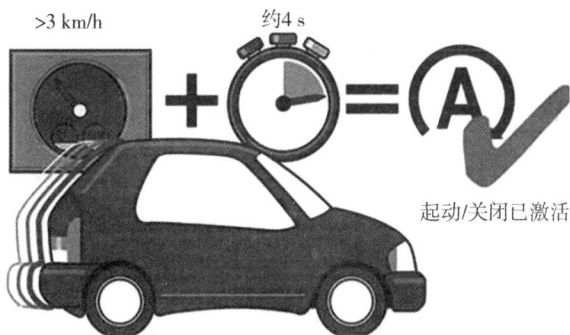

图 3 - 4 - 18　启动/关闭模式自动激活

如果驾驶员不想使用启动/关闭系统，那么可以通过启动/关闭模式按钮关闭该系统，如图 3 - 4 - 19 所示，组合仪表显示屏上的状态指示符就熄灭了。再次按压该按钮会将该功能再次激活。

图 3 - 4 - 19　启动/关闭系统按钮

如果将点火钥匙拔出后再插入，那么启动/关闭模式就自动接通。如果车速超过
3 km/h，那么启动/关闭系统就激活。大众迈腾操作按钮位于中央副仪表台上的选挡杆
前，如图 3 - 4 - 20 所示。

图 3 - 4 - 20   启动/关闭系统的状态指示

1. 启动/关闭模式（手动变速器车）

（1）发动机停止阶段：当车辆以 50 km/h 的车速来到一个交通红灯前，驾驶员换低挡
并将车辆制动到停住状态，让发动机怠速运转并松开离合器踏板，此时启动/关闭系统将
发动机关闭，过程如图 3 - 4 - 21 所示。组合仪表显示屏上会有一个"启动/关闭"符号来
指示再次启动的准备状态。

图 3 - 4 - 21   发动机停止阶段

（2）发动机启动阶段：当交通灯已转为绿色，驾驶员踏下离合器踏板，启动/关闭系
统自动再次启动发动机，过程如图 3 - 4 - 22 所示。此时，组合仪表显示屏上的启动/关闭
符号就又熄灭了。驾驶员挂挡、加速，继续开车行驶。

图 3 - 4 - 22   发动机启动阶段

2. 启动/关闭模式（自动变速器车）

（1）发动机停止阶段：和手动挡车辆不同，当车辆以 50 km/ h 的车速来到一个交通
红灯前，驾驶员将车辆制动到停住状态，驾驶员仍将脚放在制动踏板上，启动/关闭系统

将发动机关闭。组合仪表显示屏上会有一个启动/关闭符号来指示再次启动的准备状态，驾驶员继续将脚放在制动踏板上，直至交通灯转为绿色。

（2）发动机启动阶段：当交通灯转为绿色，驾驶员松开制动踏板，启动/关闭系统自动再次启动发动机。此时，组合仪表显示屏上的启动/关闭符号又熄灭了，车辆继续行驶。

二、启动/关闭系统控制原理

启动/关闭系统是作为一种功能集成在发动机控制单元软件内的。该系统要与很多汽车部件和子系统进行数据交换，以便执行启动/关闭模式，控制原理如图 3 - 4 - 23 所示。

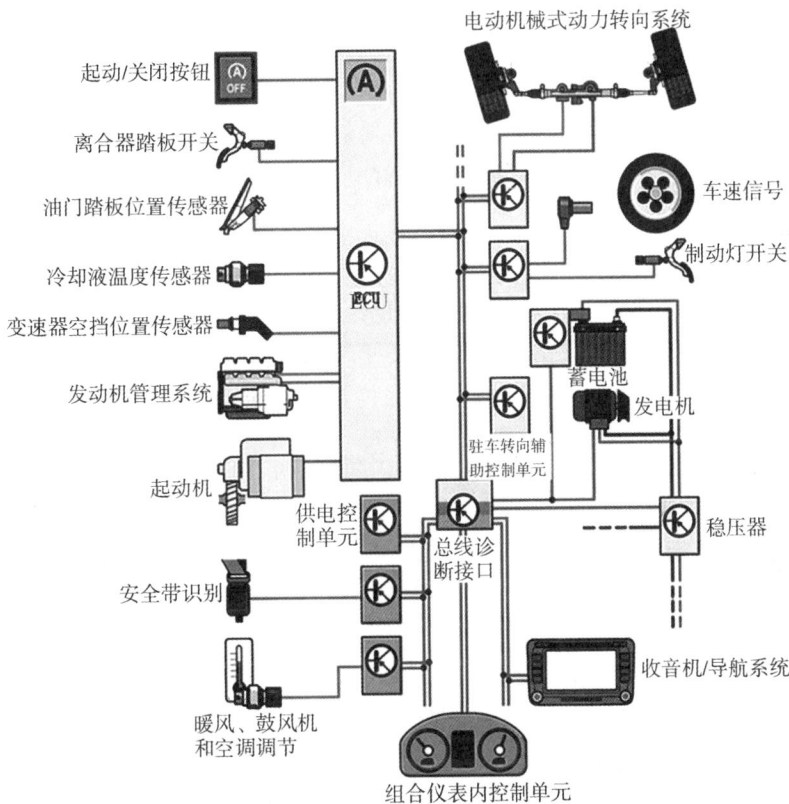

图 3 - 4 - 23　大众车系启动/关闭控制原理

系统逻辑必须首先确定：在点火开关接通后，是否已满足激活启动/关闭模式的先决条件。为此，发动机控制单元必须去协调启动/关闭系统的模式与车辆其他系统之间的关系。由于要频繁启动发动机（指与不带启动/关闭系统的车相比），必须要监控蓄电电压和发电机的充电情况。在发动机重新启动过程中，通过一个稳压器将收音机、收音机/导航装置、车内鼓风机以及组合仪表的供电电压保持在约 12 V。

1. 停车——关闭发动机

要想让启动/关闭系统关闭发动机，那么除了驾驶员正常操作离合器、换挡和制动器外，还需要满足其他一些条件，如图 3 - 4 - 24 所示。

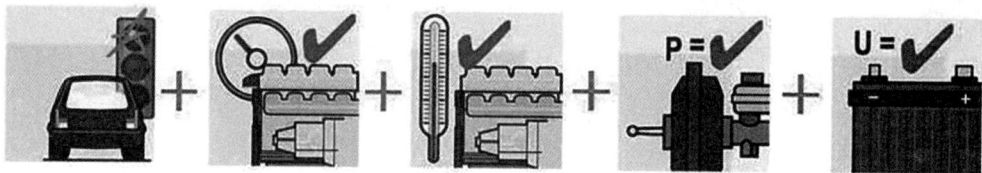

图 3 - 4 - 24　发动机关闭的条件

（1）车辆停住（车速＝0 km/h）。

（2）发动机转速低于 1200 r/min。

（3）冷却液温度在 25—100 ℃之间。

（4）制动真空高于 550 mbar。

（5）蓄电池能够提供发动机再次启动所需要的电能（这个电能需求量是在"发动机关闭"前计算出来的，也就是启动电压预测），蓄电池温度高于或等于−1 ℃但低于 55 ℃。

2. 继续行驶——启动发动机

要想让启动/关闭系统自动重新启动发动机，也要满足某些条件：

（1）驾驶员已系好安全带（安全带已上锁）。

（2）驾驶员车门已关好，发动机舱盖已关好。

（3）踏下了离合器踏板，变速杆处于空挡位置（手动挡，如图 3 - 4 - 25 所示）或松开制动踏板（自动挡，如图 3 - 4 - 26 所示）。

图 3 - 4 - 25　发动机启动的条件（手动挡）

图 3 - 4 - 26　发动机启动的条件（自动挡）

3. 自动启动发动机的条件

根据车辆装备情况，下列因素会自动使发动机启动，如图 3 - 4 - 27 所示（不需要驾驶员有意识地去启动发动机）：

（1）行驶状态发生了变化（比如在松开制动器后，车辆从静止开始移动）或车辆在一个下坡路上从静止开始移动，如果车辆移动速度超过 3 km/h，那么发动机会自动启动。

（2）乘员激活了车内的系统（比如激活了除霜功能）。

（3）车辆系统环境条件发生改变（比如车外温度）。

（4）发动机冷却液温度不在 25—100 ℃之间。

（5）制动助力不足。

（6）蓄电池充电不足。

（7）鼓风机挡位的提高超过了 4 步，提高了空调装置的制热和制冷要求（出风口规定温度和实际温度之差＞8 ℃）。

（8）当启动/关闭模式已激活时，为了保证能再次启动发动机，某些辅助用电器或者舒适功能（比如座椅加热）在发动机关闭后就不接通了。

图 3 - 4 - 27　车辆自动启动发动机条件

4. 启动/关闭模式中断的条件

对于发动机关闭和发动机自动启动来说，除了上述的影响因素外，启动/关闭系统工作的中断还需要满足如下条件（图 3 - 4 - 28）：

（1）已经用启动/关闭按钮关闭了启动/关闭系统。

（2）蓄电池的充电状态无法再次启动发动机（启动电压预测）。

（3）除霜功能已激活或前风窗玻璃加热已激活。

（4）空调操作面板上设置的温度与车内实际温度之差大于 8 ℃。

（5）发动机转速高于 1200 r/min。

（6）发电机损坏，比如皮带撕裂了。

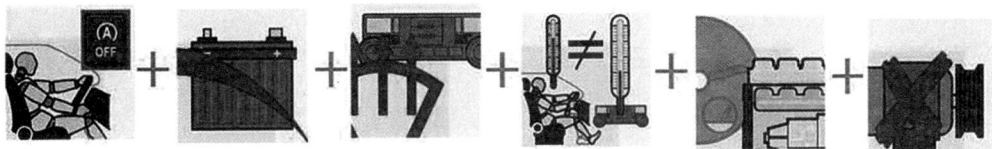

图 3 - 4 - 28　启动/关闭系统中断条件

学习任务三　迈腾 B8 启动系统

一、启动系统组成及电路

狭义上的 B8 启动系统由蓄电池，启动机，启动机继电器 J906 和 J907，控制单元 J623、J519、J965、E318 等组成。但是启动系统工作的前提是防盗系统必须解除激活状态，所以广义上的 B8 启动系统还包括防盗及无钥匙进入 KESSY 系统。

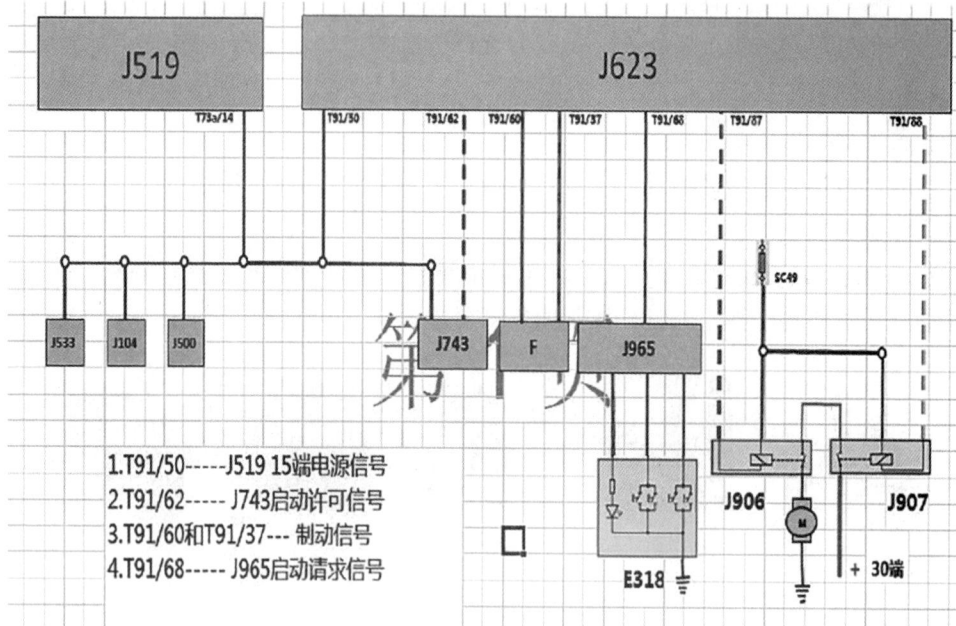

图 3 - 4 - 29　迈腾 B8 启动逻辑

二、无钥匙进入及启动汽车

1. 解锁车门

无钥匙进入车辆的前提条件是，车钥匙必须在车辆的 1.5 m 范围内。用手触摸车门把手（如 EX6）时，车门把手内的传感器（G415）被激活，唤醒 J965，J965 通过天线（如 R134、R135、R165、R166、R136）搜索 1.5 m 范围内是否有合法的钥匙，钥匙收到天线的低频信号后，判断正确短闪一下发送位置信息（低频信号），J965 收到钥匙信号，进行定位，判断钥匙距车门是否小于 1.5 m，如果是，J965 唤醒 J519，J519 唤醒 CAN 总线系统。

J519 内的中央门锁内部天线 R47 发送询问信号（高频信号），钥匙收到询问信号长闪一次发送解锁信号（高频信号，相当于按下了解锁按钮），J519 判断钥匙信息是否正确，如果正确就解除车身防盗系统，进行如下操作：J519 发出车门解锁指令，通过舒适 CAN 发布指令，驾驶员侧车门控制单元 J386 根据此信号，控制驾驶员车门中央门锁电机 V56 解锁左前门锁、闪烁驾驶员侧外后视镜警告灯 L131、驱动驾驶员侧后视镜内折电机 V121 展开左侧后视镜；J386 通过 LIN 线给左后侧车门控制单元 J388 发出解锁指令，J388 控制左后车门中央门锁电机 V214 解锁左后车门锁。副驾驶员侧车门控制单元 J387 根据 J519 的解锁指令，控制 V57 解锁右前门锁、闪烁副驾驶员侧外后视镜警告灯 L132、驱动副驾驶员侧后视镜内折电机 V122 展开右侧后视镜；通过 LIN 线给右后侧车门控制单元 J389 发出解锁指令，J389 控制 V215 解锁右后门锁。

2. 进入车内

打开驾驶员侧车门，F2 驾驶员侧车门接触开关闭合产生信号（低电位）给 J386（其他 3 个车门同理），J519 收到开门信号点亮相应车门打开指示灯；关闭车门，F2 驾驶员侧车门接触开关断开产生信号（高电位）给 J386，J386 根据这个信号判断有人进入车内，通过舒适 CAN 发送信号，J965 通过舒适 CAN 收到 J386 发出的信号，J965 通过车内天线 R138、R139、R137 搜索是否有合法的钥匙进入车内，钥匙指示灯闪烁应答，如果匹配成功，J965 控制 E378 指示灯点亮；J965 给 J519 发送 S 信号，J519 给娱乐设备供电，相当于传统大众车的点火开关一挡。

3. 自检过程

不踩制动踏板，第一次按下 E378，J965 给 J519 发出 15 信号，J915 控制 15 供电继电器 J329 工作，给仪表供电点亮相关指示灯，唤醒仪表控制单元 J285、防盗锁止控制单元 J362、电子转向柱锁止控制单元 J764、发动机控制单元 J623、双离合器变速器机电装置 J743。同时 R47 询问并接收钥匙传递的解锁与防盗的信息，J519 经舒适 CAN 发布信息，J362 接收到信息，通过舒适 CAN 发布解锁指令，电子转向柱锁止控制单元 J764 收到信息，解锁方向盘；通过网关 J533 将信号传到驱动 CAN，J623 根据此信号解除发动机防盗系统；J743 根据此信号解除离合器变速器防盗系统，其他相应系统接收此信号解除相应的防盗系统。

J623 控制主继电器 J217 工作，给油泵控制单元 J538 供电，J623 进行自检，如没有故障熄灭相应的指示灯，同时驱动油泵工作 1—2 s 建立工作油压；如有故障，故障指示灯 EPC 不熄灭。相当于传统大众车的点火开关二挡。

4. 启动过程

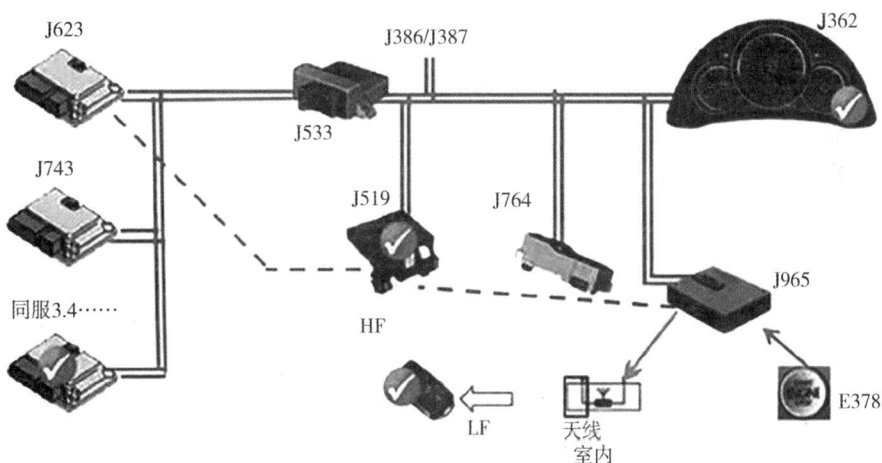

代码解释：

J362—防盗锁止控制单元　　　　J386—驾驶员侧车门控制单元　　　J387—副驾驶员侧车门控制单元
J519—车载电网控制单元　　　　J533—数据总线诊断接口　　　　　J623—发动机控制单元
J743—双离合器变速器机电装置　J764—电子转向柱锁止控制单元　　J965—进入以及启动授权接口
E378—点火启动按键　　　　　　KESSY—无钥匙进入系统　　　　　CAN—车载网络总线
J906—启动机继电器1　　　　　 J907—启动机继电器2　　　　　　F—制动开关
P/N—驻车挡/空挡　　　　　　　B—起动机

图 3-4-30　启动过程及代码解释

启动车辆，踩下制动踏板，制动灯信号开关 F 信号传给 J623；选挡杆 E313 在 P/N 位置，选挡杆传感器控制单元 J587 经驱动 CAN 将信号传给 J623、双离合器变速器机电装置 J743；按下 E378，由 J965 根据 E378 的请求以电子方式产生持续信号，J362 激活，J362 向 J965 发送信号询问在车辆中是否有授权钥匙。J965 通过车内天线向钥匙发送搜索电波。钥匙以 433 Mhz 向 J519 发送应答器数据，J519 再将此数据传给 J362。钥匙就绪后，则 J362 向 J965 发送"就绪"信号。同时，J965 向 J519 发出指令，打开端子 15，并将信息置于 CAN 总线。J533 唤醒车辆中所有其他的 CAN 总线，J623、J362 询问是否授予启动批准，通过防盗数据校验后，J362 在数据匹配成功之后向 J623 发出启动批准。J743 向 J623 询问是否授予批准，并进行防盗数据校验，J362 在数据匹配成功之后向 J743 发出启动批准，J623 输出信号控制 J906、J907 两个启动机继电器闭合，启动机开始转动。J623 根据反馈信号监控是否给启动机供电；根据曲轴位置传感器信号监控发动机是否工作，驾驶员需通过 E378 操纵车辆启动功能，从而实现启动系统的正常工作。

三、用遥控器解锁进入汽车

用遥控器可以在 30—50 m 的范围内打开车门。按下遥控器解锁按钮，遥控器发出高频信号，J519 内的中央门锁内部天线 R47 接收到信息如果匹配成功，激活 J519，解除车身防盗系统，解锁进入车门，进入车的过程与无钥匙进入过程相同。

四、用车钥匙进入汽车

1. 用车钥匙打开驾驶员侧车门

如果车遥控器电池没电了，可用车钥匙打开驾驶员侧车门。锁芯中的接触开关 F241 只有驾驶员侧车门装配，其余车门没有装配。驾驶员在车外顺时针转动机械锁芯时，F241 开关导通，然后通过触点直接搭铁，将此高电位拉低至 0 V，J386 根据此信号判断驾驶员的意图，然后控制门锁电机闭锁；当驾驶员逆时针转动机械锁芯时，F241 开关通过分压电阻 R 接通搭铁线路，将此高电位拉低至 0.87 V 左右，J386 根据此信号判断驾驶员的意图，然后控制门锁电机开锁；同时经舒适 CAN 发送信号，J519 被激活。

2. 应急启动

将遥控器贴在方向盘的右下方转向柱上，防盗锁止系统读识线圈 D2 读取钥匙匹配信息，信号传给 J362，J362 经舒适 CAN 发布解锁解防盗指令。

J519 根据 J362 发出的指令，控制 J329 工作，15 供电继电器工作，给仪表供电点亮相关指示灯，唤醒仪表控制单元 J285、J362、J764、J623、J743。

J764 收到信息，解锁方向盘；网关 J533 将信号传到驱动 CAN，J623 根据此信号解除发动机防盗，J743 根据此信号解除自动变速器防盗，其他相应系统接收此信号解除相应的防盗。J623 进行自检，同时可控制燃油泵工作建立工作油压，进入准备启动车辆状态。启动时流程与无钥匙进入时启动流程相同。

任务延伸

摇把启动时代

黄铜打造的汽油龙头，硬朗简约的金属摇把，小巧精致的电火花塞，这并非什么高级工业机器的配件，而是老式汽车的启动系统。

图 3 - 4 - 31　老式汽车启动系统

启动器时代的到来

20 世纪 20 年代与 30 年代之交，L&K 汽车上出现了一键将电流输入启动器的系统。踩下踏板、激活电路；松开踏板，关闭电路。脚踏板启动成为当时最热门的启动方式。

图 3 - 4 - 32　脚踏板启动

钥匙启动时代

1964 年，斯柯达生产了具有里程碑意义的车型"Š1000/1100 MB"。驾驶者把钥匙插入转向柱上的钥匙孔，轻轻转动就可以激活启动器，这个简单的动作开启了钥匙启动新时代。

图 3 - 4 - 33　钥匙启动

21 世纪的无钥匙进入系统

经过长达一个世纪的革新，21 世纪，无钥匙进入系统 KESSY 正式上线。作为斯柯达产品的一大便捷功能，无线识别使得司机不必再把钥匙从口袋里拿出。

图 3 - 4 - 34 无钥匙进入系统 KESSY

启动系统是汽车复杂而精密的整体中的一部分，也是撬动汽车动力的关键一步。在经历了摇把启动时代、启动器时代、钥匙启动时代，如今汽车产品的启动已走进了无钥匙系统时代。技术的迭代让汽车启动，从复杂精密的机械艺术变成了生活中轻而易举的行动。

学习情境五　排放系统检测维修

任务导向

学习任务一　汽油机尾气排放基本知识

随着汽车工业的飞速发展，汽车保有量急剧膨胀，汽车排放问题受到极大关注。汽车排放问题，严重影响着生态环境、人的身体健康，制约着经济的发展，所以世界上各发达国家相继投入大量的人力、物力和财力去控制环境污染，保护生态平衡。为了能更好地治理环境污染，满足越来越严格的排放法规要求，现代汽车发动机上装用了多种排放控制系统。

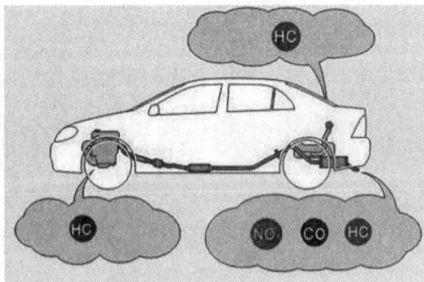
图 3 - 5 - 1 汽车排放"三害气体"

汽车排放是指从废气中排出的 CO（一氧化碳）、HC（碳氢化合物）、NOx（氮氧化物）、PM（微粒、炭烟）等有害物质。它们都是发动机在燃烧做功过程中产生的有害物质。这些有害物质产生的原因各异，CO 是燃油氧化不完全的中间产物，当氧气不充足时会产生 CO，混合气浓度大及混合气不均匀都会使排气中的 CO 增加。HC 是燃料中未燃烧的物质，由于混合气不均匀、燃烧室壁冷等原因造成部分燃油未来得及燃烧就被排放出去。NOx 是燃料（汽油）在燃烧过程中产生的一种物质。PM 也是燃油燃烧时缺氧产生的一种物质，其中以柴油机最明显。因为柴油机采用压燃方式，柴油在高温高压下裂解更容易产生大量肉眼看得见的炭烟。

一、汽车尾气的主要危害

1. 一氧化碳：一氧化碳是非常有害的气体，且无色无味。汽车尾气中的一氧化碳可经呼吸道进入肺泡，被血液吸收，与血红蛋白相结合，形成碳氧血红蛋白，降低血液的载氧能力，削弱血液对人体组织的供氧量，导致组织缺氧，从而引起头痛等症状，严重者窒息死亡。

2. 氮氧化合物：氮氧化合物主要是指 NO、NO_2，都是对人体有害的气体，特别是对呼吸系统有危害。在 NO_2 浓度为 9.4 mg/m^3 的空气中暴露 10 min，即可造成呼吸系统失调。

3. 碳氢化合物：汽车尾气中的碳氢化合物和氮氧化合物在阳光作用下发生化学反应，生成臭氧，它和大气中的其他成分结合就形成光化学烟雾。其对健康的危害主要表现为刺激眼睛，引起红眼病；刺激鼻、咽喉、气管和肺部，引起慢性呼吸系统疾病。

二、影响尾气排放的因素

尾气排放中有害气体的生成与空燃比、点火时间及发动机的结构等有关。通常，空燃比和点火时间对尾气排放影响最大。

（一）空燃比对排放的影响

1. 空燃比对 CO 排放的影响

当低于理论空燃比 14.7 时，排出的 CO 浓度便急剧上升；而空燃比超过 16，排出的 CO 浓度则趋于稳定，并且数值很低。说明要减小 CO 的排放，就必须采用稀混合气。试验证明，发动机 CO 的排放量主要取决于空燃比。

空燃比对排放的影响如图 3-5-2 所示。

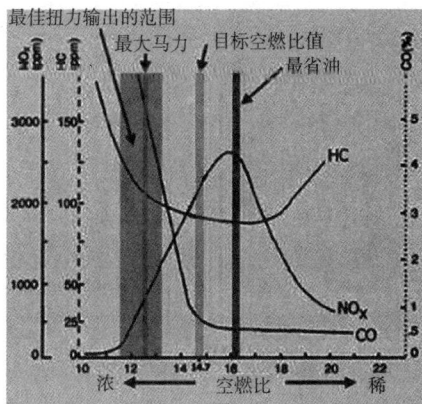

图 3-5-2 排放中有害气体的浓度随空燃比变化的关系

2. 空燃比对 HC 排放的影响

空燃比在 17 以内时，随着空燃比的增大，HC 由于混合气过于稀薄，易于发生火焰不完全传播，甚至断火，使 HC 排放浓度迅速增加。

3. 空燃比对 NOx 排放的影响

当混合气很浓时，由于燃烧高峰温度和可利用的氧的浓度都很低，使 NOx 的生成量也较低。用空燃比为 15.5—16 的稍稀混合气时，排出的 NOx 浓度最高。对于空燃比低于 16 的混合气，虽然氧的浓度增加可以促进 NOx 的生成，但这种增加却被稀混合气燃烧温度和形成速度的降低所抵消。因此对于很浓或很稀的混合气，NOx 的排放浓度均不高。

（二）点火时间对排放的影响

1. 推迟点火，混合气在燃烧室内的燃烧时间将缩短，由于燃烧后将使排气温度上升，促进了 HC 和 CO 的氧化，排出的 HC 减少。但推迟点火会造成燃料经济性和发动机功率的下降。

2. 提前点火，无论在任何转速和负荷下，加大点火提前角后燃烧温度提高，都会使 NOx 的释放浓度增加。

3. 点火提前角与尾气成分的关系曲线图，如图 3-5-3 所示。

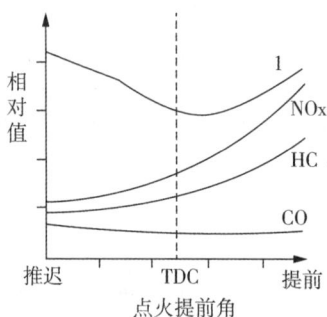

图 3-5-3　点火提前角与尾气成分的关系曲线

4. 发动机在不同工况下尾气排放浓度值正常范围见表 3-5-1。

表 3-5-1　不同工况下尾气排放浓度值正常范围

排放物	急速工况下		转速在 2000 r/min 时	
	催化转化器前	催化转化器后	催化转化器前	催化转化器后
HC	$<300×10^{-6}$	$<55×10^{-6}$	$<300×10^{-6}$	$<55×10^{-6}$
CO	0.5%—1.5%	$<0.1\%$	$<0.8\%$	$<0.1\%$
CO_2	13%—16%	13%—16%	13%—15%	13%—16%
O_2	1%—2%	1%—2%	1%—2%	1%—2%

三、减少尾气排放的措施

常见的减少排放污染的装置有曲轴箱强制通风系统、燃油蒸发排放控制系统、废气再循环系统、三元催化转化器、二次空气喷射系统、SCR 选择性催化还原系统等。其中，曲轴箱强制通风系统的工作由曲轴箱强制通风阀控制，它可将窜入曲轴箱的废气重新引入汽缸燃烧，三元催化转化器直接安装在排气管上，排气中的 HC、CO、NO_X，经过催化反应后生成无害的二氧化碳（CO_2）和水（H_2O）排入大气。现代轿车上都已加装了电控装置，用于燃油蒸汽回收及废气再循环系统的工作，SCR 系统主要用于柴油动力车型，处理尾气中过高的 NO_X 污染物。

学习任务二　汽油机排放装置

排气系统一般都布置在车底部，它由多个部件组成，有很多功能。从燃烧室出来的废气具有很大的冲击力，高流速带来很大的噪音，排气系统必须要削弱这个冲击力，使之不超过一定的噪音水平。同时，还要保证发动机功率损失尽可能小，可靠地引走废气，防止废气渗入驾驶室内，将废气中所含的有害物质降低到规定值水平。

排气系统大致由下述元件组成：排气歧管、排气管、废气涡轮增压器模块、氧传感器（λ传感器）、催化转化器（车型不同种类不同）、软连接波纹管、消音器、吊耳及软垫、排气控制阀等。

燃烧后产生的废气首先流经排气歧管、废气涡轮增压器模块，然后汇集到一起的废气气流流过催化转化器，先滤掉有害物质颗粒。催化转化器布置在发动机附近，好处是在发动机启动后，

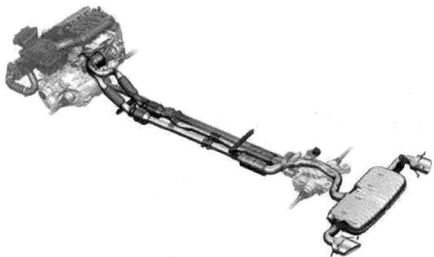

图 3 - 5 - 4　排气系统

催化转化器可以很快达到其正常工作温度。催化转化器前、后均有 λ 传感器，前面的 λ 传感器用于检测废气中的氧含量，以便确定基值；催化转化器后的 λ 传感器会重新检测氧含量，并会与基值进行对比，以便检查催化转化器的工作情况。随后，废气流经软连接波纹管，这些元件会吸收震动，这就能防止震动传递到整个排气系统上和车身上。根据车型情况，往下可能还会有其他的催化转化器。废气在排气系统的最后一段要流经一个或多个消音器，消音器负责将排气噪音降至规定水平。各元件之间的连接管使用的是镀铝钢管。

一、排气歧管

排气歧管是与发动机气缸体相连的将各缸的排气集中起来导入排气总管的带有分叉的管路。对它的要求主要是尽量减少排气阻力，并避免各缸之间相互干扰。排气过分集中时，各缸之间会产生相互干扰，即某缸排气时，正好碰到别的缸窜来的没有排净的废气。这样会增加排气的阻力，进而降低发动机的输出功率。解决的办法是，使各缸的排气尽量分开，每缸一个分支，或者两缸一个分支，使每个分支尽量加长并独立成形以减少不同管内的气体相互影响。

图 3 - 5 - 5　排气歧管

二、三元催化转化器

（一）三元催化转化器（**TWC**）的作用

三元催化转化器的作用是将汽车尾气中的有害气体 HC、CO、NOx 等通过氧化和还原转换成无害物 H_2O、CO_2 和 N_2，以有效地减少排放污染。

三元催化转化器的作用很大，其价格也非常昂贵，如果使用不当会造成三元催化转化器堵塞或损坏。

（二）三元催化转化器的结构

三元催化转化器安装在排气道中，位于消音器与排气歧管之间，由壳体、减振层和涂有催化剂的载体组成，如图 3 - 5 - 6 所示。

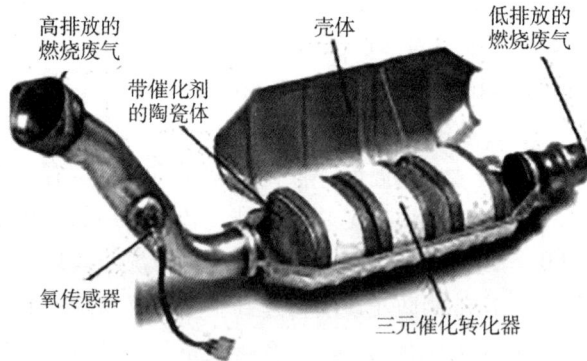

图 3 - 5 - 6　三元催化转化器结构

（三）三元催化转化器的工作原理

目前车用催化剂载体绝大多数采用蜂窝状陶瓷载体，陶瓷载体每平方英寸有 400—1200 个孔，这些孔贯通于整个载体。在每个孔的内表面涂有一层非常疏松的 $\gamma\text{-}Al_2O_3$ 涂层，其粗糙多孔的表面可使壁面实际催化反应表面积扩大 7000 倍左右。在涂层表面散布着贵金属催化剂（铂、铑和钯等）。尾气中的 HC、CO、NOx 以及燃烧剩余的 O_2 在催化剂的作用下，在一定温度条件下（一般为 300—500 ℃以上）发生氧化还原反应，生成 H_2O 和 N_2。当空燃比为标准的理论空燃比（A/F＝14.7∶1）时，三元催化转化器转换效率可达90％以上，因此装备三元催化转化器的发动机必须采用氧传感器对空燃比进行反馈控制，将空燃比精确控制在14.7∶1附近。

为了把污染减少到最小程度（CO、HC和NOx），氧传感器被装安装到系统中，用于检测尾气排放中的含氧量。氧传感器输出的信号送给ECU，ECU通过计算和对比，调整空燃比，从而保证催化转化器处于最佳工作状态。

（四）三元催化转化器常见故障及原因

三元催化转化器的常见故障：三元催化转化器性能恶化；三元催化转化器芯子堵塞后排气不畅，产生过高的排气背压，使废气倒流到发动机内。现象如下：

1. 炭灰积聚、污染。含铅汽油燃烧后会使三元催化转化器很快受到损害；机油窜入气缸燃烧后机油中的磷和锌等物质也会污染三元催化转化器。

2. 陶瓷芯破损。热循环的长期作用、外部碰撞和挤压，都有可能使陶瓷芯破损。

3. 陶瓷芯熔化。三元催化转化器正常工作时，三元催化转化器内的温度一般可达500—800 ℃，出口处温度比进口处温度约高30—100 ℃。但是，混合气浓或燃烧不完全时会使排气中的CO、HC浓度过高，这将加重三元催化转化器的负担，使温度升高过多，时间长后，会使三元催化转化器的性能恶化，甚至熔化载体。

4. 三元催化转化器上一般还装有排气温度传感器，当温度不定期高时，电控单元会切断二次空气供给，中断催化转化反应。

（五）清洗三元催化转化器

目前三元催化转化器主流的清洗方式有添加剂清洗和吊瓶清洗两种，不管是添加剂清洗还是吊瓶清洗，其对三元催化转化器的清洁效果都并不是非常好。想要更彻底地清洁三元催化转化器，只能拆卸清洗。

图 3-5-7 三元催化转化器

1. 拆卸清洗

（1）首先，使用举升机将车辆举升，并将三元催化转化器完全拆卸下来。

（2）使用草酸溶液（1∶10的比例兑水）对三元催化转化器进行浸泡清洗，然后再用清水对三元催化转化器进行冲洗。

（3）将清洗过后的三元催化转化器装回车辆，并启动试车。

2. 添加剂清洗

添加剂清洗是将专用的三元催化清洗剂添加至燃油油箱内，待车辆启动，清洗剂便会随着汽油一同进入燃烧室，并最终通过排气管与废气排出，而在经过三元催化转化器时，清洗剂便会对其进行一定的清洁。

该方法的优点：价格实惠、操作方便。

缺点：清洁效果十分有限。

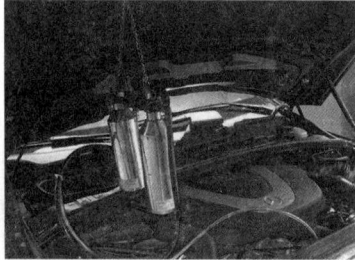

图 3 - 5 - 8　吊瓶清洗

3. 吊瓶清洗

吊瓶清洗是目前最主流的，也是 4S 店和维修店力推的清洁方式。该方式通过一根软管连接至发动机真空管，并借助中空管内的负压将吊瓶里的清洗剂吸入发动机，并在随排气管排出时对三元催化转化器进行清洁。

该方法的优点：使用方便，清洁能力较好。

缺点：价格较贵，效果有限。

三、软连接波纹管（伸缩节）

如果没有波纹管的话，发动机的运动和振动在刚性的排气系统上可以一直传到排气尾管处。这就可能导致恼人的噪音，并可能会使排气管上负荷很大的部件在极短时间内在连接处断裂了。波纹管不但能防止出现较大的摆幅，还能防止发动机将较小的振动传入排气系统。要是没有波纹管的话，这种运动就会以声脉冲的形式传入车内，经过车内这个大的谐振腔，声响就更大了。

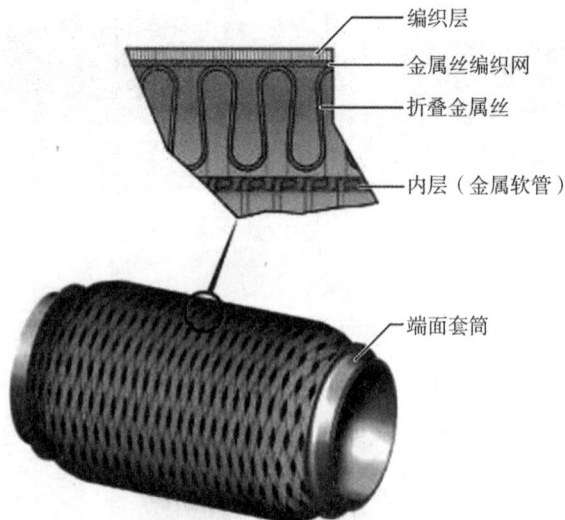

图 3 - 5 - 9　软连接波纹管结构

更换排气系统时，一定要遵守维修手册上的安装说明。不按规定操作可能会损坏波纹管，波纹管在很短时间内就会失效。尤其注意不可使排气管上的波纹管旋转过大角度。

四、消音器

在排气系统的后段和中段，安装有一个或者多个消音器，消音器可以减小尾气排放时的噪音。根据车型的不同，使用不同结构形式的消音器。消音器借助不同的形状和内部结构，来适应具体的发动机噪音的要求。排量较大的发动机采用双排气管结构，因此消音器的个数也就更多。为了实现轻量化结构要求，消音器的壁采用高级不锈钢制成，这样还能增加抗腐蚀能力。消音器根据作用原理不同可以分为两大类，反射式消音器和吸收式消音器。

（一）反射式消音器

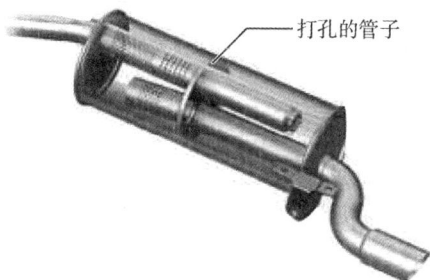

图 3 - 5 - 10 反射式消音器

这种消音器有多个腔（典型的有 4 个腔），利用声波反射原理来工作。多次穿越内腔后，声压振幅被中和，降低了声压最大值。反射是通过消音器内的反射墙以及扩大或者缩小横截面积来实现的。反射式消音器的缺点是会增大排气的背压（具体取决于结构）。反射式消音器主要是抑制消音器内的低频噪音。

（二）吸收式消音器

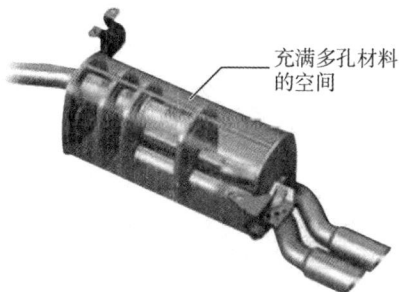

图 3 - 5 - 11 吸收式消音器

吸收式消音器含有多孔材料，一般是石棉、玻璃棉或者玻璃纤维，这些材料可以部分吸收声音，就是把声能转化成热能，可以通过多次反射加强声能吸收的效果。这种消音器可将排气噪音降低 50 dB（A），相当于把声压降低了 300。吸收式消音器主要是抑制高频噪音。

一般来说，排气系统是把这两种消音方式结合在一起使用的，或者是单独式的消音器，或者是组合成一体的，这样的话，就可以覆盖尽可能宽的频谱。有的车辆为了更好地消除噪音，会安装很多消音器。

五、排气控制阀

随着噪音排放方面的法规越来越严，有的车型排气系统上采用了可控式排气控制阀。后消音器的末端管上装有排气控制阀，用于影响噪音。

用真空执行器或者伺服电机来操控排气控制阀，排气控制阀的打开和关闭是按发动机控制单元内的特性曲线计算出来的。

气动   电动

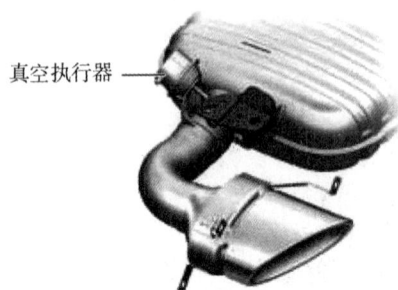 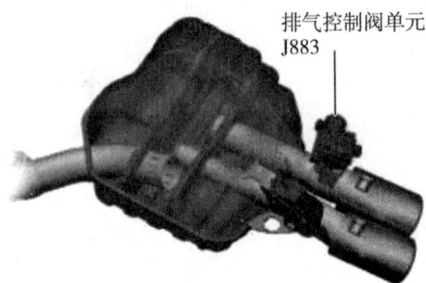

图 3 - 5 - 12 排气控制阀

六、氧传感器（λ 传感器）

空燃比由发动机控制单元通过控制喷油量的方式控制，而喷油量的大小取决于氧传感器送给计算机的废气中的含氧量信息。发动机计算机根据氧传感器的信号调节喷油量，这就是所谓的发动机闭环控制。

计算机将发动机空燃比尽可能地控制在理想值附近，此时发动机燃烧完全，工作效率最高，催化转化装置转化效率也最高，即发动机工作时最稳定，动力性最佳，污染排放量最小。

为了保证发动机具有良好的工作性能，不是在所有工况下发动机都通过空燃比进行反馈控制。

在下述情况下，发动机控制单元对空燃比将不进行反馈控制，而是进行开环控制。

（1）发动机启动工况。此时需要浓混合气，以便提高转速。

（2）发动机启动后暖机工况。此时发动机温度低于正常工作温度，需要迅速升温。

（3）发动机大负荷（节气门全开）工况。此时需要加浓混合气，使发动机输出最大功率。

（4）加速工况。此时需要发动机输出最大转矩，以便提高汽车车速。

（5）减速工况。此时需要停止喷油，使发动机转速迅速降低。

（6）氧传感器温度低于正常工作温度。氧化锆式氧传感器的温度低于 300 ℃，氧化钛式氧传感器的温度低于 600 ℃，氧传感器不能正常输出电压信号。

（7）氧传感器输入发动机控制单元的信号电压持续 10 s 以上保持不变，说明氧传感器失效，系统自动进入开环控制状态。

通常汽车上一般至少装有两个氧传感器，有的车型为了更好地检测废气成分，装有三个传感器，其中一个为宽频氧传感器。

1. 氧传感器作用

三元催化转化器安装在排气管的中段，但只在混合气的空燃比处于接近理论空燃比的一个窄小范围内，三元催化转化器才能有效地起到净化作用，最大限度地进行排放污染物的转化和净化。氧传感器的作用是测定发动机燃烧后排气中的氧是否过剩，并把氧气含量转换成电压信号传给发动机计算机，使发动机能够实现以过量空气系数为目标的闭环控制；确保三元催化转化器对排气中的 CO、HC 和 NOx 三种污染物都有最大的转化效率。为了检测三元催化转化器是否工作良好，一般在其前后各装一个氧传感器，通过信号对比判断三元催化转化器是否正常工作。

2. 氧传感器的类型

目前使用的氧传感器有氧化锆式和氧化钛式两种，其中应用最多的是氧化锆式氧传感器。

（1）氧化锆式氧传感器

氧化锆式氧传感器的基本元件是氧化锆陶瓷管（固体电解质），亦称锆管，如图 3-5-13 所示。锆管固定在带有安装螺纹的固定套中，内外表面均覆盖着一层多孔性的铅膜，其内表面与大气接触，外表面与废气接触。氧传感器的接线端有一个金属护套，其上开有一个用于锆管内腔与大气相通的孔；电线将锆管内表面铂极经绝缘套从此接线端引出。

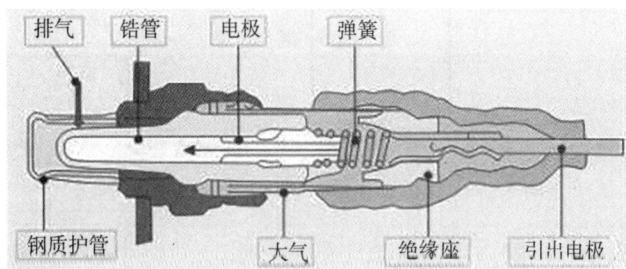

图 3-5-13　氧化锆式氧传感器的结构

氧化锆在温度超过 300 ℃后，才能进行正常工作。早期使用的氧传感器靠排气加热，这种传感器必须在发动机启动运转数分钟后才能开始工作，它只有一根接线与 ECU 相连。现在，大部分汽车使用带加热器的氧传感器，这种传感器内有一个电加热元件，可在发动机启动后的 20—30 s 内迅速将氧传感器加热至工作温度。它有三根接线，一根接 ECU，另外两根分别接地和电源。也有的是四根线，两根接 ECU，另外两根分别接地和电源。

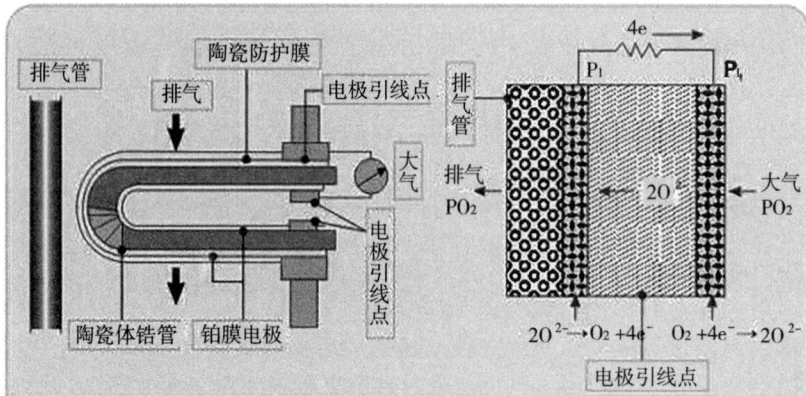

图 3-5-14　氧化锆式氧传感器工作原理示意图

锆管的陶瓷体是多孔的，渗入其中的氧气在温度较高时发生电离。由于锆管内外侧氧含量不一致，存在浓差，因而氧离子从大气侧向排气一侧扩散，从而使锆管成为一个微电池，在两铂极间产生电压，如图 3-5-14 所示。当混合气的实际空燃比小于 14.7，即发动机以较浓的混合气运转时，排气中氧含量少，但 CO、HC 等较多。这些气体在锆管外表面的铅催化作用下与氧发生反应，将耗尽排气中残余的氧，使锆管外表面氧气浓度变为零，这就使得锆管内、外侧氧浓差加大，氧离子移动较快，并产生 0.8—1 V 的电压，两铅极间电压陡增。因此，锆管氧传感器产生的电压将在理论空燃比时发生突变：混合气较稀时，废气中有一定的氧分子，锆管中氧离子移动能力减弱，只产生约 0.1 V 的电压。

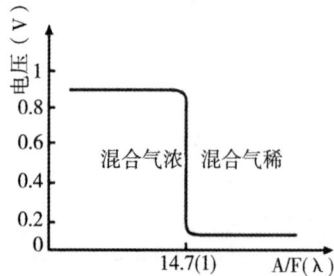

图 3-5-15　氧化锆式氧传感器的输出特性

要准确地保持混合气浓度为理论空燃比是不可能的。实际上的反馈控制只能使混合气在理论空燃比附近一个狭小的范围内波动，故氧传感器的输出电压在 0.1—0.8 V 之间不断变化（通常每 10 s 内变化 8 次以上）。如果氧传感器输出电压变化过缓（每 10 s 少于 8 次）或电压保持不变（不论保持在高电位或低电位），则表明氧传感器有故障，须检修。

（2）氧化钛式氧传感器

氧化钛式氧传感器是利用二氧化钛材料的电阻值随排气中氧含量的变化而变化的特性制成的，故又称电阻型氧传感器。氧化钛式氧传感器的外形和氧化锆式氧传感器相似，在传感器前端的护罩内是一个二氧化钛厚膜元件，如图 3-5-16 所示。纯二氧化钛在常温下是一种高电阻的半导体，但表面一旦缺氧，其品格便出现缺陷，电阻随之减小。由于二氧化钛的电阻也随温度变化而变化，因此，在氧化钛式氧传感器内部也有一个电加热器，以保持氧化钛式氧传感器在发动机工作过程中的温度恒定不变。

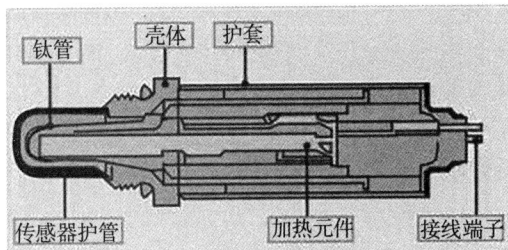

图 3-5-16 氧化钛式氧传感器的结构示意图

如图 3-5-17 所示，ECU2♯端子将一个恒定的 1 V 电压加在氧化钛式氧传感器的一端上，传感器的另一端与 ECU4♯端子相接。当排出的废气中氧浓度随发动机混合气浓度变化而变化时，氧传感器的电阻随之改变，ECU4♯端子上的电压也随之变化。当 4♯端子上的电压高于参考电压时，ECU 判定混合气过浓；当 4♯端子上的电压低于参考电压时，ECU 判定混合气过稀。通过 ECU 的反馈控制，可保持混合气的浓度在理论空燃比附近。在实际的反馈控制过程中，氧化钛式氧传感器与 ECU 连接的 4♯端子上的电压也是在 0.1—0.9 V 之间不断变化的，这一点与氧化锆式氧传感器是相似的。

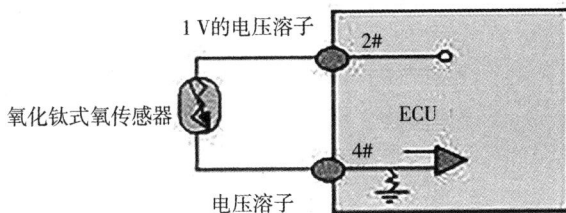

图 3-5-17 氧化钛式氧传感器工作原理

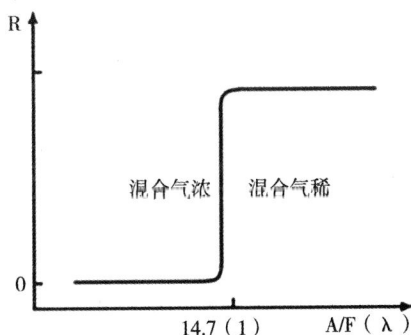

图 3-5-18 氧化钛式氧传感器的输出特性

（3）宽频氧传感器

普通的氧传感器的输出电压存在阶跃点，故也称为阶跃型氧传感器。如果需要对空燃比精确进行控制，这种阶跃型 λ 传感器信号精度不足。发动机启动时燃油是加浓喷射状态，故启动时发动机属于开环控制。当发动机启动后，我们希望发动机的工作尽早进入氧传感器反馈的闭环控制状态，减少排放污染。普通阶跃型氧传感器无法做到这一点。新型的宽频氧传感器信号精准，并且可以尽量提前发动机闭环控制时间。通过将宽频 λ 传感器安装到涡轮增压器前这种方式，λ 调节可以在发动机启动后 19 s 就开始工作。由于启动时排气管路内的冷凝水有可能损坏氧传感器，故宽频 λ 传感器要求加热迅速，传感器还配有一个三层的保护管。车底催化转化器的前、后使用的是两个普通阶跃型 λ 传感器，对于催化转化器的监测使用普通阶跃型传感器就够了。

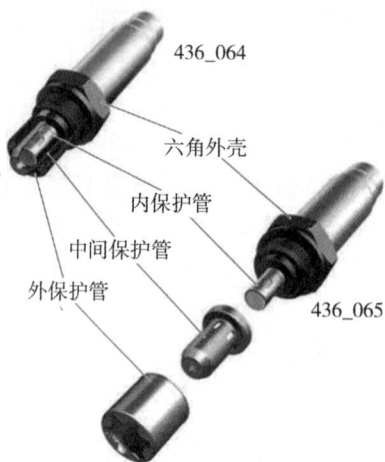

图 3 - 5 - 19　两种氧传感器结构对比图

　　宽频 λ 传感器是新一代 λ 传感器，这种传感器被用在催化转化器前（上游）。λ 值的输出不再是一个阶跃式上升电压曲线，而是一个电流曲线。因此就可以在一个较宽的范围内（宽带）来测量 λ 值。

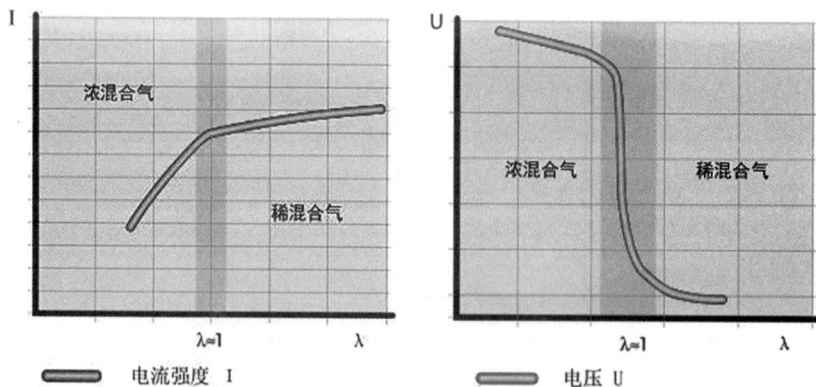

图 3 - 5 - 20　两种氧传感器的输出特性

　　这种传感器类似氧化锆式氧传感器，也是通过两个铂电极产生一个电压，这个电压也是因为内侧的空气和外侧的废气中氧含量的不同而产生的。与阶跃式 λ 传感器不同的是，宽频传感器电极间的电压保持恒定不变。电压保持不变是通过泵单元（微型泵）来实现的，该泵给靠近废气侧的电极供氧，使得两个电极间保持 450 mV 的恒定值。这个微型泵为了保持氧平衡会消耗电流，电流强度与废气中氧含量成正比。电流强度会被发动机控制单元换算成一个 λ 值。

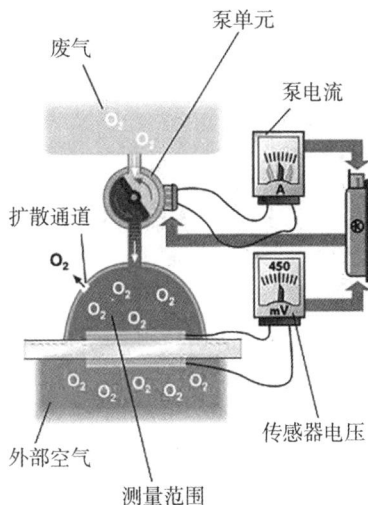

图 3 - 5 - 21　宽频 λ 传感器工作原理

　　泵单元上有正电压，可以通过可渗透氧气的陶瓷来吸附负的氧离子，所谓泵单元的供氧与减少供氧其实是一个纯粹的物理过程，并没有机械动作元件。上图中的泵单元只是个符号而已，我们称呼它为泵单元只是为了形象地理解这个供氧与减少供氧的过程。

　　当混合气太浓时，废气中的氧含量会降低，在泵功率不变的情况下向测量区送入的氧气量就少了，这时通过扩散通道散掉的氧气多于泵单元所送入的氧气，于是两电极间电压升高。为了让电极间电压回到 450 mV，必须提高测量区的氧含量，提高泵单元的功率，从而提高测量区的氧含量。泵单元消耗的电流被发动机控制单元换算成 λ 值。

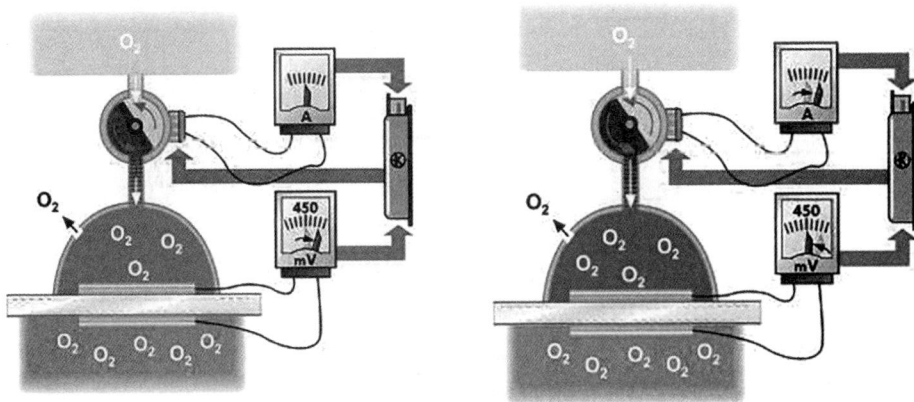

图 3 - 5 - 22　混合气浓时工作原理

　　当混合气太稀时，废气中的氧含量会提高，在泵功率不变的情况下向测量区送入的氧气量比较多，通过扩散通道散掉的氧气少于泵单元所送入的氧气，于是两电极间电压降低。这时为了让电极间电压回到 450 mV，必须降低测量区的氧含量，降低泵单元的功率，从而降低测量区的氧含量。泵单元消耗的电流被发动机控制单元换算成 λ 值。

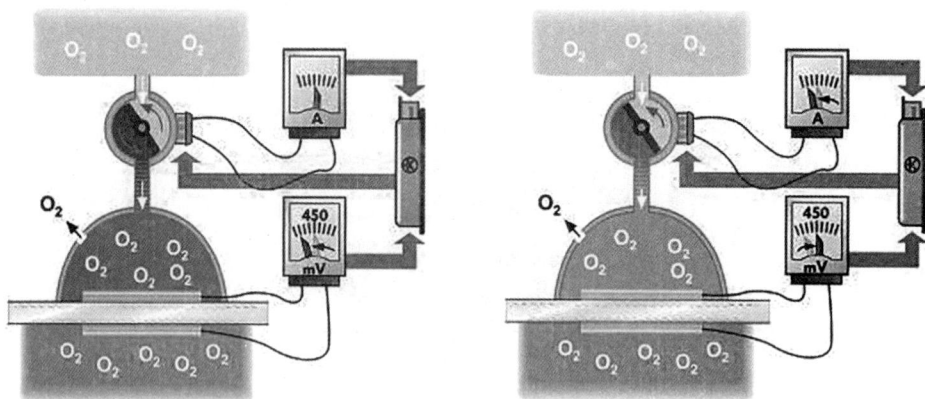

图 3 - 5 - 23   混合气稀时工作原理

3. 氧传感器的检测

可以对阶跃型氧传感器进行电压、电阻数据流检测，但是宽频氧传感器的信号是一个微弱的电流信号，一般的设备无法进行检测，对于宽频氧传感器，只能检测其供电搭铁，以及读取数据流。

阶跃型氧传感器的基本电路，如图 3 - 5 - 24 所示。

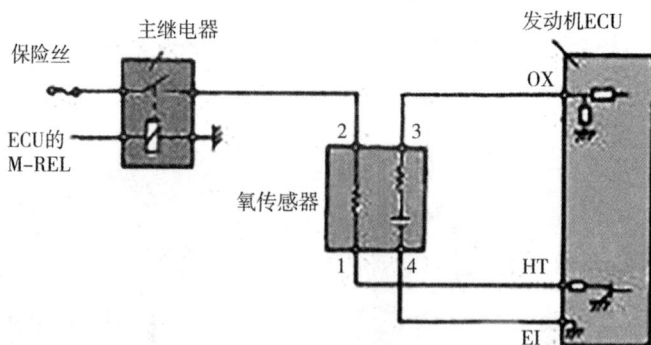

图 3 - 5 - 24   氧传感器的基本电路

（1）氧传感器加热器电阻的检测

点火开关置于"OFF"，拔下氧传感器的导线连接器，用万用表 Ω 挡测量氧传感器接线端中加热器端子与自搭铁端子 1 和 2 间的电阻（如图 3 - 5 - 25 所示），其电阻值应符合标准值（一般为 4—40 Ω；具体数值参见具体车型说明书）。如不符合标准，应更换氧传感器。测量后，接好氧传感器线束连接器，以便做进一步的检测。

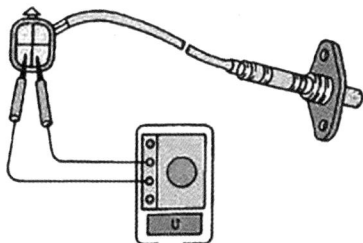

图 3 - 5 - 25　测量氧传感器加热器电阻

（2）氧传感器反馈电压的检测，如图 3 - 5 - 26 和 3 - 5 - 27 所示。

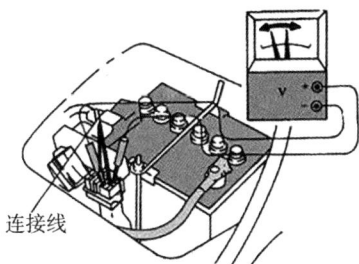

图 3 - 5 - 26　测量反馈电压　　　　图 3 - 5 - 27　拔掉线束插头后测量反馈电压

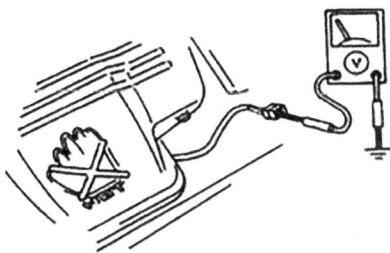

　　测量氧传感器反馈电压时，应先拔下氧传感器线束连接器插头，跨接后插好连接器，在发动机运转时从引出线上测量反馈电压。

　　在对氧传感器的反馈电压进行检测时，最好使用指针型的电压表，以便直观地反映出反馈电压的变化情况。此外，应选用低量程（通常为 2 V）和高阻抗（阻抗太低会损坏氧传感器）电压表。

　　4. 氧传感器数据流及波形数据

　　氧传感器工作状态参数表示由发动机排气管上的氧传感器所测得的排气的浓稀情况。有些采用双排气管的发动机，将这一参数显示为左氧传感器和右氧传感器工作状态两种参数。排气中氧气含量取决于进气中混合气的空燃比。氧传感器是测量发动机混合气浓稀状态的主要传感器。氧传感器必须被加热到 300 ℃以上，才能向发动机控制单元提供正确的信号；而发动机控制单元必须处于闭环控制状态，才能对氧传感器的信号做出反应。

　　氧传感器工作状态参数的类型依车型而异，有些车型以状态参数的形式显示出来，其变化为浓或稀；也有些车型以数值参数的形式显示出来，其数字单位为 mV。浓或稀表示排气的总体状态，数值表示氧传感器的输出电压。该参数在发动机热车后以中速（1500—2000 r/min）运转时，呈现浓稀的交替变化，或输出电压在 100—900 mV 之间来回变化，每 10 s 内的变化次数应大于 8 次（0.8 Hz）。若该参数变化缓慢、不变化或数值异常，则说明氧传感器或反馈控制系统有故障。

　　氧传感器工作电压过低，一直显示在 0.3 V 以下，其主要原因如下：

　　（1）喷油器泄漏。

　　（2）燃油压力过高。

（3）活性炭罐的电磁阀常开。

（4）空气流量传感器有故障。

（5）氧传感器加热故障或氧传感器脏污。

氧传感器工作电压过高，一直显示在 0.6 V 以上，其主要原因如下：

（1）喷油器堵塞。

（2）燃油压力过低。

（3）空气流量传感器与节气门之间有未计量的空气进入。

（4）空气流量传感器有故障。

（5）在排气歧管垫片处有未计量的空气进入。

（6）氧传感器加热故障或氧传感器脏污。

氧传感器工作电压不正常可能引起的故障主要有：加速不良，车辆发冲，发动机冒黑烟，发动机有时熄火等。

学习任务三　迈腾 B8 尾气排放装置

尾气排放装置组成

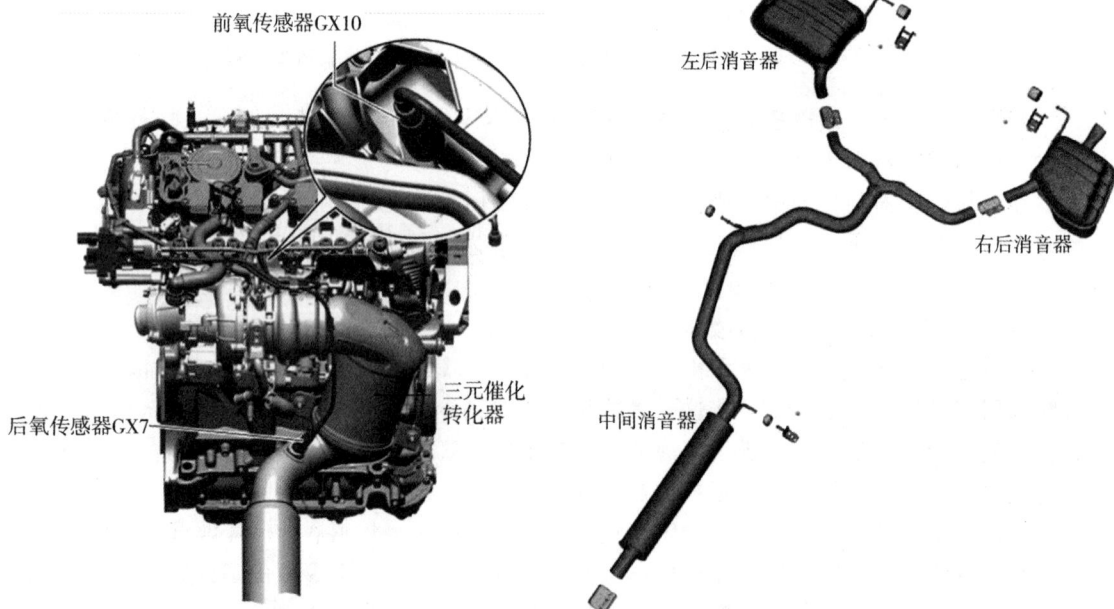

图 3 - 5 - 28　尾气排放装置

B8 尾气排放装置包括氧传感器 GX7 和宽频氧传感器 GX10，中间消音器、两个后消音器。其中 GX7 包括阶跃式 λ 传感器 G39 和加热器 Z19，GX10 包括宽频 λ 传感器 G130 和加热器 Z29。

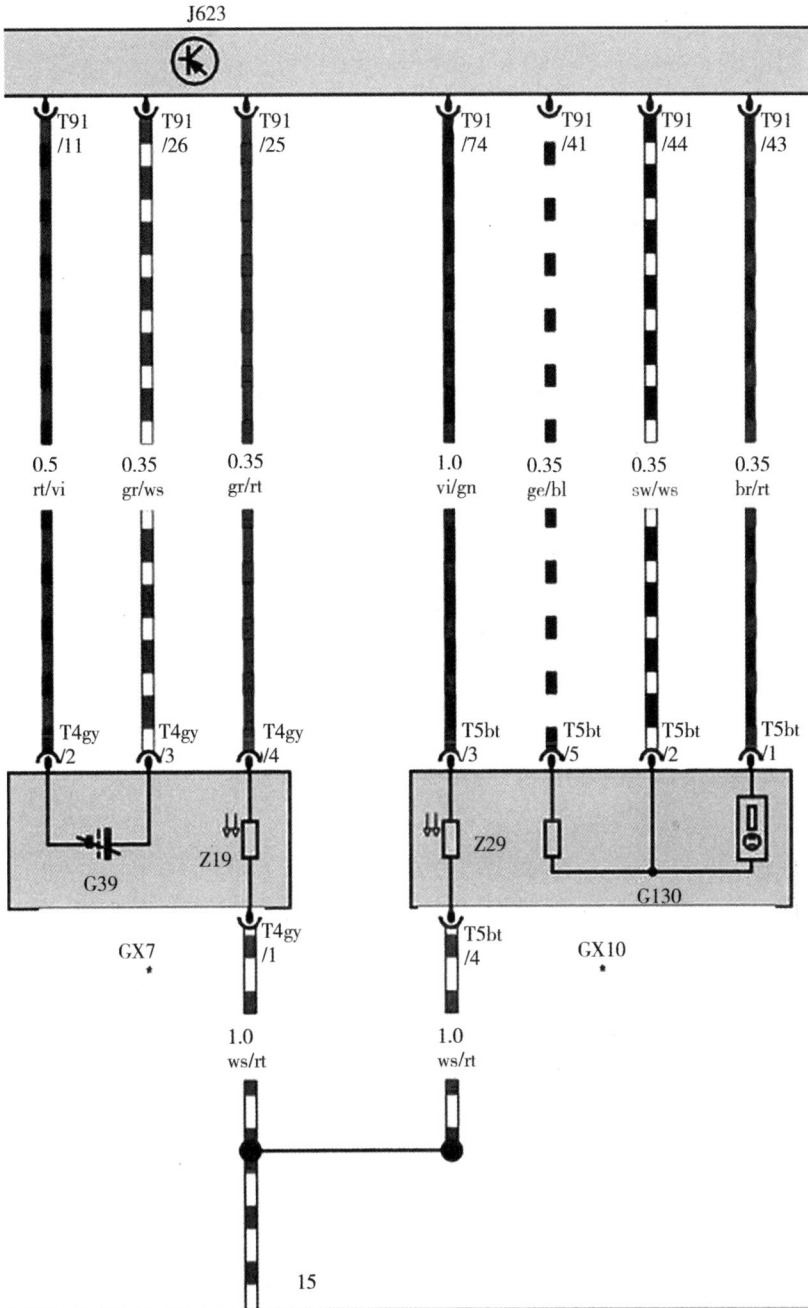

图 3-5-29　尾气排入逻辑

任务延伸

轿车用柴油发动机尾气排放处理

柴油机工作时，排放出各种类型的污染物，为了能转换不同的有害物质，柴油发动机上配备了多种催化转化器，每种拥有不同的功能。

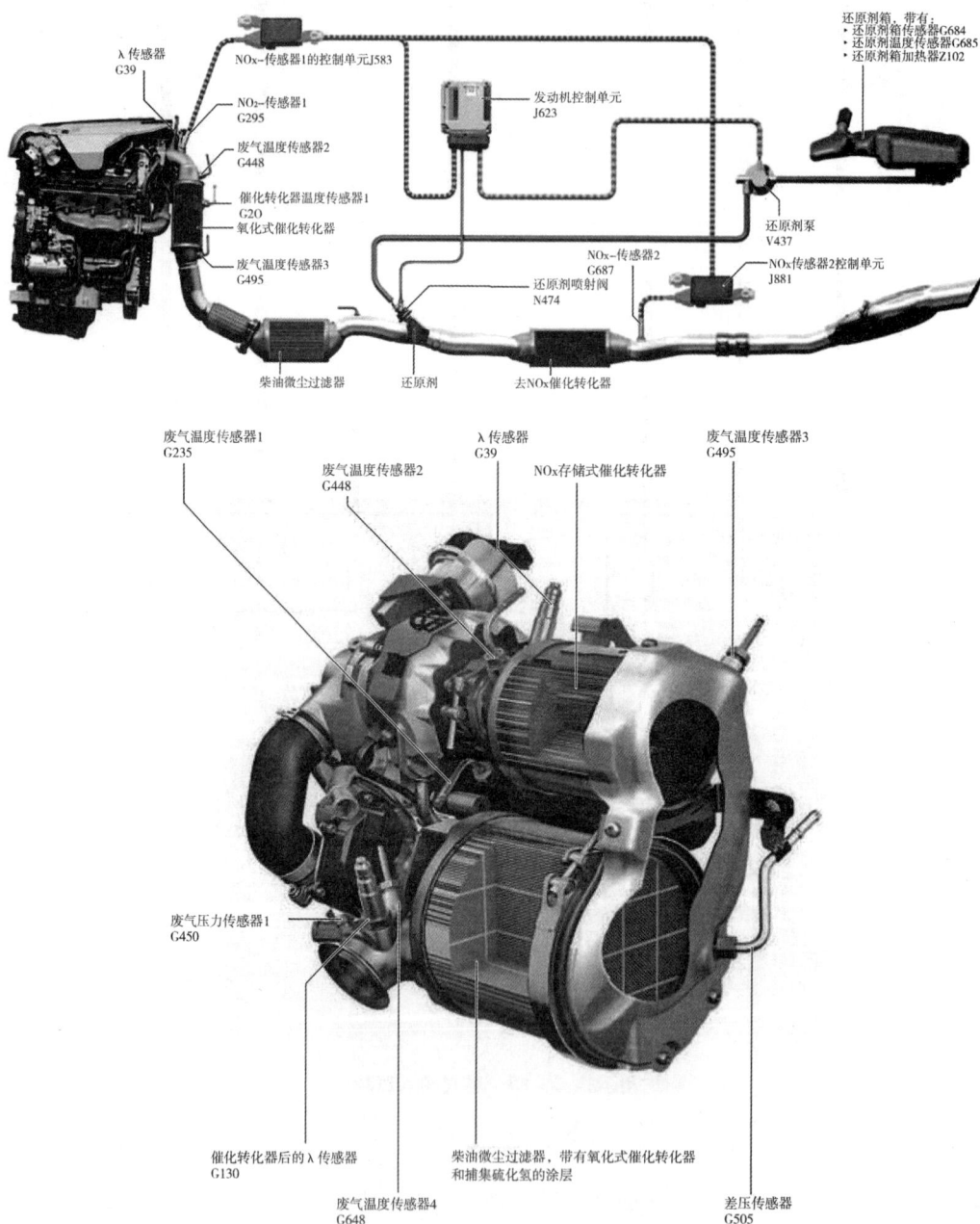

图 3-5-30　柴油发动机尾气排放系统

氧化式催化转化器

氧化式催化转化器利用了废气中大量的剩余氧气，这种催化转化器只能转化废气中可以氧化的成分。这种氧化反应过程与三元催化转化器中的氧化过程是一样的。由于废气温度较低，因此柴油机的氧化式催化转化器一般都安装在排气歧管附近。这种催化转化器的内部是由铂和钯制成的。

柴油微尘过滤器

柴油微尘过滤器安装在氧化式催化转化器的下游，用于过滤废气中的炭黑颗粒。为了防止微尘过滤器被炭烟堵塞而影响功能，必须定期执行再生操作。这个再生过程可以使微尘过滤器收集的炭黑颗粒与二氧化氮发生反应而生成二氧化碳（氧化了）。

SCR 选择性催化还原系统

该系统是废气再循环系统的一部分。借助催化转化器的帮助以及使用了还原剂，就可以把氧化式催化转化器和柴油微尘过滤器没能处理掉的氮氧化物转化成氮气和水。还原剂使用的是高纯度、透明的 32.5% 尿素/水溶液。

去 NO_x 催化转化器在发动机启动后，在废气温度为 180 ℃ 时几分钟即可达到其正常工作温度。这个温度信息由去 NO_x 催化转化器前的废气温度传感器 4-G648 传给发动机控制单元 J623，于是就可以喷射还原剂了（按精确计量来喷射）。从还原剂喷射阀 N474 到去 NO_x 催化转化器以及在该催化器内部，会发生各种化学反应。在很热的还原剂气流中，水分会首先蒸发掉，随后会发生热解，这时尿素分解成异氰酸和氨。氨在去 NO_x 催化转化器中驻留，与废气中的一氧化氮（NO）和二氧化氮（NO2）反应，生成氮气（N_2）和水（H_2O）。只要有很热的表面存在，异氰酸就会通过水解被转换成二氧化碳和其他氨分子。反应所需要的水，是由发动机燃烧过程所产生的。一个分子的尿素可以生成两个分子的氨，用于还原式催化转化器中的化学反应。

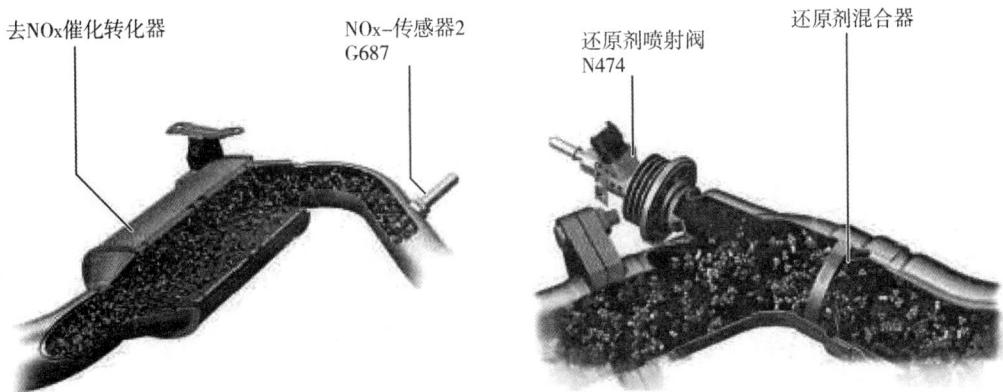

图 3-5-31　SCR 选择性催化还原系统

参 考 文 献

［1］邓志君，王兆海. 发动机管理系统故障诊断与维修 ［M］. 北京：机械工业出版社，2022.

［2］弋国鹏，魏建平，郑世界. 汽车发动机控制系统及检修 ［M］. 北京：机械工业出版社，2019.

［3］李英，宋丽敏. 汽油发动机管理系统故障诊断与修理 ［M］. 北京：高等教育出版社，2014.

［4］麻常选，王小娟，杨祖闹. 汽车发动机机械系统检测 ［M］. 上海：同济大学出版社，2017.

［5］占百春，徐展. 发动机机械系统故障检测诊断与修复 ［M］. 北京：北京出版社，2014.

［6］曾鑫. 汽车发动机机械系统检修 ［M］. 北京：高等教育出版社，2018.

［5］李东兵，韩荧. 汽车使用与日常维护 ［M］. 北京：高等教育出版社，2018.